Joseph J. Weed

PSYCHO ENERGIE

Die Urkraft des Lebens

GOLDMANN VERLAG

Der Goldmann Verlag
ist ein Unternehmen der Verlagsgruppe Bertelsmann

Made in Germany · 8/88 · 1. Auflage
Genehmigte Taschenbuchausgabe
© 1970 by Parker Publishing Co.
© der deutschen Ausgabe
Verlag Peter Erd, München, 1984
Aus dem Amerikanischen übertragen
und bearbeitet von Eleonore Lauterborn
Umschlaggestaltung: Design Team München
Druck: Elsnerdruck, Berlin
Verlagsnummer: 11827
Lektorat: Michael Görden
ISBN 3-442-11827-1

Inhalt

7. Kapitel: Wie Sie mit Psycho-Energie frühere Leben erkunden können

8. Kapitel: Die Rolle von Psycho-Energie bei paranormalen Manifestationen

Ein Wort des Autors

Wir fangen heute erst an, uns von der Unterdrückung und dem Aberglauben freizumachen, die menschliches Denken ein Jahrtausend lang eingeengt haben. Der Freiheitsbegriff beispielsweise ist allen teuer, steht allgemein hoch im Kurs, und viele glauben sogar, sie seien wahrhaft frei, weil sie eine gewisse Handlungsfreiheit haben. Doch viele unserer alten Einschränkungen bestehen weiter und beengen das Denken der Menschen unnachgiebiger als Gefängnismauern und Ketten, so daß ihre Wünsche unerfüllt bleiben.

Bis vor noch gar nicht langer Zeit wurde jedes Vorkommnis, das nicht eindeutig physikalischer Natur war, als übernatürlich betrachtet. Es hatte entweder das Werk des Teufels und daher böse zu sein oder das eines Engels oder Heiligen. Eine mit Präkognition begabte Frau wurde als Hexe gebrandmarkt und für gewöhnlich verbrannt, wenn sie so unklug war, ihre Fähigkeit offen zu zeigen. Nur unter dem Aspekt der Religion und in deren allgemein anerkannten Sprache wagte ein Seher, der Einblick in feinstoffliche Bereiche hatte, seine Visionen zu beschreiben. An die Möglichkeit, er könne vielleicht eine normale menschliche Fähigkeit besitzen, würde man nie geglaubt haben. Und viele können das leider auch heute noch nicht glauben.

Es ist höchste Zeit, daß wir alle erwachsen werden. Wir alle besitzen „Gaben des Geistes", wie der Apostel Paulus sie nannte. Wenn wir beginnen, diese Gaben als das zu betrachten, was sie wirklich sind, nämlich menschliche Fähigkeiten, die der Förderung bedürfen, haben wir schon die Schwelle zu einem neuen, reicheren und interessanteren Leben betreten.

Auf den folgenden Seiten werden einige der parapsychologischen Gaben beschrieben und Anweisungen zu ihrer Entwicklung gegeben. Es gibt noch viele andere, doch für alle ist *Psycho-Energie* der Schlüssel. Üben Sie sich, diese Energie zu erkennen, zu erspüren, und lernen Sie, diese in sich aufzunehmen. Das wird Sie befähigen, scheinbare Wunder zu vollbringen, wie sie in diesem Buch eingehend beschrieben werden. Doch darüber hinaus wird es Sie dazu bringen, ein größerer und besserer Mensch zu werden.

Möge dies das Ziel Ihres Strebens sein. Mein Herzenswunsch ist es, daß Sie Erfolg dabei haben.

Joseph J. Weed

1. Kapitel

Wie Psycho-Energie sich zeigt

Im Februar 1942 saßen zwei Männer im Gespräch in einem der Business Clubs von Toronto. Sie diskutierten über Franklin D. Roosevelt, den damaligen Präsidenten der Vereinigten Staaten. Der eine, ein Amerikaner, kritisierte Roosevelt. „Er ist ein eitler Mensch und setzt oft das Wohl seines Landes aufs Spiel, um seine Eitelkeit zu befriedigen", sagte er, „und ferner entstellt er häufig Tatsachen und belügt die Öffentlichkeit über seine Absichten. So beteuerte er beispielsweise, daß er uns aus dem Krieg heraushalten würde – und obwohl er es nicht tat, ist er so ungemein beliebt. Wie er das nur macht!"

„Sie unterschätzen ihn", sagte sein kanadischer Gastgeber. „Sie sehen seine Schwächen, weil sie Ihnen vertraut vorkommen; sie haben Verwandtschaft mit ihren eigenen Schwächen. Er ist das Opfer gewisser menschlicher Abfälligkeiten, wie wir alle. Doch von seiner Stärke wissen Sie nichts, weil Sie selbst nur wenig davon haben und nicht wahrnehmen, was Sie nicht verstehen. Roosevelt verfügt über eine riesige Menge an Psycho-Energie, und das ist es, was ihm solche Macht über das Volk gibt."

Die Macht, andere durch Psycho-Energie zu beeinflussen

„Ich kenne Roosevelt gut", fuhr der Kanadier fort. „Er ist ein Zauberer. Wer immer mit ihm zu tun oder etwas auszuhandeln hatte, hat das zu spüren bekommen. Und er kann seinen Zauberbann ebenso leicht ein- und ausschalten wie Sie den Motor in Ihrem Wagen." „Sie glauben daran?" fragte der Amerikaner. „Ich weiß es", war die Antwort. „Vor ein paar Jahren schlichtete er den drohenden Streik der Musikergewerkschaft gegen die Rundfunkgesellschaften und -stationen. Musik war damals wie heute das Herzblut beim Radio, so daß der vom Gewerkschaftsboss James C. Petrillo verordnete Streik eine ernstliche Bedrohung darstellte. Doch Petrillo verlangte Aufbesserungen und Konzessionen, welche die Radiosender damals unmöglich gewähren konnten. An diesem Punkt bat Roosevelt Petrillo und die Vertreter der Rundfunkgesellschaften zu sich ins Weiße Haus. Wegen meiner Interessen beim Kanadischen Rundfunk, der unvermeidlich von irgendwelchen Vertragsabschlüssen mit den Musikern der Vereinigten Staaten mitbetroffen worden wäre, ging ich nach Washington, ohne jedoch an der Konferenz teilzunehmen.

Ich sprach mit Petrillo in seinem Hotel, ehe er zu Roosevelt ging. Er machte auf mich den Eindruck eines eitlen kleinen Burschen, doch auch eines Mannes von großer Entschlossenheit und beträchtlicher Macht. Meiner Beurteilung nach würde er alles bekommen, was er sich in den Kopf gesetzt hatte. Als ich ihn unmittelbar nach der Konferenz wiedersah, war er wie verwandelt. Er schien ein wenig benommen und wiederholte mehrmals: Er nannte mich Jimmy! Mich, den kleinen Jimmy Petrillo aus Chicago nennt der Präsident Jimmy! Petrillo hatte in jedem schwierigen Punkt nachgegeben. Dennoch war es zu einem fairen Vergleich gekommen. Die Musiker erreichten in vielem ihr Ziel, doch auf eine Weise, daß die Radiogesellschaften nicht übermäßig bluten mußten. Wieder erneut ein Roosevelt-Sieg! Beide am Vergleich beteiligten Parteien waren glücklich, und alle kamen aus dem Treffen mit einer warmen persönlichen Beziehung zu Roosevelt.

Das ist nur ein einziges Beispiel für Roosevelts ungewöhnliche Macht", fuhr der Kanadier fort. „Jeder, der ihn kennt, kann auf ähnliche Weise seine Fähigkeit bescheinigen, Leute für seinen Standpunkt zu gewinnen. Doch nur wenige kennen das Geheimnis dieser Bannkraft. Sie schreiben sie dem persönlichen Magnetismus oder der Persönlichkeitsstärke zu und lassen es damit auf sich beruhen. Doch Roosevelt setzte bewußt und mit Bedacht Psycho-Energie ein, um seine Ziele zu erreichen. Das ist mir jetzt klar."

„Wie können Sie das so genau wissen?" fragte der Amerikaner. „Weil ich dieselbe Psycho-Energie selbst einzusetzen gelernt habe", war die überraschende Antwort.

Das Interesse des Amerikaners wuchs. Sein kanadischer Freund war ein Mann von erheblichem Reichtum und weltweitem Einfluß. Wenn er Psycho-Energie einsetzte, wie er dies von Roosevelt behauptete, und ihm das beim Erringen seines offensichtlichen Erfolgs half, dann war solches Wissen wohl der Mühe wert. Darum fragte er: „Ist diese Psycho-Energie eine Eigenschaft, eine Fähigkeit, die nur wenige besitzen, wie große Stärke oder Musikalität, oder kann ein Mann wie ich lernen, sie zu benützen?"

Die Antwort überraschte ihn und gefiel ihm. „Psycho-Energie", sagte der Kanadier, „ist der größe Schatz der Menschheit. Sie ist für jeden Menschen verfügbar, und jeder benützt sie auch zu einem höheren oder geringeren Grad, üblicherweise jedoch, ohne es zu merken. Doch wie der Spitzensportler seine Muskeln trainiert, kann jeder seinen Vorrat an Psycho-Energie vermehren und lernen, wie sie anzuwenden ist."

„Ich auch?" fragte der Amerikaner.

„Natürlich", kam sofort die Antwort, „und wenn Sie wollen, werde ich Ihnen helfen, den Anfang zu machen."

Das war ein verlockendes Angebot, doch der Amerikaner hatte innerlich noch Zweifel. Wie könnte er, ein einfacher, ein gewöhnlicher Mensch, jemals hoffen, die Größe eines Präsidenten oder den Reichtum und die Macht dieses Mannes vor ihm zu erreichen? Also sagte er: „Natürlich, Roosevelt ist ja der Präsident, und die Autorität und Würde seines Amtes hat ein Gewicht. Sicherlich ist es das, was Petrillo und andere beeindruckt hat!"

„Niemand wird den Glanz und die Macht der Präsidentenwürde bestreiten", gab sein Gefährte zur Antwort. „Aber Roosevelt besitzt und benützt mehr als nur diese. Ich will Ihnen noch eine Geschichte von einem anderen Mann erzählen, einem Mann, wie Sie selbst einer sind, ja einem, den Sie vielleicht kennen: Ian K." Und er erzählte folgende seltsame Geschichte über einen Mann, den der Amerikaner recht gut kannte.

Ian hatte vor sechs Jahren für den reichen Kanadier zu arbeiten begonnen. Er fing als Verkäufer auf Provisionsbasis an, und bald schon bewies er seine Tüchtigkeit. Um diese Zeit entdeckte sein Arbeitgeber die Prinzipien, die dem Wirken der Psycho-Energie zugrunde lagen, und begann sie zur Förderung seiner Unternehmungen einzusetzen. Er hatte drei oder vier kleine Geschäfte in Nord-Ontario, alle ziemlich gleich. Probeweise, als Experiment, führte er Ian in die Grundlagen der Psycho-Energie ein und ermutigte ihn zu deren Studium. Zugleich machte er ihn zum Leiter eines dieser kleinen Geschäfte mit zwanzig Prozent Anteil.

Innerhalb von drei Jahren hatte Ian dieses Geschäft so weit ausgebaut, daß es ungefähr das Fünffache seines ursprünglichen Wertes hatte, während die anderen ähnlichen Unternehmen im gleichen Gebiet nur dreißig bis vierzig Prozent Wertsteigerung erfahren hatten.

Der Eigentümer betrachtete das als eindeutigen Beweis für die Macht der Psycho-Energie und war sehr zufrieden über sein kleines Experiment. Doch stand ihm eine Überraschung bevor. Ian kam zu ihm und sagte ihm, er gehe, weil er selbst ins Geschäft einsteigen wolle. „Ich möchte gern, daß Sie die zwanzig Prozent Anteil am Geschäft, die Sie mir übergaben, zurückkaufen", sagte er.

An diesem Punkt seiner Geschichte sagte der Kanadier: „Das Bemerkenswerte dabei war, daß ich es ihm überhaupt nicht übelnahm, denn ich konnte die Vernünftigkeit seines Standpunkts einsehen. So bot ich ihm hunderttausend Dollar für seine zwanzig Prozent, und er nahm sie. Ich wußte innerlich ganz gut, was los war und vor sich ging, aber ich konnte gar nicht anders als ihm helfen zu wollen, sehr erfolgreich zu werden, und das war eben der erste Schritt dazu."

Ausgerüstet mit diesen hunderttausend Dollar kam Ian nach Toronto und schloß einen Vertrag über den Kauf einer sehr großen Firma ab. Der Kaufpreis betrug ein Mehrfaches dessen, was er hatte, doch er suchte verschiedene Geschäftsleute von Toronto auf, die er vorher alle nicht kannte, und überredete sie dazu, ihm einen Teil des Geldes zu leihen, das zum Kaufabschluß nötig war. Das allein schon ist ein erstaunlicher Beweis für die Kraft der Psycho-Energie: Ein junger Mann, der drei Jahre zuvor noch bettelarm war, kommt nach Toronto und sucht sich ein paar der reichsten und erfolgreichsten Männer der Stadt heraus. Diese empfangen ihn nicht nur und reden mit ihm, sondern sie leihen ihm tatsächlich Geld, und zwar über eine halbe Million Dollar! Freilich wurde ihnen die Firma, die er aufkaufte, als Sicherheit geboten, doch jeder, der schon einmal versucht hat, auf dieser Basis Geld zu leihen, kann ein Lied davon singen, wie schwierig das ist und welch große Rolle dabei das Vertrauen in die Fähigkeit des betreffenden Menschen spielt.

„Sie kennen Ian", schloß der Kanadier, „und Sie haben auch schon geschäftlich mit ihm zu tun gehabt. Sie wissen, daß er kürzlich noch zwei große Firmen dazugekauft hat und heute als einer der reichsten und erfolgreichsten jungen Leute von ganz Kanada gilt."

Tatsächlich kannte ihn der Amerikaner, und als er diese Geschichte gehört hatte, lösten sich seine Zweifel auf. Er bat den Älteren, ihm etwas über Psycho-Energie zu sagen, wie er sie ansammeln und wie er sie gebrauchen lernen könnte. Großmütig begann sein Gastgeber ihm zu erklären, was er darüber wissen wollte. Sie redeten den ganzen Abend darüber, und auch den nächsten und übernächsten, bis der junge Mann schließlich das Gefühl hatte, daß er für ein weiteres eigenes Studium gerüstet war.

All das ist völlig wahr. Es trug sich tatsächlich zu, und ich erinnere mich sehr gut daran, denn der junge Amerikaner, wie Sie wohl schon vermutet haben, war ich selbst. Hier habe ich den älteren Mann nicht näher bezeichnet und den Namen seines jungen Schützlings abgeändert, weil sie heute noch leben und tatsächlich sehr prominent sind.

Durch psychische Energie erlangte Vorteile

Im Verlauf dieser drei ausgedehnten Gespräche lernte ich eine Menge. Mein Lehrer wies darauf hin, daß die Fähigkeit, andere für seinen Standpunkt zu gewinnen, ohne daß sie merken, daß sie beeinflußt werden, nur eine der machtvollen Manifestationen von

Psycho-Energie ist. Es gibt aber noch zahllose andere. Die meisten der seltsamen und scheinbar unerklärlichen Fähigkeiten, die heute mehr und mehr ins Bewußtsein der Öffentlichkeit treten, sind auf die eine oder andere Art das Ergebnis von angewandter Psycho-Energie. Alle diese sogenannten okkulten Fähigkeiten und noch mehr wird in späteren Kapiteln genau erklärt, und Sie erhalten auch technische Anweisungen, wie diese scheinbaren Wundertaten auszuführen sind.

Jeder kann Psycho-Energie anwenden

Hier soll ein für allemal gesagt sein, daß nichts, was in diesem Buch beschrieben wird, übernatürlich ist und jenseits der Fähigkeiten eines durchschnittlichen menschlichen Wesens liegt. Es geht nicht um Wunder, sofern Wunder definiert wird als „ein geheimnisvolles Ereignis in der natürlichen Welt, doch außerhalb der in ihr herrschenden Ordnung, möglich nur durch Eingreifen einer göttlichen Macht", wie es im Lexikon von Funk und Wagnall heißt. Gewiß aber sind es „seltsame und wunderbare Dinge" für den Durchschnittsmenschen, der die Mittel nicht kennt, um sie zu bewirken.

An einer Stelle fragte ich im Gespräch mit meinem Lehrer (als den ich meinen Gesprächspartner schließlich betrachtete): „Wie kommen Sie dazu, sich die Zeit und Mühe zu machen, mir all das zu erklären? Sie sind mir doch nichts schuldig."

Er antwortete: „Das Wissen um die Psycho-Energie bringt gewisse Verantwortung mit sich, gewisse Verpflichtungen, und eine davon ist die, das Wissen an andere weiterzugeben. Das war nicht immer so. Es gab eine Zeit in der menschlichen Geschichte, in der es notwendig war, dieses Wissen geheimzuhalten und nur mit wenigen Vertrauten zu teilen. Doch heute ist diese dunkle Zeit vorüber, und es leben Tausende auf Erden, die dazu befähigt sind, diese Verpflichtung auf sich zu nehmen und verantwortlich dafür zu sein. Ihre Zahl wächst täglich, da das Bewußtsein der Menschen aufgeschlossener wird und ihr Herz duldsamer und mitleidiger. So habe ich Ian und andere an meinem Wissen teilnehmen lassen, und ich möchte es auch dir gerne mitteilen.

Ich kenne dich gut genug, um zu wissen, daß du es mit Zurückhaltung und Würde einsetzen wirst und daß eine Zeit kommen wird, zu der du es an viele, viele andere weitergeben kannst."

Heute weiß ich, was er mit diesem letzten Satz meinte, doch damals habe ich es nicht begriffen. Heute, fünfundzwanzig Jahre später, ist die Welt ein anderer Ort, und das Bewußtsein der Menschheit hat sich geweitet. Auf der ganzen Welt gibt es geistig aufgeschlossene Männer und Frauen, die begierig sind, dieses Wissen aufzunehmen, verantwortungsbewußte Menschen, die es einsetzen werden, um sich und ihre Umgebung auf höhere Ebenen des Lebens und Denkens zu erheben. Sie als Leser gehören dazu. Schon daß Sie dieses Buch in die Hand nehmen und diese Zeilen lesen, ist Beweis, daß Sie einen Funken in sich tragen, der nur ein wenig angefacht werden muß, um zur Flamme zu werden. Dieser kleine Magnet hat Sie zu diesem Buch hingezogen und hat das Buch in Ihre Hände gebracht. Es gibt Tausende, ja Hunderttausende Ihresgleichen auf der ganzen Welt. Für Sie und jene ist das Buch geschrieben, auf daß die Erkenntnis, die bisher nur wenigen Erwählten vorbehalten war, sich weithin ausbreite, damit die Menschheit endlich der ihr innewohnenden Fähigkeiten gewahr werde und sich die Tür zum Goldenen Zeitalter auftun kann.

Das Wesen der Energie

Es gibt drei Grundenergien, doch nur wenige Menschen sind sich mehr als einer Art Energie bewußt. Die Wissenschaft anerkennt nur physikalische Energie, und alles, was sichtbar, fühlbar oder meßbar ist, fällt unter diese Kategorie. Nicht nur menschliche Muskelkraft ist darin einbezogen, sondern auch Sonnenenergie, Schwerkraft, Magnetismus, Atomenergie, Elektrizität, Dampfkraft und so weiter. Alle diese sind Manifestationen physikalischer Energie. Auf einer weit feinstofflicheren Stufe als physikalische Energie steht die *Psycho-Energie*, und sie ist von der physikalischen so verschieden wie Luft von einem Felsen. Da psychische Energie gegenüber der physikalischen eine höhere Schwingung aufweist, kann psychische Energie über die physikalische Energie die Oberherrschaft erlangen und sie benützen. *Die Psycho-Energie ist ein besonderes Geschenk an den Menschen.* Auf diesem Planeten kann nur der Mensch sie *bewußt* nützen. Sie ist der größte Schatz der Menschheit.

Sie besitzen diese unschätzbare Gabe und haben sie bereits benützt, vielleicht mit Bedacht und vollem Bewußtsein, wahrscheinlicher jedoch, ohne zu wissen, welche Technik dabei eingesetzt wurde. Nur sehr wenige Menschen handhaben Psycho-Energie bewußt, doch ist es meine Absicht, Sie in diesem Buch zu lehren, wie Sie ihrer habhaft werden können, um sie bewußt zu Ihrem Besten zu nützen. Wenn Sie dazu fähig sind, wird Ihr Bewußtsein sich weiten, so daß Sie *vieler Dinge gewahr werden, von denen Sie gegenwärtig nur eine schwache Ahnung haben oder die Sie überhaupt nicht kennen.* Sie werden über Menschen verfügen und sie beeinflussen können, Sie werden in der Lage sein, ihnen Ihre Gedanken auf eine Weise einzugeben, daß sie sie für ihre eigene halten, Sie werden physikalische Energie beherrschen und damit scheinbare Wunderwirkungen hervorrufen können, und Sie werden zahllose andere seltsame und wunderbare Dinge verrichten können. Anleitung zu alledem und weiterem finden Sie in den folgenden Kapiteln.

Die dritte Grundenergie ist die sogenannte Urenergie, die so weit über Psycho-Energie hinausreicht wie Psycho-Energie über die physikalische Energie. Diese Urenergie könnte man auch als Baumaterial des gesamten manifestierten Universums umschreiben. Sie ist nicht das Licht und die Wärme der Sonne, sondern die Energie, aus der das Licht und die Wärme der Sonne stammen. Sie ist die Bindekraft im winzigen Atom, die zum gewaltigen physikalischen Phänomen einer Atomexplosion wird, wenn man sie künstlich spaltet. Sie ist überall. Sie durchdringt alles und verleiht allem Substanz und Bewegung. Vom menschlichen Standpunkt aus ist sie unbegrenzt. Sie nimmt alle Formen an: die physikalische, die emotionale, die mentale und die spirituelle. Sie bewirkt alle Bewegung, vom Wachsen eines Blattes bis zur Explosion eines Sterns. Wenn wir eine unendliche Erstursache annehmen, ist die Urenergie das von deren Willen geformte Formbare, die Binah der Kabbalisten, die Mutter der Welt bei den Buddhisten, der

Heilige Geist bei den Christen. Doch über diese Urenergie werden wir nicht viel sagen, denn hier geht es uns darum, die greifbareren Möglichkeiten der psychischen Energie zu erschließen.

Wie man beginnen kann, Psycho-Energie einzusetzen

Als Kinder haben wir uns in der Schule und bei anderen Zusammenkünften oft einen Spaß daraus gemacht, jemandem vor uns auf den Hinterkopf zu starren und ihn so zu veranlassen, sich umzudrehen. Fast immer wirkte es. Selbst wenn der Kopf nicht immer tatsächlich gewendet wurde, so traten doch gewöhnlich Zeichen einer gewissen Unruhe oder von Unbehagen auf. Sicher haben Sie dies irgendwann auch schon einmal getan. Die Energie, mit der Sie den anderen Menschen beeinflußt haben, war Psycho-Energie.

Sie haben oft den Ausdruck gehört: Energie folgt dem Gedanken. Damit ist gewöhnlich Psycho-Energie gemeint, und in dem soeben beschriebenen kleinen Experiment wird das Auge unter der Anleitung des Geistes dazu benützt, Psycho-Energie auf den Kopf oder Nacken des Menschen vor uns zu lenken. Sollten Sie es noch nie getan haben, versuchen Sie es, wenn Sie nächstes Mal in einer Gruppe von Menschen sind, die sich zeitweilig im Ruhezustand befinden. Während einer spannenden Theater- oder Kino-Aufführung ist die Aufmerksamkeit der Zuschauer natürlich festgenagelt, doch in einer Pause zwischen den Akten oder zwischen zwei Filmszenen wird es funktionieren. So können Sie sich die Existenz der Psycho-Energie und Ihre Fähigkeit, sie zu benützen, selbst beweisen. Das wird Ihnen Vertrauen vermitteln und es Ihnen leichter machen, die in späteren Kapiteln beschriebenen Vorteile zu erlangen.

Nun will ich Ihnen genau sagen, wie Sie es anstellen sollen: Der Betreffende muß erstens vor Ihnen sein, und falls seitlich, wenigstens weit genug vor Ihnen, daß Sie seinen Hinterkopf sehen können. Zweitens muß der Betreffende sich wohl fühlen und entspannt sein, wie beispielsweise im Theater in einer Pause oder vor Beginn der Vorstellung. Sie können das Experiment auch in einem Schulzimmer, in einer Bibliothek oder einem Büro durchführen, aber wo ein Mensch nicht mit ganzer Aufmerksamkeit mit etwas sehr Spannendem oder Interessantem befaßt ist. In einem solchen Fall brauchen Sie nur Ihren Blick auf den unteren Teil des Hinterkopfes zu richten, über der Stelle wo er in den Hals übergeht. Schauen Sie einfach hin und wünschen Sie sich: „Ich möchte, daß er sich umdreht!" Wenn Sie stetig hinschauen und Ihre Aufmerksamkeit nicht abgelenkt wird, dann wird Ihre Versuchsperson nach ein oder zwei Minuten ein wenig unruhig werden und normalerweise den Kopf wenden und in Ihre Richtung sehen.

Denken Sie dabei nicht an „Energie" oder das „Senden irgendeiner Kraft". Schauen Sie einfach hin und konzentrieren Sie sich auf Ihren Wunsch! Versuchen Sie das mehrmals unter verschiedenen Umständen und bei verschiedenen Menschen. Sie werden eine Vielfalt von Ergebnissen haben, weil die Leute nicht alle gleich sind und auch Sie von Mal zu Mal verschieden sind und unterschiedliche Effizienzgrade aufweisen. Wenn Sie mit diesem Experiment – und mehr sollte es nicht sein! – fortfahren, werden Sie eine Steigerung Ihrer Fertigkeit bemerken. Sie bekommen bessere und schnellere Resultate, die auf die Verbesserung der angewandten Technik zurückzuführen sind. Sie werden auch mehr und mehr gewahr, daß Sie bewußt eine Art von Kraft einsetzen.

Erproben Sie das beschriebene Experiment mehrmals. Mit jedem Erfolg wird Ihr Selbstvertrauen wachsen und Sie instandsetzen, kompliziertere Aufgaben zu vollbringen. Wenn Sie sich an das Programm dieses Buches halten, können Sie sich darin üben, vieles zu tun, was der durchschnittliche Wissenschaftler als unmöglich bezeichnen und der Durchschnittsmensch als Wunder betrachten wird.

Wie Sie andere beeinflussen können, Ihnen zu helfen

Sie können also, wie dargelegt, persönlichen Einfluß ausüben. Das heißt jedoch nicht, daß Sie andere zwingen können, Ihnen gegen ihren Willen zu gehorchen. Ganz und gar nicht. Es bedeutet vielmehr, daß man, wenn man ein wertvolles Ziel anstrebt, auch die Leute bekommt, die für unsere Ideen eintreten und den Wunsch haben, uns zum Erfolg zu verhelfen. Das ist der beste Weg. Die freiwillige Mitarbeit anderer macht den Weg zum Erfolg viel, viel leichter. Die Fähigkeit zur Beeinflussung anderer läßt sich auf vielfache Weise entwickeln. Zwei der besten Methoden werden in einem späteren Kapitel eingehender beschrieben.

Der Schutz und der physische Nutzen der Psycho-Energie

Eine nicht oft erkannte Möglichkeit, Psycho-Energie positiv auszuwerten, ist deren Einsatz als persönliche Schutzkraft. Richtig benützt und mit klarer Absicht gebraucht kann Psycho-Energie Sie vor körperlichen Schäden, stürmischen Gefühlen und mentalen Angriffen bewahren. Menschen, die in ihrer Anwendung fortgeschritten sind, sagen, daß sie sie einsetzen, um sich vor zu großer Hitze oder Kälte zu schützen. Natürlich ist es töricht, wie tibetanische Mönche bei Temperaturen unter dem Gefrierpunkt nackt herumzulaufen und mit dieser Energie den Schnee wegschmelzen zu wollen. Näher liegen uns schon die weniger extremen „Schneevögel", nämlich Männer und Frauen, die den ganzen Winter über täglich im Meer baden und glauben, daß sie das gesund hält. In Wirklichkeit wärmt sie die willentliche Aufspeicherung von Psycho-Energie und die Folge davon sind bessere Gesundheit und körperliches Wohlbefinden.

Je mehr Psycho-Energie man anfordert, um so mehr bekommt man. Wenn die Versorgung mit Psycho-Energie einen oder zwei Monate lang die normalen Bedürfnisse übersteigt, setzen gewisse physische Veränderungen ein. Man erlangt eine weit größere Herrschaft über seinen Körper. Gesicht und Gehör verbessern sich zugleich mit der Harmonisierung der Körperfunktionen, und man fühlt sich auch spürbar leichter. Man ist in der Lage, schnell die Treppen hinaufzulaufen und ohne große Anstrengung zwei Stufen auf einmal zu nehmen, und fortgeschrittene Übende können oft levitieren, das heißt völlig vom Boden abheben. Weil es viele Leute interessiert, habe ich auch ein Kapitel über Levitation und die dazu erforderlichen Techniken einbezogen.

Wenn Sie beginnen, Psycho-Energie zu speichern und anzuwenden, werden Sie beobachten, daß Sie für die Gefühle und Gedanken anderer zunehmend empfänglicher werden. Zuerst sieht es so aus, als bemerke man lediglich, daß jemand mit dem, was wir sagten oder taten, zufrieden oder unzufrieden sei, und man wird das der Beobachtung des Gesichtsausdrucks oder der Körperhaltung zuschreiben. Doch wenn das klarer wird, und Sie sich auch subtilerer Reaktionen bewußt sind, werden Sie anerkennen müssen, daß Sie tatsächlich die Ausstrahlung eines Gefühls oder die Aussendung eines Gedankens „aufgefangen" haben. Das ist der Anfang telepathischen Rapports. Jeder ist dazu fähig, und viele sind sogar ganz gut darin, ohne voll zu erkennen, was sie eigentlich tun und wie sie es machen. Es ist möglich, anderen Gedanken zuzusenden und sie zu empfangen und die entsprechende Technik wird in dem der Telepathie gewidmeten Kapitel eingehend beschrieben.

Verwandt mit Telepathie, nur auf einer anderen Ebene, ist die Fähigkeit, sich auf die Wellenlänge von Menschen, Orten, Tieren und Gegenständen einzustimmen. Man liest heute oft von Berühmtheiten wie dem Holländer Croiset oder Jeane Dixon in Washington oder dem erstaunlichen Edgar Cayce. Alle benützten Psycho-Energie, um ihre Fühler auszustrecken und Kontakt mit den gewünschten Objekten aufzunehmen. Auf diese Weise fand Croiset Vermißte und Wertgegenstände; Jeane Dixon fand so ein neues Heim, und Edgar Cayce konnte mit aller Genauigkeit die Krankheit eines tausend Meilen weit entfernten Menschen beschreiben.

Eine einfache Anwendung eben dieser Kraft ist die Befähigung zum Umgang mit der Wünschelrute, das Muten oder Auffinden von Wasser und anderen Bodenschätzen unter der Erde. Sieben von zehn Menschen können das mit wenig oder gar keiner Übung. Psycho-Energie wird benützt und ist nötig, aber nicht mehr als ein Durchschnittsmensch speichern kann. Ein ganzes Kapitel widmet sich der Entwicklung dieser Fähigkeit bis zu dem Punkt, wo eine Fertigkeit daraus wird und sich auch geschäftlich etwas damit anfangen läßt. Diese Technik ist nicht nur brauchbar, um Wasser aufzuspüren, sondern auch Öl, Mineralien, Höhlen und fast alles, dessen Vorhandensein an einem Ort noch nicht bekannt ist. Die Marinesoldaten in Vietnam haben eine entsprechend abgewandelte Wünschelrutentechnik angewandt, um Tunnelbauten und Geländefallen des Feindes aufzuspüren. Wenn durch schwere Bombardierung die seismischen Detektorgeräte außer Kurs gesetzt waren, verwendete man aus metallenen Kleiderbügeln hergestellte Wünschelruten, mit denen die unterirdische Infiltration durch die Vietcong verhindert werden konnte.

Wie man ohne Zeitmesser die Zeit feststellen kann

Hier soll ein einfaches Experiment gezeigt werden, das man ohne große Apparatur bei sich daheim ausführen kann. Haben Sie es einmal auszuführen gelernt und ein wenig Geschicklichkeit darin, werden Sie es immer können und nie mehr vergessen. Es handelt sich mehr oder weniger um eine Zeitansage ohne auf die Uhr zu sehen. Um es kurz zu machen: Sie benützen Psycho-Energie, um Ihre Fühler auszustrecken und Ihnen ins Bewußtsein zu bringen, welche Zeit die Uhr in diesem Augenblick anzeigt. Das ist wirklich sehr einfach. Hier nun, wie man es macht:

Sagen wir, Sie wachen in der Nacht auf und wollen die Zeit wissen. Bei geschlossenen Augen stellen Sie sich die Uhr vor, auf die Sie normalerweise schauen, nicht etwa die in der Küche, sondern die ihrem Bett am nächsten befindliche. Mit dem Auge Ihres Bewußtseins sehen Sie aufs Zifferblatt und beobachten, wo die Zeiger hinweisen. Dann öffnen Sie die Augen, schalten das Licht ein und sehen nach. Wie nahe haben Sie getroffen? Doch ist hier eine Warnung angezeigt. Wenn Sie anfangen, sich das Zifferblatt vorzustellen, werden Sie mit ziemlicher Bestimmtheit versuchen, die Zeit zu „raten". Das sollten Sie nicht tun! Es schadet dem Erfolg Ihres Vorhabens, weil es das Hirn dazwischenfunken läßt. Die Fähigkeit zur Zeitansage hat mit dem Verstand gar nichts zu tun. Je mehr man versucht, mit dem Verstand die Zeit zu ergründen, um so weniger trifft man ins Schwarze. Was Sie tun sollten, ist einfach zu schauen, nicht zu ergründen noch zu erraten, sondern die Uhr anzuschauen. Sie sollten sich das Zifferblatt bildlich vorstellen, indem Sie einen Strahl Psycho-Energie aussenden und darauf werfen, der dem Auge Ihres Bewußtseins ein ganz genaues Abbild zurücksendet, wie die Uhr in diesem Augenblick aussieht. Mit ein wenig Übung kapieren Sie es. Das ist ein bißchen so wie beim Schwimmen- oder Radfahrenlernen. Man macht mehrere Ansätze, und auf einmal hat man begriffen. Hat man es einmal erfaßt, vergißt man es nie wieder. Wenn Sie darauf vertrauen, brauchen Sie nie wieder auf eine Uhr zu schauen, höchstens noch zur Bestätigung dessen, was Sie schon wissen.

Psychometrie wird mit Psycho-Energie betrieben

Verwandt mit dem Wiederfinden verlorengegangener Gegenstände und dem Auffinden von Mineralien und Wasser unter der Erde ist die Psychometrie. Es ist eine Methode, Information über eine Person zu erlangen, indem man einen Gegenstand in der Hand hält, der von ihr benützt oder getragen wurde. Wie schon erklärt, hat jeder einen Vorrat an psychischer Energie, der eine mehr, der andere weniger. Diese Energie hat eine physisch-magnetische Ausstrahlung und eine Neigung, an materiellen Gegenständen zu haften. Eine goldene Uhr oder ein silberner Armreif nehmen eine meßbare Menge der Energie auf, die ihr Besitzer ausgestrahlt hat und speichern sie, und wenn Sie sensitiv genug geworden sind, werden Sie das merken. Aus diesem Kontakt kann man eine Menge über den Träger und seinen Charakter erfahren. Gewisse Gedanken und Vorstellungen und nicht selten auch Bilder aus seinem früheren Leben werden sich dem Auge Ihres Bewußtseins darbieten.

Diese Technik läßt sich durch Übung erlernen, sobald man ein Verständnis für Psycho-Energie und einen genügenden Vorrat davon erlangt hat. Ein späteres Kapitel wird sich mit diesem Thema befassen und nicht nur eine Anleitung, sondern auch interessante Beispiele für die Wirkweise der Psychometrie enthalten.

Heute liest man eine Menge über Astralprojektion oder psychische Projektion, womit die Fähigkeit gemeint ist, das mentale oder denkende Bewußtsein zu einem entfernten Punkt auszusenden, während der physische Körper still in einem schlafenden oder tranceähnlichen Zustand liegt. Während das mentale oder denkende Bewußtsein auf solcher „Mission" unterwegs ist, nimmt es auf, was es beobachtet, und kann eine Erinnerung daran zurückbringen. Aus manchem, was darüber geschrieben oder gesagt worden ist, könnte man den Eindruck gewinnen, daß diese erstaunliche Leistung leicht zu vollbringen wäre. Doch lassen Sie es sich gesagt sein, daß dem nicht so ist.

Es läßt sich machen, und viele Leute haben es erlernt, doch es verlangt Studium, Übung und eine große Fähigkeit zur Konzentration. Es ist jedoch wichtig, daß Sie es kennen und begreifen, weshalb zwei Kapitel seiner Erklärung gewidmet sind, eines dem Studium dessen, was man gemeinhin als Mentalprojektion bezeichnet; das andere der Astralprojektion. Zwischen beiden bestehen erhebliche Unterschiede, und tatsächlich umfaßt jede Technik zahlreiche Feinheiten und verschiedene Schattierungen der Vorgehensweisen. Allein über Astralprojektion lassen sich Bände schreiben, und es ist klar, daß man in einem oder zwei Kapiteln dem Thema nicht völlig gerecht werden kann. Doch es ist meine Absicht, genügend Information in dieses Buch hineinzupacken, um Sie zu befähigen, Projektion zu verstehen und sogar einige Experimente damit anzustellen. Sollte sich das Thema dann für Sie als interessant erweisen, so daß Sie ihm mehr Zeit und Mühe widmen wollen, wird vollständigere Anweisung auch verfügbar gemacht.

Wie psychische Entwicklung zur Vorausschau führt

Durch Übung vermehren Sie Ihren Vorrat an Psycho-Energie und die Fähigkeit, damit umzugehen. Bald werden Sie im voraus erkennen können, daß gewisse Dinge im Kommen sind. Zuerst wird es sich um so einfache und scheinbar bedeutungslose Dinge handeln, daß man leicht darüber hinwegsieht. Bei der Fahrt ins Kino oder zum Supermarkt werden Sie vielleicht plötzlich die Gewißheit haben, einen Parkplatz an der begehrenswertesten Stelle zu finden, und es wird geschehen, daß sich bei Ihrer Anfahrt ein Wagen in Bewegung setzt und einen passenden Platz freigibt. Oder es kann sein, daß Sie am Morgen aufstehen und an jemanden denken, den Sie monatelang nicht gesehen haben, und Sie haben die Überzeugung, im Laufe des Tages von dem Betreffenden zu hören. Und es tritt ein.

Von diesen scheinbar einfachen und unwichtigen „Präkognitionen" werden Sie weiterschreiten zu viel umfassenderen und bedeutungsvolleren Beobachtungen. Es ist kein besonderes Training oder Übungsprogramm nötig, damit sich das entwickelt. Alles, was dazu nötig ist, ist Vertrauen. Man darf Vorahnungen nicht zurückweisen, sondern sollte immer aufgeschlossen sein. Dann bringt das Psycho-Energie-Training, dem Sie sich widmen, als Beigabe diese Tendenz zu prophetischer Vorausschau. Es gibt noch viele weitere sogenannte Randphänomene, die Ihnen in den Schoß fallen, wenn Sie sich dieser Arbeit widmen. Körperliches Wohlbefinden, Freiheit von Krankheit und vermehrte Durchhaltekraft werden Ihnen so natürlich, daß es fast keiner Erwähnung bedarf. Doch lege ich Ihnen in Ihrem eigenen Interesse nahe, die erteilten Anweisungen sorgfältig zu lesen, genügend Zeit dafür aufzuwenden und die Mühe nicht zu sparen, die beschriebenen Fertigkeiten auch wirklich zu erwerben. Der Einsatz lohnt sich tausendfältig.

2. Kapitel

Techniken zur Steigerung und Lenkung Ihrer Psycho-Energie

Psycho-Energie kann man sich nicht wie ein Frühstücksbrötchen bequem vom Regal eines Supermarkts nehmen. Sie ist auch nicht etwas, das sich durch das bloße Aussprechen eines Zauberworts herbeordern läßt. Sie besitzen bereits Psycho-Energie! Tatsächlich. Und Sie benützen sie, obwohl Sie es nicht wissen – vielleicht nicht oft oder nicht in beträchtlichem Maß. Doch Sie haben und benützen sie, weil Sie ein menschliches Wesen sind und *jeder Mensch den Schatz der Psycho-Energie besitzt!*

Wichtig ist jetzt für Sie, daß ich Ihnen sage, wie Sie Ihren normalen Vorrat an Psycho-Energie vermehren können. Dabei geht es um die Steigerung Ihrer Fähigkeit und sodann um den Einsatz besonderer Techniken, um diese gesteigerte Fähigkeit zu nützen. Auch kann ich Ihnen zeigen, wie man vermeidet Psycho-Energie zu vergeuden. Als Bestes kann ich Sie lehren, wie man Psycho-Energie zu fassen bekommt und lenkt, um das zu bekommen, was man vom Leben erwartet. Doch geben kann ich Ihnen diese Energie nicht. Könnte ich es, würde ich es tun. Doch Sie sind so beschaffen, daß der einzige Weg, sie zu erlangen, über Ihre eigenen Bemühungen führt.

Wir alle haben eine sehr menschliche Schwäche: Jeder möchte etwas für nichts bekommen, oder zumindest viel für wenig Anstrengung. Doch auf dieser Welt bekommt man nur das, wofür man bezahlt. Eine erstaunliche und höchst erfreuliche Eigenschaft der Psycho-Energie ist, daß eine kleine zusätzliche Menge, wenn sie richtig gelenkt wird, Ergebnisse bringt, die über das Maß der ursprünglichen Bemühung weit hinausgehen. Diese Bemühung aber muß erst erfolgen. Ich will

Ihnen noch eine weitere wahre Geschichte erzählen von einem Mann, der sich dieser Mühe unterzog, und von dem großen Segen, den sie ihm einbrachte.

Wie ein Verkaufsleiter an die Spitze der Firmenleitung gelangte

Zur Zeit, als er und ich anfingen, über Psycho-Energie zu diskutieren, und er sich entschloß, sie anzuwenden, arbeitete er als Verkaufsleiter einer Abteilung in einer sehr großen Firma. Diese Gesellschaft ist so groß, daß die Umsätze aller ihrer zehn Abteilungen fast eine Milliarde Dollar jährlich ausmachen. Mein Freund war tüchtig, gut ausgebildet und fleißig, doch in dieser Hinsicht unterschied er sich nicht von den fast hundert anderen jungen Angestellten der Firma.

Mein Erfolg mit Psycho-Energie und meine Erzählungen über die Erfolge, die andere damit erreicht hatten, inspirierten ihn zu einer kraftvollen Anstrengung, sie zu seinen Gunsten einzusetzen. Die Ergebnisse waren erstaunlich und traten fast sofort ein. Innerhalb weniger Jahre stieg er zum Verkaufschef aller Abteilungen, das heißt zum General Sales Manager auf; später wurde er zum Vizepräsidenten befördert, der für den gesamten Verkauf verantwortlich war. Zwei Jahre danach, als der Präsident in den Ruhestand trat, wurde er in dessen Amt gewählt, und innerhalb weiterer achtzehn Monate wählten ihn die Direktoren ins höchste Amt dieser Multi-Millionen-Gesellschaft, das des Verwaltungsratsvorsitzenden.

Vor nicht allzu langer Zeit aßen er und seine Frau mit mir und meiner Frau zusammen zu Mittag und blieben bis nach dem Kaffee, und während die beiden Frauen über ihre Kinder plauderten, wurde er auf einmal ernst.

„Joe", sagte er zu mir, „es gibt Entscheidungen, die einen mehr Schweiß kosten als ein Monat harte Arbeit. Ich stehe vor einer sehr schwierigen Entscheidung, die mich ganz fertig macht."

Ich hatte schon während des Essens das Gefühl gehabt, daß er etwas auf dem Herzen hatte, aber das war nichts Ungewöhnliches. Tagtäglich hatte er Probleme zu lösen und Entscheidungen zu treffen, die nicht nur das Wohl des Geschäfts und das Einkommen der Aktionäre betrafen, sondern auch das persönliche Interesse aller Arbeiter und Angestellten. So wartete ich schweigend und fragte mich, was wohl noch kommen würde.

„Es geht um diesen Minen-Ankauf", sagte er. „Die Einzelheiten sind nicht klar. Zwar weiß ich eine Menge Fakten und unter bestimmten Entwicklungsvoraussetzungen wäre es ein guter Schachzug. Doch besteht keine Gewähr dafür und noch nicht einmal genügend große Wahrscheinlichkeit, daß die Dinge so laufen werden. Tatsächlich sieht es eher so aus, als stünden die Chancen eins zu eins."

Ich wußte, worum es ging. Seine Firma verarbeitete Rohstoffe zu Fertig- und Halbfertigfabrikaten. Einige Bezugsquellen dieser Rohstoffe waren Minen im eigenen Besitz, die jedoch nur einen Bruchteil der gesamten Fertigung belieferten. Durch seine besonderen Fähigkeiten hatte er den Ankauf einer riesigen Mine in die Wege geleitet, die einen ganzen Berg einnahm und die größte Einzelbezugsquelle des von seiner Firma benötigten Rohstoffs war. Nun stand er vor der Notwendigkeit zu entscheiden, ob er seinen Direktoren den Kaufabschluß nahelegen solle oder nicht. Der Haken an der Sache war, daß unter anderem 45 Millionen Dollar erforderlich waren.

Ich sagte: „Welches Gefühl hast du selbst dabei?"

„Ich meine, wir sollten sie kaufen", antwortete er schnell. „Ich hatte die ganze Zeit das Gefühl, daß das für unsere Firma einen großen Schritt voran bedeuten würde, doch einige sind anderer Meinung."

Ich wußte, daß er seine Banken meinte. Doch diese sind von Natur aus konservativ und so sagte ich: „Wenn du das Gefühl hast, es sei richtig, wie kannst du dann bezweifeln, daß es weise ist? Deine jüngsten Erfahrungen müssen dich doch mit Vertrauen zu diesem Urteil erfüllen, oder?"

Er verstand mich. Psycho-Energie hatte ihn zur rechten Entscheidung in vielen wichtigen Dingen geführt, und tatsächlich war die Treffsicherheit, mit der er Entscheidungen fällte, der Grund für seinen raschen Aufstieg. Auch jetzt brauchte er kaum die Ermutigung durch mich. Er kaufte die Mine, und angesichts der bald ansteigenden Preise wurde dieser Schachzug als seine größte und glänzendste Leistung bejubelt.

Weshalb ich diese Geschichte erzähle? Ich möchte Ihnen an diesem Beispiel zeigen, wie Psycho-Energie das Urteil schärft. Und sie gibt Ihnen auch das Vertrauen und den Mut, Pläne, die Sie als richtig erkannt haben, weiterzuverfolgen.

Psycho-Energie ist ein anderes Wort für „Seelenkraft". Das ist nichts Religiöses, sondern eine ganz praktische menschliche Anlage. Jeder hat und benützt Psycho-Energie in einem höheren oder geringeren Grad. Jemand mit einer dynamischen, von Begeisterung erfüllten Persönlichkeit verfügt über eine erhebliche Menge dieser erstaunlichen Kraft. Sie können eine solche Persönlichkeit erwerben, samt der Begeisterung, die alles vor sich wegfegt, indem Sie Ihre Fähigkeit entfalten, damit umzugehen. Lassen Sie sich sagen, wie das geht!

Wie Sie Ihre Psycho-Energie entwickeln können

Der erste und wichtigste Schritt zur Entwicklung von Psycho-Energie ist die Erkenntnis, daß es sie gibt. Die meisten Gebildeten sind sich wohl bewußt, daß es etwas gibt, was man psychische Energie oder Seelenkraft nennt, doch sehen sie nicht, was es für sie selbst bedeutet. Sie betrachten es nicht als eine ihnen innewohnende Kraft, die sich bewußt einsetzen läßt, um die Gesundheit zu verbessern und erfolgreicher zu werden. Ehe Sie hoffen können, in irgendeinem Grad den Segen der Psycho-Energie zu ernten, müssen Sie wissen, worum es sich handelt und was sie bewirken kann. Der zweite Schritt wäre, darüber nachzudenken, sich ihrer bewußt zu sein und Ihren Geist ebenso natürlich darauf zu richten, als ob Sie ein Glas Wasser in die Hand nehmen. Das erfordert jedoch viele bewußte Wiederholungen, ehe es zur Gewohnheit wird.

Der Mensch weiß schon sehr lange Zeit um die Psycho-Energie. Alle großen Religionen nehmen darauf Bezug. Manche nennen sie Gottesgnade, andere Seelenkraft und wieder andere Kosmische Energie. Die großen Lehrer und Avatare benutzen verschiedene Bilder, um eine

Vorstellung davon zu vermitteln – Bilder, die sich entsprechend ihrer eigenen Vorstellung sowie dem Verständnisniveau der Menschen, die sie lehrten, unterscheiden. Die wissenschaftlichen Fortschritte unseres Jahrhunderts, besonders die Entwicklung der Elektronik, ermöglichen unserem Bewußtsein ein viel klareres und genaueres Verstehen der Psycho-Energie. Obwohl es durchaus wahr ist, daß diese Energie als eine Gabe von einem höheren Wesen verliehen werden kann und oft auch verliehen wird, ist es jedem Menschen auch möglich, seinen eigenen Vorrat zu erzeugen und zu lernen, darüber zu verfügen.

Wenn Sie meinen, Seelenenergie sei etwas Seltsames, Abwegiges und so gut wie Unerreichbares, sollten Sie sich das schnellstens aus dem Kopf schlagen. Das sind Ansichten von gestern, völlig überholt und veraltet wie die gestrige Zeitung. Es ist ein Überbleibsel aus dem Fischezeitalter, zu meinen, man brauche Hilfe, um sich zu entfalten. Legen Sie diese Vorstellung ab! Jeder kann sich heute selbst helfen. Sie können sich zu einem größeren, erfüllteren Leben verhelfen, zu mehr Kraft und Erfolg bei der Erreichung Ihrer höchsten Ziele. Bei manchen Gelegenheiten gebraucht man die Psycho-Energie so selbstverständlich und natürlich wie die physikalisch-körperliche Kraft, ohne sich das klar zu machen. Vielleicht haben Sie einen Hund oder sind schon auf einem Pferd geritten. Wenn Sie einem Hund den Befehl erteilen, sich zu setzen, still zu sein, achtzuhaben, dann übermitteln Sie nicht nur eine mündliche Botschaft, sondern auch einen psychischen Befehl. Wenn die kleine Kathy Kusner, unsere Olympiasiegerin im Pferde-Springreiten, die nur etwa hundert englische Pfund wiegt, ein Pferd mit seinen 1500 Pfund kräftigen Knochen und Muskeln kommandiert, dann ist sie der Boss. Es ist Psycho-Energie, was sie einsetzt, und damit kann sie das Pferd unter sich derart beherrschen, daß es höchst sensitiv sofort auf ihren leisesten Wunsch reagiert. Was ich Ihnen damit sagen will ist, daß Psycho-Energie zu Ihren Diensten steht, auf Ihren Befehl wartet. Wenn Sie das begreifen, dann sind Sie auf dem richtigen Weg.

Sie können die normale Aufnahme von Energie steigern, und zwar auf drei Wegen: über die Nahrung, die Sie zu sich nehmen, über die Luft, die Sie atmen, und durch den Gebrauch des Geistes, des Herzens und anderer Zentren. Zuerst wollen wir über die Ernährung sprechen.

Es gibt drei Körperorgane für die Umwandlung der in den Körper aufgenommenen Nahrung in Psycho-Energie: Milz, Blinddarm und Herz. Der Blinddarm, den die moderne Medizin für nutzlos hält und den sie beim geringsten Anlaß entfernt, ist in Wirklichkeit ein Energieumwandler. Man kann ohne ihn auskommen, und viele tun das. Wenn er jedoch richtig funktioniert, können Sie sehr viel schneller Ihren Vorrat an Psycho-Energie vermehren.

Milz und Herz sind auch nach einer Operation funktionsfähig und leisten in physischer Hinsicht weiter ihre Dienste, doch ihr Wert als Psycho-Transformatoren wird durch das Messer erheblich beeinträchtigt, wenn nicht gar zerstört. Die Funktionstüchtigkeit aller drei Organe läßt sich durch richtiges Denken sehr verbessern. Wenn Sie begreifen, daß es sich um Transformatoren handelt, und sich klar und deutlich vor Augen halten, daß diese Organe Körperenergie benutzen, um während des Verdauungsvorgangs Psycho-Energie anzuziehen, vervielfacht sich ihre Wirkungskraft.

Die Einnahme von Nahrung wurde von den Alten als eine heilige Handlung betrachtet. Sie betrachteten sie als so wichtig, daß sie größten Wert auf die richtige Atmosphäre beim Essen legten. Sie werden aus eigener Erfahrung wissen, wie es mit der Verdauung hapert, wenn Sie beim Essen nervös, aufgebracht, voll Angst oder Zorn waren. Jedes Essen in einer emotional geladenen Atmosphäre hat nicht nur körperliche Störungen, sondern auch schwere Vergeudung von Psycho-Energie zur Folge. Was sich dabei im Körperlichen zeigt, ist selbst bei ernsthaften Fällen nur ein schwacher Abklatsch der psychischen Störung. Jene Familien haben ganz recht, bei denen es heißt: „Bring nie deine Sorgen mit an den Tisch!" Das ist weise. Die Betreffenden wissen, daß eine Mahlzeit, die man in Ruhe, in einer warmen und freundlichen Atmosphäre zu sich nimmt, leichter zu verdauen ist – ja mehr noch (obwohl das nicht oft erkannt wird): durch eine so eingenommene Mahlzeit erhöht sich die Psycho-Energie aller Beteiligten.

Das klingt fast allzu einfach, und Sie werden fragen: „Meinen Sie allen Ernstes, ich kann meinen Vorrat an Psycho-Energie einfach dadurch vermehren, daß ich während der Mahlzeiten ruhig bin?" Die Antwort lautet: „Ja." Doch genauer besehen und bei mehrmaliger Erprobung wird sich zeigen, daß die Sache doch nicht ganz so einfach ist. Es ist nämlich gar nicht so leicht, lebenslange Gewohnheiten zu ändern. Auch kann man nicht immer verhindern, daß uns andere beim Essen ihre Nöte und emotionalen Probleme aufbürden.

Lesen Sie beim Frühstück die Zeitung? Damit sollten Sie aufhören. Lesen Sie gelegentlich ein Buch oder etwas Geschäftliches, wenn Sie einen Imbiß oder eine Kleinigkeit zu sich nehmen? Falls ja, dann hören Sie damit auf. Machen Sie sich nicht vor, Sie würden auf diese Weise Zeit sparen. Das ist nicht wahr. Rein körperlich gesehen bewirkt die geteilte Aufmerksamkeit mangelnde Durchblutung sowohl des Magens wie des Gehirns. Dadurch ist nicht nur die Verdauung erschwert, sondern Ihr Denken wird insgesamt matter und langsamer. Statt daß Ihrem inneren Wesen durch ein nährendes Mahl vermehrt Psycho-Energie zuströmt, muß es seine Notvorräte angreifen, um die gleichzeitig vermehrte Aktivität von Magen, Augen und Hirn zu unterstützen. Wenn Sie mit diesem Studium fortschreiten, werden Sie immer klarer und deutlicher erkennen, daß Ihr Denken und Ihre geistige Einstellung sehr viel mit Ihrem Maß an Psycho-Energie zu tun haben. Sie sollten beim Essen daran denken, daß die gute Nahrung, die Sie aufnehmen, die Fähigkeit hat, Sie nicht nur körperlich zu erhalten, sondern außerdem Psycho-Energie anzieht. Wird das bewußt erkannt, so folgt daraus ein größerer Zustrom als wenn man überhaupt nicht daran denkt. Im Unterschied dazu erleidet man einen Verlust an Psycho-Energie, wenn man in gespannter Situation oder anderen mißlichen Umständen sein Essen einnimmt.

Die Entdeckung der Vitamine und ihres hohen Werts zur Vervollständigung unserer Ernährung war ein wichtiger Durchbruch auf diesem Gebiet. Doch auch die Wirkungskraft der Vitamine läßt sich erhöhen, wenn sie mit bewußter Erkenntnis ihrer segensreichen Wirkung eingenommen werden. In Ruhe und mit der richtigen geistigen Einstellung verzehrt, werden sie zu Grundelementen körperlichen Wohlbefindens und gesteigerter Psycho-Energie. Doch auch das Gegenteil gilt. So wie gute Nahrung, die man in Angst oder Zorn verzehrt, zu Gift wird, so werden auch Vitamine, wenn man sie voll Ärger und Aufregung eingenommen hat, keinen Nutzen bringen, ja sie können die Gereiztheit noch steigern.

Ganz offensichtlich enthält Nahrung Energie, nur in noch konzentrierterem Maß tun das Vitamine. Doch was Ihr Körper da aufnimmt ist rein unbewußte Energie, bereit, jede ihr zugeteilte Aufgabe auszuführen. Sie kann, je nachdem, wie das Bewußtsein sie lenkt, jeden Punkt verstärken und sich überall sammeln. Vergegenwärtigung verfielfacht alle Energien. Sonnenlicht liefert Wärme, um aber damit ein Papier zu entzünden, ist eine Brennlinse nötig. So ist es auch bei der Psycho-Energie: jeder Organismus, der sie besitzt, strahlt sie aus, doch Sie müssen, um Nutzen daraus zu ziehen, lernen, sie anzusammeln und bewußt zu konzentrieren. Ihr Geist spielt dabei die Rolle des Brennglases. Es ist deshalb wichtig, zwischen dem unbewußten Dahinfließen der Psycho-Energie und dem gezielten Pfeil genau gelenkten Bewußtseins zu unterscheiden.

Das ist das Abc des Studiums der Psycho-Energie. Es muß begriffen und akzeptiert werden, ehe man die ausgeklügelteren Techniken erlernen kann, die später in diesem Kapitel folgen. Doch es gibt noch andere, einfache Quellen der Psycho-Energie, die jedem zur Verfügung stehen. Mit einer oder zwei davon möchte ich mich noch beschäftigen, bevor ich zu fortgeschritteneren Betrachtungen weitergehe.

Weitere Quellen der Psycho-Energie

Immergrüne Nadelhölzer, die Zapfen tragen, also Koniferen aus der Familie der Kiefern, Föhren oder Zedern, strahlen reine Psycho-Energie aus. Diese Tatsache ist nur wenig bekannt. Freilich gibt es

Ärzte, die Patienten mit schwachen Lungen empfehlen, ihren Wohnsitz in die Nähe von Kiefernwäldern zu verlegen, während andere empfehlen, auf mit duftenden Nadeln gefüllten Kopfkissen zu schlafen. Auch gibt es Extrakte aus Kiefernsaft zur Linderung von Husten und Halsentzündungen. Doch darf man bezweifeln, daß Mediziner wirklich eine Ahnung davon haben, welche Werte dabei im Spiel sind. Die Erfahrung hat gelehrt, daß reine Luft voll Kieferduft eine stärkende und heilende Wirkung auf die Lungen ausübt und Heilmittel auf der Grundlage von Terpentin-Derivaten bei Rachenerkrankungen helfen. Man kann diese Energie aber auch vom lebenden Baum beziehen, wofür natürlich auch das verstärkende Brennglas Ihres Bewußtseins wichtig ist.

Wie Psycho-Energie von Bäumen bezogen werden kann

Die Technik ist einfach, doch spielt Ihr bewußtes Gewahrsein gezielt dabei eine wichtige Rolle. Sie brauchen bloß mit Ihren Fingerspitzen die scharfen Nadelenden an einem lebendigen Kiefern- oder Zedernast betasten! Pressen Sie leicht die Kuppen der ersten beiden Finger und des Daumens an die Nadelspitzen und bleiben Sie zwei oder drei Minuten in dieser Haltung. Fühlen Sie dabei die Energie des großen Baumes in Sie einströmen! Wenn Sie sensitiv sind, spüren Sie das schon beim ersten Versuch. Bestimmt werden Sie, wenn Sie dies täglich eine Woche lang üben, Ihrer zunehmenden Vitalität, gesteigerten Energie und Ausdauer gewahr. Haben Sie den Nutzen der Übung erst erkannt, werden Sie ermutigt sein, sie weiter fortzuführen, und das sollten Sie tun. Sie kann Ihnen nur nützen, und Sie werden dadurch gesünder und stärker.

Ich habe das Wort „gesünder" mit Absicht gebraucht. Viele der alltäglichen menschlichen Beschwerden sind lediglich die Folge eines Mangels an Psycho-Energie. Wenn Ihre nervöse Energie Ebbe hat, treten in Ihrem „Schutznetz" guter Gesundheit Schwachstellen oder Lücken auf, durch die alles mögliche in Sie eindringen und Sie krank machen kann. Deshalb lassen sich gewisse Krankheiten mit Psycho-

Energie erfolgreich behandeln. Dieses Gebiet ist so wichtig, daß ihm an späterer Stelle ein ganzes Kapitel gewidmet ist.

Psycho-Energie aus anderen Substanzen

Es ist auch möglich, einen Vorrat an Psycho-Energie aus kleinen Mengen bestimmter Substanzen zu beziehen. Moschus zum Beispiel, von dem man nur zwei bis drei Gran nimmt, hilft zur Wiederherstellung eines erschöpften Psycho-Energie-Vorrats. Von besserem Nutzen ist das bei bestimmten Krankheiten. Ich denke hier vor allem an eine bestimmte Sorte von Tonquin-Moschus, der zwar ziemlich teuer ist, aber wegen der winzigen Mengen, in denen er angewandt wird, auch sehr lange reicht. Doch darf man zur innerlichen Anwendung nur natürlichen Moschus nehmen, und wie gesagt, in sehr kleinen Dosen. Moschus ist ein Sekret des Moschusrehs oder Moschusochsen. Wegen seiner Fähigkeit, den Duft pflanzlicher Essenzen haltbar zu machen, wird er viel bei der Herstellung von Parfüms verwendet, was zur Herstellung von künstlichem Moschus führte, einer Syntrinitro-Butyl-Toluen-Verbindung. Dieser künstliche Moschus enthält jedoch keine Psycho-Energie und darf unter keinen Umständen innerlich verwendet werden.

Natürlicher Moschus findet in Indien und China schon seit Jahrhunderten Verwendung. Die Herrscher, Radschas und Kaiser, pflegten zwei oder drei Gran davon einzunehmen, ehe sie Verhandlungen führten oder wichtige Entschlüsse faßten. Aus Erfahrung wußten sie, daß ihnen das zu klarerem Bewußtsein und einem gesünderen Urteil verhalf. Dieselbe Art Moschus, die diese Potentaten vor tausend und mehr Jahren benützten, ist auch heute noch erhältlich. In jener Zeit war es eine kostbare Substanz, die nur den Herrschern und Staatsoberhäuptern zur Verfügung stand, heute dagegen ist sie wohl teuer, aber für jeden zu haben. Baldrian ist eine weitere wertvolle Substanz, deren wahrer Wert nicht allgemein anerkannt ist. Baldriantinktur ist allerdings nicht zu empfehlen, aber ein schwacher Tee aus Baldrian, der sich zu Hause leicht selbst herstellen läßt, ist sehr nützlich. Eine halbe

Tasse dieses schwachen Tees täglich trägt viel dazu bei, den Körper zu entgiften und die Drüsen und anderen Organe, die als Transformatoren der Psycho-Energie wirken, anzuregen. Baldrian ist von großem Nutzen, wenn er eine Woche lang täglich eingenommen wird und eine Woche nicht, und das zwei Monate lang. Dann hört man damit auf und wartet ein halbes Jahr, ehe man es auf dieselbe Weise wiederholt.

Es gibt viele weitere Substanzen, die Psycho-Energie in kleinen Mengen liefern. Wie Moschus und Baldrian sind sie hilfreich, wenn man erschöpft, krank oder sonstwie am Ende ist, und man sollte sie sich für Notfälle merken. Doch für jemand wie Sie, der die Kraft eines großen Vorrats an Psycho-Energie erwerben möchte, ist schon eine stärkere Methode erforderlich. Damit werden wir uns beschäftigen, nachdem wir eine weitere Frage geklärt haben – wie man vermeidet, seine Psycho-Energie zu vergeuden.

Wie man die Vergeudung von Psycho-Energie vermeidet

Erst vor verhältnismäßig kurzer Zeit fing die Wissenschaft an, sich mit Schlafforschung zu befassen. Allzu lange betrachtete die Wissenschaft den Schlaf nur als den natürlichen Weg, nach einem anstrengenden Tag die Kräfte zu erneuern. Man wird müde. Also legt man sich schlafen und wacht erfrischt auf. Weiter dachte man nicht darüber nach. In den letzten Jahren begannen sich zahlreiche fähige Psychologen, Psychiater und Physiologen für den Schlaf und sein Begleitphänomen, das Träumen, zu interessieren. Willige menschliche Versuchskaninchen ließen zu, daß man sie während ihrer ganzen Schlafzeit beobachtete, und dabei wurden seltsame Veränderungen festgestellt. Abgesehen von regelmäßig wiederkehrenden Verlagerungen des Körpers zog ein Phänomen die Aufmerksamkeit auf sich, das „Rasche Augenbewegung" genannt wird (abgekürzt REM = Rapid eye movement). Es ist mit der Traum-Aktivität verbunden.

Die neugierigen Wissenschaftler weckten die Schläfer, wenn REM beobachtet wurde, und hinderten sie so am Träumen. Sie entdeckten, daß die Versuchsperson nicht die vom Schlaf zu erwartende Erfrischung erreichte, wenn sie am Träumen gehindert wurde, auch wenn die Schlafzeit wie üblich acht Stunden betrug. Tatsächlich wird der während mehrerer aufeinander folgender Nächte am Träumen gehinderte Schläfer reizbar, und seine physische Koordination verringert sich. Manche neigen dann dazu, am Tag während der Arbeit oder des Essens in traumähnliche Zustände zu verfallen, was offenbar einen Versuch des Organismus darstellt, diesen Mangel auszugleichen.

So pirscht sich die Wissenschaft wie immer von der Wirkung zur Ursache vor. Einmal wird man erkennen und wissenschaftlich akzeptieren, daß die Hauptfunktion des Schlafes darin besteht, die Psycho-Energie zu erneuern. Nach einem Tag normaler Muskelanstrengung und Verausgabung von Körperkraft würden ein paar Stunden der Ruhe, auch ohne Schlaf, genügen, um die Körperkräfte zu erneuern. Aber wir brauchen mehr als nur Ruhe. Wir brauchen Schlaf, denn während des Schlafs arbeiten unsere psychischen Energie-Transformatoren auf Hochtouren. Solange unser bewußtes Denken aktiv ist, solange wir also wach sind, helfen wir entweder bei der Ansammlung der so wichtigen Psycho-Energie mit oder wir vergeuden sie. Nur wenige Menschen versuchen sich darauf, den Zustrom von Psycho-Energie zu steigern – die meisten tun während der wachen Stunden alles, um sie zu verbrennen und zu zerstören. Wie? Das will ich Ihnen sagen.

Jeder menschliche Kontakt ist Verschleiß. Das sollte nicht so sein, und Sie werden vielleicht nicht gleich einsehen, daß es stimmt. Es gibt daran aber gar keinen Zweifel, und man kann die Reibungen, die daran schuld sind, nur durch Liebe, Zuneigung, Mitleid und Toleranz verringern. Wie Sie wohl wissen, hegen wir diese edlen Regungen nicht allen Menschen gegenüber, noch werden sie uns ständig entgegengebracht, und so sind wir täglich Stunden über Stunden mit Angriff und Verteidigung beschäftigt. Das ist uns schon so zur Gewohnheit geworden, daß wir uns selbst dann, wenn wir allein sind, mit innerlicher Kritik an den Handlungen anderer befassen, auf internationaler, nationaler, lokaler und persönlicher Ebene, oder wir denken uns Pläne für die Zukunft aus, die auf eine oder andere Weise unserem Ichgefühl schmeicheln oder uns sonstwie unsere Mitmenschen überrunden lassen. Solche Gedanken, Worte und Handlungen sind stets

mit allerlei Emotionen verbunden. Angst, Neid, Abneigung, Emp-
findlichkeit, Eifersucht und Ärger sind die üblichsten. Sie werden
gewöhnlich durch Stolz, Eitelkeit und Begehrlichkeit unterstützt.
Gefühle dieser Art verbrauchen die Psycho-Energie viel schneller als
sie wieder ergänzt werden kann. Wenn wir also nicht schlafen und
träumen, geht es bald in jeder Weise mit uns bergab. Wir werden
nervös und gereizt und fallen schließlich Krankheiten zum Opfer.

Das Träumen zeigt innere Aktivität an, und gewöhnlich begleiten
diese die Funktionen von Herz, Milz und Blinddarm, wenn sie
Nahrung in Psycho-Energie umwandeln. Das geschieht weder bereits,
wenn man den Kopf aufs Kissen legt, noch beim ersten Einschlafen.
Zuerst müssen sich all die Gefühlsknoten aufgelöst haben, die tagsüber
von uns geknüpft wurden. Erst wenn eine gewisse innere Entspannung
eingetreten ist, beginnen die Transformatoren mit ihrem so notwendigen Pulsieren. Die meisten von uns träumen während des größten Teils
der im Schlaf verbrachten Zeit. Das ist gut. Nur ein kleiner Prozentsatz
dieser Träume wird nach dem Aufwachen erinnert, und manche, die
sich nie an ihre Träume erinnern, behaupten, sie träumten nicht. Doch
die auch bei ihnen beobachteten REM-Phasen deuten auf innere
geistige Aktivität, höchstwahrscheinlich also auf Träume. Schlafen Sie
also genug, denn während des Schlafs wird unser Vorrat an Psycho-
Energie wieder auf Höchststand gebracht.

Altern ist die Folge von Psycho-Energie-Vergeudung

Im allgemeinen sind die jungen Menschen glücklicher als alte. Sie
haben weniger Nöte und Sorgen. Ihr Leben ist froher, so daß sie
während ihrer Arbeitsstunden weniger von ihrem kostbaren Psycho-
Energie-Vorrat abbauen. Auch schlafen sie gewöhnlich noch länger
und verbringen somit mehr Zeit damit, Verluste wieder einzuholen.
Wenn sie dann älter werden und ihr emotionales Wesen zusammen mit
dem Körper erwachsen wird, erliegen sie leicht den verschiedenen
Gefühlsschwankungen, denen sie ausgesetzt sind. Die meisten Kinder
werden schon früh von ihren Eltern und anderen älteren Menschen

angesteckt und ziehen sich von ihnen alle möglichen Empfindlichkeiten, Ängste, Sorgen und Neidhaltungen zu. Da diese das Denken des jungen Erwachsenen mehr und mehr beherrschen, verbraucht er mehr an Psycho-Energie am Tag und benötigt während der Nacht mehr Zeit, sie zu ersetzen. Doch die Nächte haben nur eine bestimmte Dauer, und mit zunehmendem Alter neigt man dazu, weniger und nicht mehr zu schlafen. Täglich hat der nun Erwachsene einen etwas kleineren Psycho-Energie-Vorrat als am Tag zuvor und das körperliche Altern setzt ein. Wie viele abgenützte Zellen im Körper erneuert werden können, hängt von der jeweils zur Verfügung stehenden Psycho-Energie ab. Zerstört man nun Zellen mit niedrigen Regungen, so braucht man eine Menge Psycho-Energie, um die notwendige Erneuerung zu ermöglichen, und je weniger Energie zur Verfügung steht, um so geringer ist die Regenerierung.

Das läßt sich auf vielfache Weise belegen. So altern zum Beispiel in Ländern, in denen die Emotionen leicht hochgehen, die Menschen rasch. Frauen mit fünfunddreißig sind oft schon alt. Männer halten sich in diesen Gegenden besser, vor allem deshalb, weil das Verdienen des Lebensunterhalts eine gewisse emotionale Beherrschung verlangt. In Ländern hingegen, wo ein rauheres Klima herrscht und schon zum bloßen Überleben Selbstdisziplin nötig ist, kommt das Alter gnädiger und langsamer über die Menschen, ihr Körper bleibt länger rüstig, weil sie sich weniger oft destruktiven Regungen überlassen und also mehr Psycho-Energie bewahren.

Ich möchte deshalb hier noch einmal sagen, daß der erste Schritt zur Mehrung des Vorrats an Psycho-Energie darin besteht, aufzuhören sie zu vergeuden. Es gilt eine entschiedene Anstrengung zu machen, sich keinen sogenannten negativen Regungen zu überlassen. Das ist natürlich schwierig, doch ein Anfang sollte gesetzt und die Bemühung von Zeit zu Zeit erneuert werden.

Die beste Technik ist die, sich selbst fest in die Hand zu nehmen, die Zügel straff zu halten wie bei einem widerspenstigen Pferd. Ich weiß wohl, daß Sie das nicht ständig fertigbringen, und bestimmt nicht, wenn die Gefühle hohe Wellen schlagen. Darum schlage ich eine weitere Methode vor, die von den alten Römern „tactica adversa" genannt wurde und die darin besteht, ganz bewußt einen Gedanken zu hegen, der der negativen Regung genau entgegengesetzt ist. Wenn man zur Kritik geneigt ist, sollte man etwas ausfindig machen, das zu loben ist. Wenn Sie sich ärgern, dann suchen Sie etwas, das zum Scherzen oder Lachen Anlaß gibt, und wenn Sie es selbst sind. Wenn Sie ängstlich sind, dann sagen Sie sich, daß Sie sich morgen über Ihre Angst lustig machen werden. Hat jemand Sie verletzt, versuchen Sie dem Betreffenden gegenüber Mitleid statt Verstimmung oder Zorn zu empfinden. Das ist keine süßliche Religiosität, sondern ein gesunder psychologischer Rat. Wenn Sie das fertigbringen, ja es auch nur versuchen, wird es Ihnen mehr helfen als irgend etwas anderes. Sie beschneiden auf diese Weise die tägliche Vergeudung kostbarer Psycho-Energie und vermehren sie allmählich.

Technik zur Steigerung von Psycho-Energie

Bisher haben wir das Wesen der Psycho-Energie untersucht und wie wir sie normalerweise erwerben und auch vergeuden. Wir haben gesehen, daß die Nahrung, die wir zu uns nehmen, und die Luft, die wir atmen, unseren Psycho-Energie-Vorrat wieder auffüllen können und daß dieser Vorgang im Schlaf besser vonstatten geht. Wir haben auch gesehen, daß es gewisse Substanzen und lebendige Organismen gibt, die psychische Energie abgeben oder den Vorgang der Umwandlung von Körperkraft in Psycho-Energie beschleunigen. Wir haben die abbauenden Lebensvorgänge betrachtet und die schwächende Wirkung heftiger Emotionen erklärt. All das Genannte verstärkt oder schwächt also Ihre Psycho-Energie. Nun will ich Ihnen einige Anregungen und Techniken vermitteln, die Sie befähigen, mehr als nur übliche Mengen dieser Energie zu erlangen und zu speichern. Und wenn Sie das gelernt haben, will ich Ihnen sagen, wie Sie die überschüssige Energie einsetzen können, um scheinbare Wunder zu vollbringen. Die beiden besten Techniken sind: *Durch das Denken gelenkter Atem. Vorstellen und Denken allein.*

Weil leichter zu erklären, werden wir zuerst eine Technik studieren, die den vom Denken gelenkten Atem einsetzt.

Steigerung der Psycho-Energie durch geistig gelenkte Atmung

Atmung ist eine automatische Funktion. Wenn der Körper in Ruhe ist, geht der Atem normalerweise langsam und regelmäßig; verlangen aber große Anstrengungen nach vermehrter Sauerstoffzufuhr, um den Blutstrom zu reinigen, dann beschleunigt und vertieft sich die Atmung von selbst. Wir können aber die Zahl der Atemzüge auch bewußt überwachen, können willentlich den Atem verlangsamen oder beschleunigen. Ja, wir können die Atmung kurze Zeit gänzlich einstellen. Tauchen und Schwimmen unter Wasser sowie Wasser-Polo erfordern Beherrschung des Atmens. Die Mitglieder der amerikanischen Olympia-Mannschaft im Wasser-Polo wurden im Anhalten des Atems trainiert, damit sie länger unter Wasser bleiben konnten. Ein breitbrüstiger Athlet übte so lange, bis er mehr als drei Minuten lang den Atem anhalten konnte, sehr zum Vorteil der Mannschaft. Seine ungewöhnliche Fähigkeit, den Atem so lange anzuhalten, versetzte ihn in die Lage, auf dem Grund auszuharren und plötzlich knapp vor dem Ziel emporzuschießen. In unserem Fall wollen wir das Atemanhalten für einen weit wertvolleren Zweck erlernen.

1. Übung: Sie sollte wenigstens zwei Wochen lang täglich ein- bis zweimal gemacht werden, ehe man weitergeht. Doch auch dann sollte sie beibehalten werden. Sie ist wirklich eine große Kraftquelle und Sie sollten sie als tägliche Übung das ganze Leben lang beibehalten. Wie Sie sehen werden, ist sie ganz einfach. Ihr Zweck ist die Vergrößerung der Lungenkapazität und die Erleichterung einer völligen Atembeherrschung. Sie wird wie folgt ausgeführt: Atmen Sie ein, bis die Lunge gefüllt ist, und zählen Sie dabei bis vier. Dann ohne Pause ausatmen und dabei bis elf zählen. Das bedeutet also: Schnell ein- und langsam ausatmen. Bei etwas Übung geht das ganz leicht. Zählen Sie beim Ein- und Ausatmen jeweils im gleichen Rhythmus. Wiederholen Sie das während der ersten Woche zehnmal nacheinander und steigern Sie

dann allmählich bis auf zwanzigmal und bleiben dann dabei. In der ersten Woche sollte man sich einfach die nötige Beherrschung aneignen. Die Ein- und Ausatmung sollte schön glatt und gleichmäßig verlaufen. Wenn das einmal gut und von allein geht, was nach ungefähr zwei Wochen möglich sein sollte, geht man zur nächsten Übung über.

2. Übung: Man fährt mit der obigen Atmung – bis vier zählen beim Einatmen, bis elf beim Ausatmen – fort, fügt jetzt aber noch eine Visualisation hinzu, das heißt, man stellt sich dabei als innerliches Bild die Sonne vor. Sehen Sie die Sonne als großes weißes Licht vor sich, irgendwo über Ihrem Kopf. Es spielt keine Rolle, wo sie sich tatsächlich befindet oder ob es Tag oder Nacht ist. In Ihrer bildlichen Vorstellung sehen Sie die Sonne hell über sich scheinen. Während Sie dann bei der Ausatmung bis elf zählen, stellen Sie sich die weißen Strahlen der Sonne vor, wie sie auf Sie herunterkommen und in Ihren Körper durch Ihr Haupt in Sie eindringen und durch das Rückgrat in die Gegend Ihres Herzen strömen. Dies sollten Sie nur während der Ausatmung innerlich sich vorstellen. Wenn Sie wieder einatmen, sehen Sie die Sonne über sich stehen, aber erst, wenn Sie auszuatmen beginnen, sehen Sie, wie ihre Strahlen herabfließen und Sie wieder mit ihrer göttlichen Strahlung erfüllen.

Das ist die einfache Übung, mit der durch gelenkte Atmung Psycho-Energie vermehrt werden kann. Man sollte sie nicht unterschätzen. Zunächst wird nur eine kleine Menge von Psycho-Energie dabei gewonnen. Doch wenn man damit fortfährt, wird die Atmung ausgeglichener und die Bildvorstellung klarer und weniger wirr. Das bringt dann immer bessere Ergebnisse.

So einfach das aussieht, es ist grundlegend richtig. Abwandlungen dieser Technik, um ganz bestimmte, sehr schwierige Aufgaben zu erfüllen, werden in späteren Kapiteln gelehrt. Doch werden Sie nicht in der Lage sein, Sie anzuwenden und die psychische Energie zu lenken, solange Sie nicht diese erste Lektion gemeistert und Ihre Reflexe entsprechend ausgebildet haben. Deshalb vernachlässigen Sie diese Übung nicht! Und bilden Sie sich nicht ein, Sie könnten sie zu oft üben. Selbst zehn oder zwölf Wiederholungen täglich sind nicht zuviel. Jede wird hilfreich sein.

Bei dieser Übung atmen Sie leicht und normal. Besser noch: Sie vergessen den Atem ganz und konzentrieren Ihre Aufmerksamkeit voll auf die von Ihnen gewählte Bildvorstellung. Es gibt deren viele. Studieren Sie die beiden, die ich Ihnen hier gebe, eingehend, und üben Sie sie sorgfältig. Ich bin sicher, wenn Sie die diesen geistigen Übungen innewohnenden Möglichkeiten gründlich erforscht haben, werden Sie den Übungsvorgang begreifen und in der Lage sein, selbst weitere Techniken zu entwickeln.

1. Suchen Sie sich einen Platz, wo Sie 15 bis 20 Minuten lang ungestört bleiben, setzen Sie sich bequem hin und entspannen Sie sich, bei normaler Atmung. Je weniger Aufmerksamkeit Sie dem Atem zuwenden, desto besser ist es. Wenn Sie ganz still sind, wenden Sie Ihre Aufmerksamkeit Ihrem Herzen zu. Sehen Sie mit dem inneren Auge, wie es eine rosarote Ausstrahlung von sich gibt, wie Licht aus einer rosa gefärbten Glühbirne, nur strahlender. Halten Sie die Aufmerksamkeit auf das Herz gerichtet, während Sie bis neun zählen. Dabei sollten Sie die ganze Zeit nicht den Atem anhalten, sondern ganz normal ein- und ausatmen.

Nun verlagern Sie die Aufmerksamkeit vom Herzen zum höchsten Punkt Ihres Kopfes und halten sie dort fest, während Sie bis fünfzehn zählen. Wenn Sie Ihre Aufmerksamkeit vom Herzen zum Oberhaupt verlagern, nehmen Sie die rosa Farbe mit. Wenn nun Ihre Aufmerksamkeit auf diesen neuen Ort gerichtet ist, stellen Sie sich direkt über Ihrem Kopf und diesen durchdringend eine Sphäre strahlenden rosa Lichts vor.

Der dritte und letzte Schritt ist, sich vorzustellen, wie diese rosa Wolke immer größer wird und schließlich Ihren ganzen Körper einhüllt, als säßen Sie in einer eiförmigen strahlenden rosa Wolke. Halten Sie diese Bildvorstellung fest, während Sie bis zwölf zählen. Das war der erste Teil. Wenn Sie damit fertig sind, gehen Sie gleich zum zweiten Teil über, der ähnlich einfach ist: Richten Sie Ihre Aufmerksamkeit auf die Kehle in der Gegend des Adamsapfels und zählen Sie dabei bis neun. Stellen Sie sich vor, daß aus diesem Kehlenzentrum strahlend blaues Licht strömt. Wenn Sie bis neun gezählt haben, richten Sie die Aufmerksamkeit wieder auf den höchsten Punkt des Kopfes und halten Sie sie dort, während Sie bis 15 zählen. Zählen Sie ruhig und regelmäßig, ein wenig langsamer, als normalerweise das Herz schlägt. Nehmen Sie bei der Verlagerung von der Kehle zum höchsten Punkt des Kopfes das blaue Licht mit und stellen Sie sich vor, wie es hell strahlend darüber schwebt.

Wenn Sie bis 15 gezählt haben, stellen Sie sich vor, daß diese blaue Lichtkugel wächst. Sehen Sie, wie sie sich ausdehnt, bis sie Sie ganz umgibt und Sie sich in einer strahlend blauen Wolke befinden. Halten Sie dieses Bild fest und zählen Sie dabei bis zwölf.

Diese Übung hat drei Teile, von denen jede aus drei Stufen besteht. Dies ist der dritte Teil:

Stellen Sie sich ein großes weißes Licht vor, das aus einem Punkt zwischen Ihren Augenbrauen etwa einen Zentimeter über der Nasenwurzel strahlt. Halten Sie diese Bildvorstellung fest, während Sie bis neun zählen, und wenden Sie dann Ihre Aufmerksamkeit wieder dem höchsten Kopfpunkt zu und sehen Sie dort die Sphäre hellen weißen Lichts schweben, während Sie bis 15 zählen. Bei der Zahl 15 sehen Sie wie das Licht sich ausdehnt, bis es zu einer großen weißen Wolke geworden ist, die Sie völlig einhüllt. Dann halten Sie dieses Bild fest, während Sie bis zwölf zählen. Damit ist die Übung beendet. Dann sitzen Sie ein paar Augenblicke lang still. Sie haben große Kräfte in Bewegung gesetzt, und selbst wenn Sie sich zunächst keiner Veränderung bewußt wären, ist es doch klug, diese erst wirken zu lassen, ehe man die psychische Aufbauwirkung oder Erholung durch die Banalitäten der Alltagswelt stört. Es wird nicht lange dauern, bis Sie die darin liegende Weisheit erkennen. Dann werden Sie glücklich so lange still dasitzen, wie Ihre Zeit es erlaubt, und bewußt die psychischen Energien in sich aufnehmen, die in Ihr Wesen einströmen.

2. Die zweite Übung setzt nicht nur den Geist, sondern auch den Willen ein. Tatsächlich wird bei jedem bewußten Ansammeln von ... ... Kontrolle oder

Form II:

Wie schon angedeutet, ist hier lediglich die bildliche Vorstellung eine andere als bei Form I. Zweck und Ergebnis sind aber dieselben, ebenso die Mittel; nur die Vorstellung und die entsprechende Willensanspannung sind verschieden.

Bei dieser Übung stellen Sie sich zuerst eine Lichtsphäre bzw. einen Lichtkreis etwa zwei Meter hoch direkt über Ihrem Kopf vor. Diese Sphäre soll wie eine strahlende weiße Wolke von 1,2 bis 1,5 Meter Durchmesser aussehen. Ist dieser Lichtkreis klar vor Ihrem inneren Auge sichtbar, versuchen Sie mit Einsatz Ihres Willens Ihren Körper vom Stuhl abzuheben, hinauf zum Zentrum der Lichtwolken. Das ist nicht unmöglich, doch wahrscheinlich werden Sie es beim ersten Versuch nicht schaffen und auch wohl nicht bei mehreren Versuchen. Doch kümmern Sie sich nicht um den physischen Teil. Worauf es ankommt, ist die Bemühung, die Sie einsetzen, um sich emporzuheben. Indem Sie das tun, fordern Sie nämlich unterbewußt Psycho-Energie an. Sie ziehen sie durch den Einsatz Ihres Willens tatsächlich in sich hinein.

Da dies anfangs vielleicht etwas anstrengend ist, hören Sie nach zehn Minuten damit auf. Vergessen Sie nicht, daß die größte Bedeutung nicht darin liegt, daß Sie sich tatsächlich im körperlichen Sinn hochheben. Das Wesentliche ist die Anforderung der dazu erforderlichen Energie und die zusätzliche Versorgung, die Ihnen dadurch zuteil wird.

Es kann vorkommen – und geschieht schließlich –, daß Sie bei dem geistigen Emporstreben zur Lichtsphäre über sich merken, daß Sie tatsächlich in die Wolken hinaufschweben. Das wird nicht eine physikalische Bewegung sein, wenigstens ist das nicht wahrscheinlich, sondern eine Steigerung der Schwingungen in Ihrem Wesen, die sich Ihrem Bewußtsein als ein Aufsteigen mitteilt. Interessant ist, daß sich Ihr Körper nach einer solchen Erfahrung leichter fühlt – ein Zustand, der für gewöhnlich zwei oder drei Stunden anhält.

Die bisher vermittelten Informationen und Übungsanleitungen werden Sie befähigen, Ihren normalen Psycho-Energie-Vorrat merkbar zu steigern, doch nur dann, wenn Sie die gegebenen Anregungen auch befolgen und die Übungen ausführen. Ein Schwert, das nie aus der Scheide genommen wird, bewirkt nichts. Sie haben in sich die Kraft, große Dinge zu vollbringen, doch ist es notwendig, sie herauszuholen und zu benützen. Und schon eine kleine Bemühung wird erstaunliche Ergebnisse zeigen.

Das vorliegende Kapitel war den Grundlagen, der Errichtung eines Fundaments von Wissen und Fertigkeiten gewidmet, auf die sich Ihr Erfolg aufbauen muß. Im nächsten und den folgenden Kapiteln werde ich Ihnen sagen, wie Sie Psycho-Energie anwenden können, um die von Ihnen gewünschten Resultate zu erringen.

3. Kapitel

Die Gabe der Prophetie und wie man sie durch Psycho-Energie verstärken kann

Wie in der Bibel berichtet wird, war Saul von Tarsus, auch als Apostel Paulus bekannt, ein römischer Bürger jüdischen Glaubens, der in Tarsus in Zilizien aufwuchs und erzogen wurde. Er war ein Mensch von großer Integrität, und bis zur Wende seines Lebens, die sich auf der Straße nach Damaskus ereignete, war sein Verhalten von strengem Festhalten am geschriebenen Gesetz beherrscht. Das ist nicht eine Abschweifung, wie gleich klar werden wird. Denn während er sich auf dem Weg nach Damaskus befand, um jene zu bestrafen, die er als Gesetzesbrecher und Gotteslästerer ansah, erlebte dieser Paulus einen Durchbruch zu einer höheren Bewußtseinsebene. Er hatte immer schon Psycho-Energie besessen. Sein untadeliger Lebenswandel und sein hoher Entschluß, dem Gesetz zu gehorchen und seinem Gott zu dienen, wirkten als Akkumulator für große Mengen dieser feurigen Kraft. Doch weil er die Energie nicht begriff, die ihm da zu Gebote stand, machte er auch keinen Versuch, sie zu nutzen, bis der Druck auf sein Inneres so stark wurde, daß es zu einem Durchbruch zu einem erweiterten Bewußtsein kam.

Wie der Apostel Paulus durch Psycho-Energie verwandelt wurde

In einem einzigen Augenblick wurde Paulus sich der zweiten Ebene bewußt, der Ebene über dem Physischen. Ihr plötzliches Erscheinen erschien ihm wie ein großes Licht, das ihn vorübergehend blendete. Nur selten wird jemand innerhalb eines Augenblicks vom physischen zum psychischen Bewußtsein erhoben. Gewöhnlich findet dieser Prozeß stufenweise statt. Man sieht zuerst ein kleines Aufleuchten. Es „leuchtet einem etwas ein", wenn eine Wahrheit ausgesprochen wird oder ein Gedanke aufgeht wie ein Stern. Doch in Kürze, im Bruchteil einer Sekunde, ist es wieder vorbei. Später gewöhnlich, wenn die Augen geschlossen sind und man entspannt ist, erscheint dann ein hellerer Lichtblitz, von einem Licht, das sehr ähnlich dem hellsten Sonnenlicht ist. Auch das dauert nur einen Augenblick, doch bei wiederholten Malen hält es etwas länger an. So entwickelt der sich mit Psycho-Energie befassende Anfänger allmählich seine innere Sicht.

Nach seiner „Erleuchtung", wie das genannt wird, war das ganze Leben des Paulus verwandelt. Er sah die Dinge anders und verstand weit besser die Mysterien unseres Daseins. Er versuchte, diese anderen klarzumachen, fand es aber schwierig, solche neuen und seltsamen Gedanken an Menschen weiterzugeben, die noch nicht bereit waren. Er hielt Predigten, er gab Unterricht und schrieb Briefe an seine Schüler und Anhänger. Die erhaltenen sind uns als Paulusbrief bekannt.

In den Mitteilungen an seine Schüler in Korinth (1. Kor. 7–11) beschreibt er einige Gaben der Psycho-Energie. Man bedenke, daß er auf Worte angewiesen war, die geeignet waren, im Geist seiner Schüler, deren Bewußtsein nicht annähernd so entwickelt war wie das des Durchschnittsmenschen von heute, Verständnis zu erwecken. Deshalb nannte er Psycho-Energie die Gabe des Geistes. Hier seine Worte:

7. Doch die Offenbarung des Geistes wird jedem Menschen zuteil zum allgemeinen Nutzen.

8. Dem einen ist der Geist des Weisheitsworts gegeben, einem anderen das Wort der Erkenntnis durch denselben Geist,

9. wieder einem anderen wird Glaube zuteil durch denselben Geist, einem anderen die Gabe zu heilen durch denselben Geist,

10. einem anderen Wunder zu wirken, einem anderen Prophetie, einem anderen die Unterscheidung der Geister, einem anderen, in anderen Sprachen zu reden, noch einem anderen die Auslegung der Sprachen.

11. Doch all das wirkt ein und derselbe Geist, der jedem wird anders
    zuteil, wie er will.

So schrieb ein Ehrenmann, dem man Vertrauen schenken konnte, vor nahezu zweitausend Jahren. Er sagte: „Die Offenbarung der Psycho-Energie wird jedem Menschen zuteil zum allgemeinen Nutzen." Kann man das etwa klarer ausdrücken? Es heißt doch offensichtlich, daß jeder Psycho-Energie besitzt, doch es am einzelnen liegt, darüber zu entscheiden, wie und in welchem Ausmaß er sie nützen will. Doch Paulus geht noch weiter. Er sagt, daß es in der Macht des Durchschnittsmenschen liegt, durch Anwendung von Psycho-Energie bestimmte ungewöhnliche Fähigkeiten zu erwerben. Er zählt dann die Wunderwirkungen auf, das Heilen von Verwundeten und Kranken, die Unterscheidung der Geister, die Gabe der Prophetie und andere. Bei unserer Untersuchung der Psycho-Energie werden wir jede dieser Gaben prüfen. Im vorliegenden Kapitel wollen wir die Prophetie genauer betrachten und darstellen, wie Sie die Fähigkeit der Zukunftsschau erwecken können.

Eine Prophezeiung für die nahe Zukunft

Es herrscht heute eine weitverbreitete Angst, daß ein Atomkrieg ausgelöst und die Menschheit im nachfolgenden Holocaust dezimiert werden könnte. Freilich, die Bomben dafür liegen bereit, und angesichts des gegenwärtigen menschlichen und nationalen Ungleichgewichts erscheint es nicht unvernünftig, mit einer solchen Möglichkeit zu rechnen. Doch ich sage, daß ein solcher Krieg nicht stattfinden wird.

Sollten Sie diesbezügliche Ängste haben, dürfen Sie diese ruhig beschwichtigen. Ich stelle zwar keinen sofortigen Frieden in Aussicht. Im Gegenteil, die Völker werden miteinander streiten, sich bedrohen und sich allgemein noch einige Jahrzehntelang wie unartige Kinder betragen. Doch ein Atomkrieg und damit verbundene völlige Zerstörung liegen nicht mehr im Bereich der Wahrscheinlichkeit.

Ein solch allgemeines Blutbad wird nicht als nötig oder ratsam angesehen, und es haben sich schon Kräfte erhoben, um es zu verhindern. Anzeichen dafür sind schon zu erkennen. Die jungen Menschen aller Länder hegen einen solchen Widerwillen gegen den Krieg, daß sie öffentlich in jeder ihnen möglichen Weise dagegen protestieren. Da sich ihnen immer mehr Gesinnungsgenossen anschließen und sie ihren Forderungen immer mehr Nachdruck verleihen, werden die Regierungen bei allen Entscheidungen und Handlungen diesen neuen dynamischen Ausdruck der öffentlichen Meinung berücksichtigen müssen.

Allmählich wird immer deutlicher, daß ein offener bewaffneter Konflikt von den meisten verabscheut wird und nur wenige ihn gutheißen. In besonders kämpferischen Völkern, wo mit Polizeigewalt die Stimme des Volkes unterdrückt wird, wird solche Rebellion, solch innerer Aufruhr entstehen, daß an Angriffe gegenüber anderen Völkern nicht mehr zu denken ist. Deshalb wird der Waffenstillstand andauern, bis vernünftigere Lösungen gefunden werden. Wenn das wie eine Prophezeiung aussieht – meinetwegen!

Das Wesen der Prophetie

Vorherwissen eines Ereignisses wird allgemein als Präkognition bezeichnet. Es gibt verschiedene Ebenen der Präkognition. Sie können wissen, daß Sie heute abend ins Theater gehen, weil Sie es geplant und schon die Karten gekauft haben. Natürlich kann noch manches dazwischenkommen und es ändern, doch allgemein läßt sich sagen, daß Sie ein Vorherwissen von diesem Ereignis hatten, weil Sie es planten.

Das ist eine Art von Präkognition aufgrund eigenen Planens. Es gibt eine verwandte Art von Präkognition, die auf dem Wissen um die Pläne anderer beruht. Diese können von ihrem Urheber mitgeteilt werden oder man liest, hört oder erfährt davon auf irgendeine andere Weise. Man kann sie sogar auf telepathischem Wege erfahren, wenn man an den Planenden denkt. Doch an diese Art von Vorherwissen und auch ähnliche Arten ist hier nicht gedacht, wie beispielsweise an unsere vertrauensvolle Erwartung, daß es nächsten Winter kalt und nächsten Sommer warm sein wird. Alle wiederkehrenden Erscheinungen wie Tag und Nacht, Sommer und Winter, die Mondzyklen, die Veränderungen in der Pflanzenwelt und dergleichen sind aufgrund von Beobachtungen klassifiziert, und ähnliche Geschehnisse lassen sich mit fast mathematischer Genauigkeit voraussagen. Das ist Präkognition, gewiß, doch nicht das, was wir unter Prophetie verstehen.

Wie Prophetie zustande kommt

Die anerkannte Definition von Prophetie ist die Voraussage eines Ereignisses, von dem man aufgrund der auf normale Weise verfügbaren Informationen nichts wissen kann. Ein Lexikon umschreibt es etwas zu vereinfacht als „Voraussagen oder Vorankündigung, besonders durch göttliche Inspiration". Jene Menschen der Gegenwart oder Vergangenheit, die Dinge genau vorhersagten, sind menschliche Wesen wie wir. Sie haben Gaben eingesetzt, die von den unseren nicht allzu verschieden sein können. Zu sagen, sie seien „göttlich inspiriert" gewesen, mag in einem sehr weiten Sinn wahr sein, doch erklärt das den Vorgang nicht wirklich. Um den tatsächlichen Fakten näher zu kommen und die Sache klarer zu machen, wollen wir die Wirkungsweise der Prophetie untersuchen.

Eine oft wiederholte Analogie dafür ist der Mann auf dem Dach eines hohen Gebäudes am Kreuzungspunkt zweier Landstraßen. Er kann in alle vier Himmelsrichtungen sehen, während die Verkehrsteilnehmer immer nur ihre eigene Straße sehen können. Nun sieht der Beobachter, wie sich zwei schnell fahrende Wagen im rechten Winkel zueinander der Kreuzung nähern. Keiner der beiden Fahrer ahnt die Gefahr, doch der Mann auf dem Dach kann mit ziemlicher Genauigkeit einen Zusammenstoß vorhersagen, da er über Informationen verfügt, die den Wagenlenkern mangeln. Deshalb ist seine Voraussage für ihn eine kalkulierte Schätzung, für die Wagenlenker jedoch Prophetie.

Alle Prophetie kommt auf diese Weise zustande. Je mehr Informa-

tionen Sie haben, um so genauer wird Ihre Voraussage sein. Wenn ma
sich höher über das Ereignis erhebt – nicht physikalisch, sondern i
der Wahrnehmung möglicher Einflüsse –, erschließen sich imme
mehr Faktoren. So kann ein Mensch, dessen Bewußtsein sich dan
einer großen Ansammlung von Psycho-Energie sozusagen auf ein
dritte Ebene erhoben hat, die meisten Ereignisse vorhersagen, die sicl
in zwei oder drei Jahren ereignen werden, und auch manche nocl
weiter in der Zukunft liegenden Ereignisse.

Um nun einen wichtigen Punkt klarzumachen, kehren wir z
unserem Mann auf dem Dach zurück, der einen Unfall vorhergesag
hat. Es besteht immer die Möglichkeit, daß einen der Fahrer Vorsich
befällt und ihn nahe der Kreuzung auf die Bremse treten läßt. Das wir
natürlich den Unfall verhindern und die Voraussage des Mannes au
dem Gebäude zunichte machen. Das kann mit jeder Prophetie gesche
hen. Menschliche Entscheidungen können jeden Geschehensverlau
ändern. Denken Sie daran! Viele Prophezeiungen werden wahr; viel
andere ebenso gutgläubige nicht. Die menschliche Entscheidung is
der unvorhersehbare Faktor.

Alte Propheten

Viele heilige Menschen alter Zeiten wurden als Propheten bezeich
net. Und sie waren es auch. Jeder von ihnen hatte durch Übung un
Askese eine Fülle von Psycho-Energie in sich aufgebaut, was ih
befähigte, sein Bewußtsein zur Ebene der Ursachen zu erheben. Dor
lassen sich die Myriaden Ursachen erschauen, die die Zukunft beein
flussen, und aus ihrer Beobachtung läßt sich das Ergebnis kalkuliere
Manche erleuchtete Menschen waren sich der benützten Technil
bewußt, andere setzten sie unbewußt ein. Ebenso ist es auch heute

Heutige Propheten

Prophetie ist keine untergegangene Kunst. Wir haben unsere Pro
pheten, und einige erreichten einen hohen Grad an Voraussage

Genauigkeit. Die bekannteste Prophetin der USA ist heute Jeane Dixon in Washington. Ganze Bücher wurden über sie geschrieben; sie hatte ihre tägliche Spalte in der Tagespresse, die in mehreren miteinander verbundenen Zeitungen erscheint. In regelmäßigen Abständen macht sie Voraussagen über eine große Anzahl nationaler und internationaler Themen, die dann in Magazinen und Zeitungen veröffentlicht werden, und für Radio- und Fernsehsendungen ist sie immer gefragt. In einem 1956 von „Parade Magazine" veröffentlichten Interview sagte Jeane Dixon, die Wahlen im Jahr 1960 würden zwar von der Arbeiterpartei beherrscht werden, aber als Sieger werde ein Demokrat daraus hervorgehen, und dieser würde „noch im Amt ermordet werden oder sterben, aber nicht unbedingt während der ersten Amtsperiode". So hat sie also die Wahl von John F. Kennedy zum Präsidenten wie auch seine spätere Ermordung vorausgesagt. Sie hat Hunderte andere Voraussagen gemacht. Unter jenen, die eingetroffen sind, ragen besonders die des vorzeitigen Todes von Dag Hammarskjold und Justice Frank Murphy hervor, der Erfolg der Russen im Weltraum und der Zeitpunkt des Todes von Franklin Roosevelt. Ihre Prophezeiungen haben sich nicht immer bewahrheitet, doch sie erreicht eine hohe Genauigkeitsrate. Sie erklärt sich dies selbst mit den Worten des hl. Thomas von Aquin, des großen Theologen der katholischen Kirche, der sagte, es gäbe zwei Arten von Prophetie. Die eine sei von Gott in einer Vision geschenkt. An ihr lasse sich nichts ändern. Die andere sonstwie erlangte Art sei wechselnden Bedingungen unterworfen, die sich zur Zeit der Vorhersage nicht im voraus erkennen ließen. Sie sagt, die Prophezeiung der Ermordung von John F. Kennedy sei in einer Vision offenbart worden und deshalb unabänderlich gewesen, während die meisten ihrer Voraussagen von der zweiten Art gewesen seien, einschließlich der für Robert Kennedy vorausgesagten Schwierigkeiten in Kalifornien. Damit wird ausgedrückt, daß seine Ermordung hätte verhindert werden können.

Ein anderer sehr treffsicherer Prophet unseres Jahrhunderts war Edgar Cayce, der 1945 starb. Seine Prophezeiungen wurden immer im Zusammenhang oder in Verbindung mit anderen Informationen gegeben, um die man ihn gebeten hatte. Er machte nicht gerne Voraussagen, weil er glaubte, es habe schlechte Auswirkungen auf die Menschen. Doch stammen folgende bemerkenswerte Zukunftsvoraussagen von ihm:

1. Im westlichen Teil Amerikas wird ein Erdrindenbruch stattfinden.
2. Ein großer Teil Japans wird im Meer versinken.
3. Der obere Teil Europas wird Veränderungen erfahren.
4. Neues Land wird vor der Ostküste Amerikas auftauchen, vielleicht schon 1968 oder 1969, und einige Überreste der Atlantis-Kultur werden dort gefunden.
5. Der untere Teil von Manhattan, des Inselkerns der Stadt New York, wird zerstört und die ganze Insel schwer geschädigt.
6. Die großen Seen werden ihren Abfluß in den Golf von Mexico nehmen statt über den St.-Lorenz-Strom ins Atlantische Meer.

Jede dieser überraschenden Vorhersagen soll später in diesem Kapitel noch überprüft werden.

Vor mehr als 400 Jahren hat Nostradamus vierzig Jahre Hunger und Dürre gegen Ende des 20. Jahrhunderts vorhergesagt. Heutige Wissenschaftler sind sich einig, daß die Erde, wenn die gegenwärtige Bevölkerungsexplosion weitergeht, im Jahr 2000 von sieben Milliarden Menschen bevölkert sein wird und nur fünf Milliarden ernähren kann. Ich halte das für eine pessimistische Einschätzung menschlichen Erfindergeistes, doch zugleich sollten die von diesen Wissenschaftlern gemachten Empfehlungen als weise angesehen werden. Sie legen der ganzen Welt folgende Schritte nahe:

1. Geburtenkontrolle auf weltweiter Grundlage von Gesetzes wegen.
2. Die Erforschung neuer Methoden der Nahrungsgewinnung aus verfügbaren Mineralölen, Pflanzen und Mineralien.
3. Die Erkundung der Möglichkeiten der Ernährung aus dem Meer und der Herstellung von Nahrungsmitteln aus Plankton und Algen.
4. Der Bau von Anlagen zur Umwandlung von Meerwasser in Trinkwasser im großen Umfang.

Wenn nun diese Empfehlungen angenommen werden, werden sich die Voraussagen des Nostradamus und unserer Wissenschaftler als falsch erweisen. Manchmal ist es ja gerade Sinn und Zweck der Prophetie, die Menschen zu warnen und zu neuen, von den bisherigen verschiedenen Handlungsweisen anzuregen, um drohendem Unheil zu entgehen.

Es gibt astrologische Voraussagen, die mit Edgar Cayce's Vorhersage geologischer Veränderungen übereinstimmen. Danach werden Erderhebungen und -senkungen in großen Teilen Kaliforniens, New Yorks und in anderen Küstengebieten stattfinden, in der Karibik wird Land aufsteigen, und die Großen Seen werden sich einen Abfluß nach Süden suchen. Wollen wir diese richtig einschätzen, ist es wichtig, sich vor Augen zu führen, daß der Astrologe lediglich Einflüsse aus dem Horoskop herausliest. Er fügt dann seine eigenen Interpretationen hinzu, und diese wieder sind bestimmt von dem, was er gehört und gelesen hat, sowie von seiner persönlichen Einstellung. Das dürfte der Grund sein, weshalb es so wenig gute Astrologen gibt. Wirklich gut interpretierte Voraussagen erfordern viel Intuition und hohe psychische Sensitivität, und diese Eigenschaften sind natürlich selten.

Ein weiterer prophetisch begabter Mensch, der 1968 zu Berühmtheit gelangte, ist Daniel Logan. Dieser baut, wie auch Edgar Cayce, seine Voraussagen auf Informationen aus der zweiten Bewußtseinsebene, der nächsten über dem physischen Wachbewußtsein auf. Die Voraussagen, die er einzelnen machte, haben sich als zutreffend erwiesen, wohl hauptsächlich, weil die betreffende Persönlichkeit bei der Sitzung zugegen ist und mit ihr eine Menge weiterer fühlbarer Einflüsse aus Gegenwart und Vergangenheit. In vielen Fällen lassen sich 95 Prozent aller Ursachen, die möglicherweise mitbestimmend sind, in die Beobachtungen einbeziehen, so daß ziemlich genaue Voraussagen möglich sind.

Nicht möglich sind solche genauen Einblicke in die Zukunft, wenn eine große Zahl von Menschen miteinbezogen ist. Die Zahl der mitbestimmenden Faktoren, die schon bei einem einzigen Menschen in die Milliarden oder darüber geht, nimmt mit jedem weiteren Mitglied einer Gruppe in geometrischer Progression zu. Auch die

größten Geister innerhalb oder außerhalb der materiellen Daseins-
ebene haben es schwer, nationale oder weltweite Ereignisse vorauszu-
sagen. Das Endergebnis mag klar sein, doch die Folge der Ereignisse,
die dahin führt, wie auch deren Zeitpunkt sind also Myriaden menschlicher Entscheidungen unterworfen, so daß in den meisten Fällen nicht
mehr als eine ungefähre Voraussage möglich ist.

Für ein Bewußtsein, das auf der zweiten Ebene operiert, wie bei
Edgar Cayce in seinen Trancen und heute bei Daniel Logan in
ähnlichem Zustand, zeigt sich die Zukunft in der Regel in Form von
Bildern, und sie wird deshalb als festliegende Tatsache angesehen.
Diese Bilder sind aber nur der Einwirkung von Gedankenformen, die
auf einer höheren Ebene erzeugt werden, der des sogenannten Astral-
Lichts der zweiten Ebene, zu verdanken. Wenn also Daniel Logan in
einer Trance sagt, daß

1. es in den achtziger Jahren einen größeren Krieg geben wird,
   oder
2. Erdbeben nicht nur die West-, sondern auch die Ostküste
   Amerikas heimsuchen werden, oder
3. der Vietnam- und Südost-Asien-Krieg noch viele Jahre
   andauern und selbst nach einer Unterbrechung, einem zeit-
   weiligen Frieden, wieder aufflammen wird,

dann gibt er Informationen weiter, die auf der zweiten Ebene erlangt
worden sind. Es ist wohl kaum eine Frage, daß es Schaden durch
Erdbeben an der Westküste und ebenso im Osten Amerikas geben
wird, doch die Zeit und das Ausmaß stehen keineswegs fest. Es besteht
auch die Möglichkeit eines größeren Krieges. Dieser hängt ständig als
Damokles-Schwert über unseren Häuptern. Diese Voraussage besagt
nicht mehr als das, was 75 Prozent der Menschen auf der Welt denken
und erwarten. Doch sie braucht sich nicht zu bewahrheiten. Wie bei
den Prophezeiungen des Nostradamus von Hunger und Mangel läßt
sich das Eintreffen verhindern, wenn die Menschen sich beizeiten
aufraffen und handeln.

Die Prophezeiungen von Edgar Cayce fanden weltweite Verbreitung und sind also einer großen Zahl von Menschen bekannt. Deshalb
wollen wir die vorhin angeführten untersuchen und sehen, ob nicht

vielleicht ein paar Lichtstrahlen in dem Dunkel zu finden sind. Cayce war in erster Linie daran interessiert, Menschen zu helfen. In seinen Trancezuständen diagnostizierte er Krankheiten, gab Heilungsanweisungen und schlug vor, in welcher Richtung der Anfragende tätig werden muß, um ein besseres und produktiveres Leben zu führen. Er hat große Arbeit geleistet und mit seinen selbstlosen Bemühungen Tausenden geholfen. Bei diesen Ratschlägen auf besondere Fragen hin flossen immer wieder nebenher Bezugnahmen auf gewisse geologische Veränderungen ein.

Man muß sich klarmachen, daß Cayce bei fast jedem zitierten „Reading" seine Aufmerksamkeit auf einen bestimmten Menschen und dessen besondere Probleme richtete. Sein Beobachtungsbereich umfaßte die Millionen möglicher Ursachen, die über der betreffenden Person in der Schwebe waren. Die physischen Elemente, die im Nahen oder schon im Körper existierten, waren ganz klar. Also konnte eine völlig genaue Diagnose der physischen oder emotionalen Zustände gestellt und eine passende Behandlung empfohlen werden. Die erstaunlichen Erfolge dieser Behandlungen, sofern sie durchgeführt wurden (nicht jeder war klug genug, die Empfehlungen zu befolgen), trugen Cayce den Ruf der Unfehlbarkeit ein. Und er war wirklich nahezu völlig unfehlbar im Diagnostizieren schon vorhandener Zustände im Körper. Doch leider wollen viele diese Unfehlbarkeit auch auf seine Aussagen über die Zukunft übertragen, und das ist unvernünftig. Er selbst würde das bestätigen.

Jeder Mensch trägt nicht nur das Zeugnis seiner eigenen Zukunft in sich, sondern auch das des großen oder kleinen Beitrags, den er der Gruppe leistet, zu der er gehört. Bei der Behandlung eines Menschen erkannte Cayce klar, welchen Beitrag der Betreffende zur Zukunft seiner Familie, Nation und Rasse leistet. Doch weil seine Aufmerksamkeit auf diesen einzelnen gerichtet war, wurde dieser Beitrag (dem Vordergrund einer Photographie vergleichbar) über die wahre Beziehung hinaus auf das Ganze vergrößert. Um es ein wenig pauschal zu sagen: Er sah durch die Aura des betreffenden Menschen die Zukunft. Mehr oder weniger gilt das für jede Prophezeiung. Ein heiliger Mann in Griechenland sieht die Zukunft unter dem Blickwinkel ihrer

Auswirkung auf sein Land und vergrößert über alle Proportionen hinaus den griechischen Einfluß auf die Welt als Ganzes. Das ist nicht Patriotismus, sondern eine völlig natürliche Tendenz, dem Nahen und Vertrauten gesteigerte Bedeutung beizumessen. Der Tod des Jungen von nebenan berührt mehr als der eines unbekannten Kindes in Biafra.

Vorausschau tritt meistens ein, wenn der Beobachter sich hoch genug über das Ereignis erhebt, so daß die Mehrzahl der richtigen Faktoren sich beobachten und miteinander in Beziehung bringen läßt. Das bewußte Denken ist dazu nicht in der Lage, doch der Geist kann alle diese verschiedenen Elemente würdigen, gegeneinander abwägen und mit der Geschwindigkeit und Genauigkeit eines Computers die wahrscheinliche Schlußfolgerung ziehen. Je höher der Beobachter gelangt, um so größer wird die Zahl der beeinflussenden Faktoren sein, die in seinen Beobachtungsbereich gelangen. Das Wort „höher" bezeichnet hier nicht eine geographische Höhe, sondern den höheren Schwingungsbereich, der im Wachzustand sehr schwer zu erreichen ist. (Cayce und Logan erzielten die besten Ergebnisse im Trancezustand. Jeane Dixon indessen setzt ihr Unterbewußtsein frei, indem sie in eine Kristallkugel schaut.) In diesem „höheren" Zustand beobachtet das Unterbewußtsein Energien und Kräfte und errechnet das wahrscheinliche Ergebnis ihres Zusammenströmens. Diese Schlußfolgerung zeigt sich dem Bewußtsein gewöhnlich in Bildform. Manchmal fügen sich alle beobachteten Faktoren genau zusammen und das Vorhergesagte geschieht. Manchmal wird menschliche Entscheidung das eine oder andere Element verändern, und die Prophezeiung erweist sich als falsch. Es gibt hohe Geister, die der Prophetie weit fähiger sind als Durchschnittsmenschen; dennoch hat einer von ihnen gesagt: „Die Mauern der Hierarchie sind mit falschen Prophezeiungen bedeckt." Die kosmischen Veränderungen im menschlichen Gemüt sind aufs Ganze betrachtet auch für die größten Geister unmöglich vorherzusagen.

An dieser Stelle mag es angebracht sein, über die Prophezeiungen zu sprechen, die die Führer und entstofflichten Ratgeber der Spiritualisten zu bieten haben. Die Arbeit der Spiritualisten und deren Kirche soll hier nicht bewertet und schon gar nicht herabgewürdigt werden.

Doch muß man die Elemente der auf diesem Weg dargebotenen Prophezeiungen klar ins Auge fassen.

Es ist für einen Menschen, der zur Überzeugung gelangt ist, daß ein nahestehender Verstorbener mit ihm in Verbindung steht, nur natürlich, daß er allem, was dieser sagt, höchstes Vertrauen schenkt. Ist die anfängliche Skepsis einmal durch den Beweis eines nur diesem vertrauten Details durchbrochen, wird alles andere gewöhnlich fraglos akzeptiert. Doch die entkörperte Wesenheit, ob sie sich als Onkel Joe oder als der Geist von Abraham Lincoln einführt, ist in ihrem gegenwärtigen Zustand hier besser in der Lage, den Gang der Ereignisse zu beurteilen, als sie es in ihrer psychischen Existenz war. Freilich hat der Entkörperte Zugang zu mehr Informationen und kann mehr Ursachen sehen, doch die Würdigung dieser Ursachen und die Schlußfolgerungen, zu denen er gelangt, sind auch nicht besser als die Ihrigen oder die meinen in der gleichen Situation. Auch wenn die Entkörperten helfen möchten, sind doch viele Faktoren, vor allem das Zeitelement, jenseits ihrer Beurteilungsfähigkeit.

Manchmal erblicken jene, denen das Wohl der Menschheit am Herzen liegt, eine bestimmte Möglichkeit und unternehmen Schritte, ihr Eintreten zu verhindern, wenn sie ihnen unerwünscht erscheinen. Der freie Wille des Menschen wird nie beschnitten, doch besteht kein Grund, gewisse Verhaltensweisen nicht anziehender erscheinen zu lassen als andere. (Tun das nicht unsere Werbefachleute tagtäglich?) So wurde zum Beispiel die Erdverwerfung „St.-Andreas-Graben" schon vor mehr als dreihundert Jahren entdeckt und als Gefahrenquelle für zukünftige Bewohner des Gebiets erkannt. Zu jener Zeit wurde ein höchst sensitiver Mann, ein katholischer Priester namens Fra Junipero Serra, in dieses Gebiet gesandt. Die Angehörigen seines Ordens, die ihn dorthin schickten, waren sich der weitreichenden Folgen seiner Mission nicht bewußt, und selbst wenn man es ihnen gesagt hätte, würden sie es nicht begriffen haben. Es schien ihnen damals einfach ein guter Gedanke zu sein. Pater Serra gründete im ganzen westlichen und südlichen Bereich des heutigen Kaliforniens Missionsstationen, die meisten entlang der Linie des Sankt-Andreas-Grabens oder westlich davon. Solche Missionen nun, ob sie heute noch aktiv sind oder verlassen wurden, wirken wie große Magneten, die mit subtiler Anziehungskraft hochgesinnte und spirituelle Menschen in dieses Gebiet zogen. Sicher haben Sie schon gehört, daß es keinen seltsamen und abstrusen Kult gibt, der nicht in Kalifornien vertreten ist. Das stimmt. Doch gibt es auch viele gute und wertvolle Gruppen, die ihr Hauptquartier dort haben, und alle diese Leute, ob solide und verläßlich oder weniger wertvoller Art, haben doch eines gemeinsam: Sie sind Menschen guten Willens, sie alle haben ein gutes Herz und hohe Bestrebungen.

So findet unter den Millionen, die heute westlich des Sankt-Andreas-Grabens leben, ein großes Aufgehen von Liebe und gutem Willen statt. Es mag sein, daß viele niedere Tendenzen haben, doch die üblen Gedanken, die sie aussenden, werden durch die guten Absichten der Mehrheit aufgefangen und niedergehalten. Was ein modernes Sodom hätte werden können mit Zerstörung durch Erdbeben, wird weithin verschont bleiben, weil das Denken einer großen Anzahl Menschen dort den Druck erleichtert und aufgehoben hat.

Analyse der Cayce-Vorhersagen

Das führt uns zur Betrachtung der Cayce-Vorhersagen, die an früherer Stelle in diesem Kapitel angeführt sind.

1. „Im westlichen Teil Amerikas wird die Erdrinde aufbrechen." Es wird Erdbeben geben, schlimme. Alle Geologen sind sich einig, daß der Druck und die Spannung der Erdrinde am St.-Andreas-Graben zunehmen, und wenn diese zur Eruption führen, gibt es Zerstörungen. Doch wird das Land westlich dieses Grabenbruchs nicht abbrechen und in den Pazifik versinken mit Millionen Toten, zumindest nicht in diesem Zeitalter, das noch eine ganze Weile andauern wird. Es ist uns heute nicht möglich, das Ausmaß an Schäden zu schätzen, die durch Erdbeben hervorgerufen werden, auch nicht, wo diese am schlimmsten sein werden. Zu irgendeiner Zeit in den nächsten paar Jahren – vielleicht sind es zehn oder fünfzehn – wird es an dem Graben einen Rutsch geben, und an diesem entlang werden an verschiedenen

Punkten Erdbeben eintreten. Es wird Tote und Sachschaden geben. Doch wird es nur zu einem Bruchteil der vorausgesagten Totalzerstörung kommen. So kann der menschliche Geist den Verlauf der Ereignisse ändern.

2. „Ein Großteil Japans wird im Meer versinken." Zu jener Zeit, als die Prophezeiung stattfand, hatte der Zweite Weltkrieg noch nicht begonnen. Seitdem haben die Japaner viel leiden müssen und sind zu einer neuen Sicht der Dinge gelangt. Wenn sich dies fortsetzt, und das ist anzunehmen, wird Japan ebenso wie das westliche Kalifornien nur leichtere Schicksalsschläge erleiden und nicht die schweren, die vorhergesagt wurden.

3. „Die oberen Teile Europas werden Veränderungen erfahren." Von einem politischen Standpunkt aus betrachtet hat das schon stattgefunden. Viel hängt davon ab, wie die maßgeblichen Nationen und die dortigen Menschen in den nächsten zehn Jahren handeln werden. Das Wachstum des gemeinsamen Markts, das die Beziehungen glättet, ist höchst ermutigend. Wenn die Entwicklung auf dieser Linie weitergeht, werden sich die meisten größeren geologischen Veränderungen auf ein zukünftiges Zeitalter verschieben.

4. „Neues Land wird an der Ostküste Amerikas auftauchen." Einige Beweise dafür sind schon in Erscheinung getreten. Im Februar 1968 brachte die „Palm Beach Post" die Nachricht von einem „Fund" von archäologischer Bedeutung vor der Küste der Großen Bahama-Insel zwischen dieser und dem Festland von Florida. 30 Meter unter Wasser wurden die Umrisse von Mauern und Gebäuden gesichtet. Es wurde eine Expedition zur Erforschung dieses ungewöhnlichen Fundes gebildet, doch seitdem ist kein weiteres Wort darüber verlautet. In den sechziger Jahren wurden im Zusammenhang mit dem Internationalen Geophysikalischen Jahr Aussagen laut, daß der Meeresboden sich an manchen Stellen der Karibik gegenüber früheren Lotungen um dreihundert Meter angehoben habe. Wahrscheinlich werden weitere solcher Nachrichten in naher Zukunft zu erwarten sein.

5. „Der untere Teil von Manhattan und vielleicht auch die ganze Insel werden zerstört werden." Das ist durchaus möglich. Es gibt einen Bruch, einen Riß im Grundgestein, der beim East River nahe der

14. Straße beginnt und in nordwestlicher Richtung zum Hudson River nahe der 40. Straße verläuft. Alle großen Baufirmen wissen das und hüten sich, größere Gebäude entlang diesem Riß zu bauen. Doch das Land nördlich und südlich davon wurde als sicher betrachtet und ist schwer überbaut. Es wird nicht mehr viel zusätzliche Spannung erfordern, um das Land entlang dieses Risses in Bewegung zu bringen. Wenn dies geschieht, bewegt sich das ganze Land südlich davon, in Manhattan, und dabei geht natürlich vieles in Trümmer. Das könnte innerhalb von 30 Jahren oder möglicherweise auch erst in 130 Jahren geschehen. Edgar Cayce hat einmal geträumt, er besuche im Jahr 2100 eine zerstörte Stadt, und ein Arbeiter sagte ihm, das sei New York. Doch war dies nur ein Traum.

6. „Die Großen Seen werden ihren Ausfluß in den Golf von Mexico finden." Gemeint ist mit dieser Prophezeiung, daß das Land in den Mittelstaaten sich auf eine Weise neigen wird, daß die Großen Seen ihren Abfluß in südliche Richtung abändern. Das kann vielleicht geschehen, nicht aber in vorhersehbarer Zukunft. Doch ist gegenwärtig ein Inland-Wasserweg vom Michigan-See zum Mississippi in Benützung, der es Frachtdampfern ermöglicht, von den Großen Seen zum Golf von Mexico zu gelangen, was schon eine teilweise Bestätigung der Vorhersage ist.

Bei diesen Prophezeiungen, besonders solchen von Unheilsvorhersagen, sollten wir bedenken, daß solche, bei denen eine große Anzahl von Menschen einbezogen ist, selten in der Weise und in dem Ausmaß eintreffen wie vom Propheten beschrieben. Auch Propheten sind Menschen. Sie sehen gewisse Ereignisse auf dem Bildschirm ihres Bewußtseins, doch immer durch den von ihren Emotionen, ihr Verständnis und ihre früheren Erfahrungen geschaffenen und gefärbten Schleier. In die Wirklichkeit projiziert wird die Vision einer zerstörten Stadt oft zu einer Stadt wie Watts, die von Aufständen hin- und hergerissen wird, was an sich schlimm genug ist, doch findet nur ein Bruchteil der vorhergesagten Verwüstungen statt. Ein angreifendes Nashorn wird zum kläffenden Hund, und das Ende eines Zeitalters kann bedeuten, daß lediglich ein besseres angefangen hat.

Fast jeder besitzt in einem gewissen Grad die Fähigkeit der Vorausschau. Manchmal zeigt sie sich als Befürchtung, manchmal als Ahnung, und manchmal auch als freudiges Vorgefühl, wenn man so das Gefühl hat, etwas „Schönes" werde sich ereignen. Das kommt nur immer wieder vor, meist ohne Vorankündigung, ganz unverhofft. So gehen wir in unserem Handeln auch selten darauf ein, sondern werden uns erst rückblickend darüber klar. Man kann diese angeborene Fähigkeit jedoch schärfen, indem man richtig verstehen lernt, was Psycho-Energie ist und wie man sie intelligent einsetzt. Damit Sie über das Wie, Wann und Warum der Prophetie besser Bescheid wissen und überhaupt die „Gaben des Geistes" besser verstehen lernen, ist es nötig, zuerst etwas über die Mechanismen des Bewußtseins zu wissen.

Die Mechanismen des Bewußtseins

Es gibt vier Ebenen menschlichen Bewußtseins, vergleichbar einem Wohnhaus mit vier Stockwerken, mit Treppen, Korridoren und Aufzügen von Stock zu Stock. Fast alle leben im Erdgeschoß oder im ersten Stockwerk. Manche leben dicht gedrängt zu zehnt oder mehr in einem Zimmer, wo alle dasselbe sehen, hören und denken. Andere haben ihr privates Apartment, das sie mit nur einer oder zwei anderen Personen teilen, während ein paar über sehr ausgedehnte Räumlichkeiten verfügen, in denen sie gewöhnlich allein leben. Diejenigen, die in großen Wohnungen leben, nehmen mehr wahr als jene, die eng zusammengepfercht sind. Jeder ihrer Räume hat eine andere Aussicht und enthält vielfältige Möglichkeiten, Erkenntnis zu erwerben und aufzubewahren. Doch liegt diese ganze Erkenntnis, liegen alle diese Beobachtungen auf der Ebene, auf der sie leben, nämlich der ersten Ebene, der physischen Ebene. Es gibt also viele Grade und Tiefen des Bewußtseins auf dieser physischen Ebene, wie das auch bei jeder anderen Ebene der Fall ist.

Die nächsthöhere Ebene des Bewußtseins ist mit vielen Namen

benannt worden. Diese tun nichts zur Sache. Es sind nur Bemühungen jener, die wissen, Informationen an jene weiterzugeben, die nicht wissen. Von der zweiten Ebene zu sprechen, sagt genug. Jeder auf der ersten Ebene kann auf die zweite gelangen, indem er durch eines der Treppenhäuser aufsteigt, und diese Treppenhäuser sind zahlreich und meistens auch günstig gelegen. Was zu wissen nötig ist: Es gibt aufwärtsführende Treppen, und sie zu erklimmen lohnt sich. Aber man muß sich auch die Mühe nehmen und sie emporsteigen. Wohl gibt es auch Aufzüge, aber nur wenige, und das Bedienungspersonal läßt nur jene einsteigen, die qualifiziert dafür sind. Der Grund für solche scheinbare Bevorzugung liegt darin, daß ein Aufzug Sie in einem Augenblick nicht nur in das zweite Stockwerk, sondern gleich noch weiter in die dritte und vierte Etage bringen kann, und das kann ohne richtige Vorbereitung zu einer verheerenden Erfahrung werden. Nicht jeder hat eine so solide Reinheit der Motivation wie Saul von Tarsus. Die Aussicht auf der zweiten Ebene ist weit größer und es ist viel mehr zu beobachten. Auch ist da weniger Gedränge, und jeder einzelne hat eine viel umfassendere freie Sicht als auf der physischen Ebene. Beobachter auf dieser Ebene sind im allgemeinen so beeindruckt von der Klarheit und Weite des Schauens, daß sie anzunehmen geneigt sind, sie seien Zeuge von allem, was es zu sehen gibt. Dem ist natürlich nicht so, denn es gibt ja noch zwei höhere Stockwerke, deren jedes tausendmal mehr Weitsicht bietet als dieses. Wenn Sie also Ihr Bewußtsein auf die zweite Ebene erheben, haben Sie die Möglichkeit, mit ziemlicher Genauigkeit gewisse Ereignisse vorherzusagen. Wir kommen noch darauf zurück. Die dritte Ebene ist die der Ideen, der Inspirationen, die große Komponisten und Künstler bewegen, die Schriftsteller und Erfinder weiterführen. Wer diese Ebene erreicht, findet vor allem Schönheit und Ordnung der Betrachtung wert, und so kommt es nur gelegentlich zu einer Vorausschau. Wenn sie aber eintritt, dann ist sie viel genauer, weil ja der Bereich der Beobachtung viel, viel größer ist als auf der Ebene darunter, auf der zweiten Ebene. Fast jeder erreicht hin und wieder kurz diese zweite Ebene, doch nur sehr wenige gelangen jemals in die dritte Ebene. Hier sind weite Bereiche der Erkenntnis verfügbar, und es ist nur die Begrenztheit des physischen Hirns, die jene, die Kontakt zur dritten Ebene haben, hindert, mehr als nur einen Fingerhut voll mitzunehmen. Es ist fast so, als versuche man, Wasser in der Hand zu tragen: Je fester man es ganz greift, um so weniger bleibt einem davon.

Die vierte Ebene ist die des Geistes. Die Menschen, die innerhalb eines jeden Zeitalters bis dorthin gelangen, lassen sich an einer Hand abzählen. Sie ist der Urquell der Psycho-Energie, der hohen Kraft, die Sie bei intelligenter Entfaltung befähigt, Ihr Bewußtsein auf immer höhere Ebenen zu heben, auf die zweite und selbst auf die dritte, wenn Sie entsprechend darauf ausgerichtet sind. Aber weil es ja Sinn und Zweck der vorliegenden Arbeit ist, Ihnen zu helfen, Ihr Bewußtsein zu erweitern, wollen wir jetzt zur Betrachtung der zweiten Ebene zurückkehren und sehen, wie Sie lernen können, sie willentlich zu betreten.

Wir haben schon von Treppenhäusern gesprochen. Es gibt ihrer viele, und jedes ist anders. Sie können das eine hochgehen, ich ein anderes. Doch alle haben etwas gemeinsam: Es ist eine Anstrengung nötig, man muß Kraft einsetzen. Psycho-Energie muß gesammelt, akkumuliert und dann durch den Willen gelenkt werden. Das geschieht durch Visualisation. Hier eine wirksame Technik dazu:

1. Fordern Sie Psycho-Energie an. Stellen Sie sich vor, wie große Ströme weißer Strahlkraft von oben in Ihr Wesen einströmen. Bejahen Sie diese Energie, verlangen Sie sie mit Ihrem ganzen Willen, empfinden Sie Liebe in ihr, und sehen und erkennen Sie sie, wenn sie prickelnd durch Sie hindurchströmt, als vollkommene Tatsache.

2. Nach kurzer Pause stellen Sie sich bildlich vor, daß Ihr ganzes Wesen in ein strahlend helles weißes Licht emporgehoben wird. Sehen Sie es wie eine Hülle, die Sie ganz umgibt. Fühlen Sie seine Schwingung prickelnd auf der Haut. Lassen Sie sich von seiner stärkenden Frische einhüllen und nähren.

Das ist die Übung. Noch einige Erläuterungen dazu: Anfangs sollten Sie sie nur allein und in entspannter Lage machen. Setzen Sie sich in einen großen bequemen Sessel oder legen Sie sich flach auf eine Couch oder ein Bett. Das absichtliche Herbeirufen der Energie sollte nicht länger als eine Minute dauern. Die darauf folgende Visualisation kann vier oder fünf Minuten lang beibehalten werden.

Beim erstenmal wird sich wahrscheinlich noch kein sofortiges Ergebnis zeigen. Es wird eine Wirkung da sein, doch genügt die normale Wahrnehmungsfähigkeit eines Durchschnittsmenschen nicht, sie zu bemerken. Erst nach wiederholter regelmäßiger Übung wird der Eindruck durch Akkumulation stärker. Das wiederum läßt Sie sensitiver werden.

Ein günstiger Ort für diese Übung ist das Bett, gleich nach dem Hinlegen oder am Morgen unmittelbar vor dem Aufstehen. Wird sie am Abend vor dem Einschlafen durchgeführt, werden Sie interessante Träume haben. Versuchen Sie, sich an diese zu erinnern. Am besten schreibt man sie gleich nach dem Erwachen auf, weil diese Erinnerungen flüchtig und in einer oder zwei Stunden vergangen sind. Vieles von dem, was man in diesen Träumen erlebt, wird prophetischer Natur sein. Gewöhnlich wird das, was man voraussieht, ganz triviale Ereignisse betreffen. Doch schreiben Sie es dennoch auf, und wenn Sie dann erleben, daß es sich bewahrheitet, gewinnen Sie Vertrauen und fühlen sich zu vermehrten Bemühungen ermutigt.

Am Morgen sollten Sie versuchen, den schläfrigen, halbwachen Zustand, in dem Sie sich nach dem Aufwachen gewöhnlich befinden, beizubehalten, weil sich aus diesem heraus die zweite Ebene leicht erreichen läßt.

Die zweite Ebene

Die Zeit wird kommen, da Ihre Ausdauer belohnt wird. Für die einen kommt sie früher, für die anderen später. Das Licht, das Sie um sich visualisieren, wird auf einmal wirklich sein und weit heller als in Ihrer besten bildlichen Vorstellung. Die Luft wird eine Klarheit haben, die Sie noch nie gesehen haben, und Ihr ganzes Wesen wird von Kraft erfüllt sein und sich viel leichter fühlen. Dann haben Sie die zweite Ebene erreicht.

Die ungewohnte Helligkeit wird Sie vielleicht bei Ihren ersten

Versuchen zurück ins Wachsein der physischen Ebene holen, doch bei wiederholten Bemühungen werden Sie die Erfahrung bald als höchst angenehm empfinden. Dann werden Sie stufenweise gewahr, daß mehr als nur Licht um Sie ist. Je nach Ihrem Interesse werden verschiedene Ereignisse vor Ihnen erscheinen und ähnlich wie ein Farbfilm vor Ihnen ablaufen, wobei Sie als Beobachter den Eindruck haben, mitten im Geschehen zu stehen. Das ist nur eine von hundert Arten, wie Ursachen in Erscheinung treten. Ein anderes Mal werden Sie vielleicht die Handlungen eines Bekannten sehen, und zwar nicht nur das, was er gerade tut oder in der Zukunft tun wird, sondern auch alle Ursachen in der Vergangenheit, die ihn zu diesem Tun geführt haben. Das wird Sie mit einem weit besseren Verständnis für Menschen und ihre Motive erfüllen, so daß Sie größeres Mitgefühl für ihre Schwächen und Fehler entwickeln.

Wenn Sie dann mit dieser neuen Welt vertrauter geworden sind, weitet sich Ihr Wahrnehmungsvermögen immer mehr. Es wird eine Zeit kommen, wo Sie das Gefühl haben, das Wissen der ganzen Welt und noch mehr auf Abruf bereit zu haben. Doch das wird nicht wahr sein. Die Möglichkeit, es zu erlangen, besteht wohl, doch immer noch sind Sie Sie selbst. Darf ich Sie fragen, wieviel äußere Kenntnisse Sie besitzen, jetzt im Moment? Wissen Sie alles, was es zu wissen gibt? Glauben Sie, Sie könnten alles äußere Wissen erfassen, das es im Bewußtsein der Menschheit gibt, wenn Sie es auf Abruf bekommen könnten? Denken Sie darüber nach, und wenn Sie ehrlich sind, dann werden Sie erkennen: Wissen könnte noch so leicht zu bekommen sein, doch Sie könnten niemals einen sehr hohen Prozentsatz des Ganzen haben, und zwar aus verschiedenen Gründen, die sich wie folgt zusammenfassen lassen:

1. Es würde Sie zu viel Mühe und Anstrengung kosten.
2. Das Interesse ist nicht groß genug.
3. Vorgefaßte Begriffe und Meinungen verhindern oft die Annahme.
4. Bei manchen Informationen gibt es Gefühlsreaktionen, die zu falschem Verständnis oder zu Zurückweisung führen.

Es sind noch viele andere denkbar, doch genügen die obengenannten, um deutlich zu machen, daß man nur einen Bruchteil der Information gewinnen kann, die auf der zweiten Ebene verfügbar ist, weil man durch das menschliche Gehirn mit vielen menschlichen Vorurteilen und eingebauten emotionalen Blockierungen begrenzt ist. Diese lassen sich zwar mildern und entfernen, doch da Sie sie sich im Lauf einer halben Million Jahre zugelegt haben, ist das nicht gerade eine kleine Aufgabe und braucht schon seine Zeit.

Die Anweisungen in diesem und andern Kapiteln werden Ihnen, wenn Sie sie befolgen, zu einem reineren und klareren Denken und Handeln verhelfen. Der später der Projektion gewidmete Teil wird weiter helfen, die verschiedenen Ebenen klarzumachen und Sie in Ihrem Bemühen unterstützen, auf ihnen zu verweilen. Die Techniken werden Ihnen hier gezeigt, doch der Entschluß zu ihrer Anwendung muß von Ihnen kommen.

Da wir hier kurz die dritte Ebene des Bewußtseins gestreift haben, wollen wir als nächstes die Inspiration betrachten, die ihre Quelle auf dieser Ebene hat.

4. Kapitel

Wie große Schriftsteller, Komponisten, Künstler und Erfinder zu ihrer Inspiration Psycho-Energie einsetzen

Fast jedes Genie ist sich voll bewußt, daß es unter Inspiration arbeitet, geleitet aus einer dem Intellekt überlegenen und von ihm verschiedenen Quelle. Zwar begreifen das nicht alle. Manche der kleineren Heroen nehmen Inspiration blindlings entgegen, freudig und ohne zu fragen. Die wahrhaft Großen aber, wie ein Shakespeare, Milton oder Wagner, umwarben die Muse bewußt. Ihnen war klar, woher die Inspiration kommt und daß sie abhängig ist von Psycho-Energie. Ganz bewußt kultivierten sie diese Energie und benützten sie, um ihre Wahrnehmung zu den Höhen der Schönheit und Erkenntnis zu erheben.

Carlyle's Geniebegriff

Carlyle definierte in seinem „Leben Friedrich des Großen" Genie als „unbegrenzte Fähigkeit zur Selbstbemühung". Da jedes geniale Werk nach allgemeiner Auffassung Vollkommenheit bis ins kleinste erfordert, wurde diese Definition allgemein akzeptiert. Nur nicht von den Genies. Johannes Brahms zum Beispiel widersprach dieser Aussage heftig. Wenn diese Definition stimme, sagte er einmal, dann könnte es jeder mittelmäßig Begabte mit Geduld und Fleiß zum Bach oder Beethoven bringen.

Als Brahms daraufhin durch seinen Gesprächspartner, den berühmten Geiger Joseph Joachim, zu seiner eigenen Definition gedrängt wurde, sagte er: „Das wahre Genie nährt sich aus einer unendlichen Quelle der Weisheit und Kraft. Manche, die zur Frömmigkeit neigen, sprechen von Vereinigung mit Gott. Haydn beispielsweise zog seine beste Kleidung an, wenn er komponierte, und er machte eine Zeremonie daraus. Andere, wie Wagner und Bach, hatten ein klareres Verständnis und setzten planvoll Techniken ein, um sich auf die Höhen der Inspiration zu erheben."

Brahms verstand etwas von Psycho-Energie

Brahms wohlbedachte Worte leuchten jedem ein, der sich auf Psycho-Energie versteht. Die Worte und Schriften vieler genialer Männer und Frauen offenbaren, daß sie die Quelle ihrer Inspiration als eng verbunden mit einem Einströmen höherer Energie erkannten, und oft setzten sie bestimmte Übungen ein, um diese Energie zu stimulieren. Fast der letzte Vers aus Shakespeare's Feder lautet:

Es ist vorbei jetzt mit all meinen Zauberreimen
Und was an Stärke mir noch blieb, ist meine eigene,
die der Ohnmacht nah' ist, sehr nah.

Das ist eine unverkennbare Aussage darüber, daß er mit dem Altwerden nicht mehr über so hohe Kräfte verfügte wie früher und daß seine Leistungen dem hohen Standard, den er aufgestellt hatte, nicht mehr entsprachen.

Etwas dunkler schon ist die Bezugnahme Miltons in Buch IX seines „Paradise Lost", doch wird sie deutlicher, wenn wir begreifen, daß er Psycho-Energie gebrauchte, um einen Halbtrance- oder Dämmerzustand zwischen Schlaf und vollem Wachsein zu erzeugen, indem es ihm gelang, sein Bewußtsein auf die Ebene inspirierten Denkens zu erheben. Seine Worte lauten übersetzt:

Ob ich wohl angemessenen Stil erlange von meiner himmlischen Gönnerin,
die unangefleht nachts mich besucht und Schlummer mir gebietet oder
aber mich mit nicht vorbedachtem Versehen inspiriert.

Vor zwei- oder dreihundert Jahren war es gefährlich, irgendeine Erkenntnis zuzugeben, die nicht in den allgemein akzeptierten religiösen Rahmen paßte. Männer und Frauen wurden wegen solcher Eingeständnisse auf dem Scheiterhaufen verbrannt. Doch je mehr wir uns der heutigen Zeit nähern, um so häufiger und deutlicher werden solche Aussagen.

Eines Abends sagte Johannes Brahms in einem Gespräch über die „Teufelstriller-Sonate" über deren Komponisten Tartini, er habe von diesem eine wertvolle Lektion gelernt, nämlich niemals völlig das Bewußtsein beim Eingehen in den Halbtrance-Zustand zu verlieren. Wenn er sich vorbereite, in den traumähnlichen Zustand einzutreten, schaue er oft auf das karikaturähnliche Bild des Teufels, der Tartini vorspielt, das sich auf dem Umschlag der Partitur befinde, um nicht in denselben Fehler zu verfallen.

Damit meinte er natürlich, er wolle möglichst nicht in tiefen Schlaf versinken und unkontrolliert träumen, wie das oft im Tiefschlaf vorkommt. Das nämlich ist Tartini passiert. Seine Kontaktsuche mit dem Strom der Inspiration war zwar erfolgreich, doch verlor Tartini die bewußte Kontrolle und träumte, der Teufel komme in sein Schlafgemach und spiele ihm eine höchst wunderbare Melodie auf der Geige vor. Er brachte eine klare Erinnerung dieser Melodie mit in den Wachzustand zurück, doch umhüllte er sie mit der abergläubischen Idee der damaligen Zeit, wonach jede über das Körperliche hinausgehende Erfahrung notwendigerweise eine Heimsuchung durch Gott, einen Engel oder Teufel sein mußte.

Der Einfluß religiösen Denkens

Religiöse Gedankenformen waren bis ins gegenwärtige Jahrhundert sehr machtvoll, und jedes etwas außergewöhnliche Ereignis wurde im allgemeinen in die rechtgläubige Ausdrucksweise gefaßt und entsprechend verstanden. Der Komponist Haydn war überzeugt, daß nur ein persönlicher Kontakt mit Gott ihn zum Komponieren hoher Musik befähigte. Er hatte natürlich recht in dem Sinne, daß es für ihn eine

Notwendigkeit war, sein Bewußtsein über die gewöhnliche weltliche Ebene emporzuheben, um den höheren Strom der großen Inspiration zu erreichen. Von Tartini unterschied er sich lediglich durch die Art der Interpretatoren. Beide hatten Kontakt mit dem gleichen hohen Strom, nur sah der eine darin eine Vereinigung mit Gott und der andere eine Begegnung mit dem Teufel. Brahms hingegen sah es realistischer, desgleichen Richard Strauß, der eines Tages zu Arthur Abell, dem damaligen europäischen Korrespondenten des „Musical Courier" sagte, er habe in seinen höchsten Inspirationen Zustände der klaren und deutlichen Schau einer höheren Selbstheit. In solchen Augenblikken berühre er die Quelle der unendlichen Energie.

Psycho-Energie fördert Inspiration

Eben dies ist das Empfinden, das einen erfüllt, wenn man erfolgreich Psycho-Energie anzapft, eine Technik, die ich Sie lehren werde. Diese hohe Energie hat die Fähigkeit, alle Vorhaben, denen man sich widmet, zu beschleunigen und zu unterstützen. Sie ist jedoch kein Allheilmittel, und es gibt bestimmte Grenzen. Sie wird einem Musiker beim Schreiben einer Sinfonie helfen, wenig oder gar nicht jedoch, wenn er vor einem Gericht ein Plädoyer hält. Ein gelernter Rechtsanwalt dagegen kann mit ihrer Hilfe ein virtuoser Staranwalt werden, während sie ihm kaum zum Fortschritt im Violinspiel verhelfen wird. Diese hochgradige, stimulierende Energie ist vorhanden und verfügbar, doch fließt sie am leichtesten durch Kanäle, die schon gut entwickelt sind. Wenn Sie sie anwenden, werden Sie einen höheren Bewußtseinsgrad erreichen, doch wird sich dieses Mehr an Gewahrsein hauptsächlich auf den Bereich beschränken, in dem Sie Ihren Fähigkeiten und Ihrer Bildung bereits am besten Ausdruck verleihen.

Sind Sie also Schriftsteller, so können Sie flüssiger und farbiger schreiben, wenn Sie Psycho-Energie einsetzen, und zeitweilig wird Sie, wenn die Umstände günstig sind, hochgradige Inspiration stimulieren. Wenn Sie sich um Inspiration bemühen wollen, dann wenden Sie die folgende Technik an, es gibt nicht viele andere wirksame. Diese bringen in den meisten Fällen gute Resultate.

Bereiten Sie Ihre Schreib-Utensilien vor – Papier, Schreibmaschine oder Schreibstifte, notwendige Unterlagen und so weiter – und setzen Sie sich an Ihren Schreibtisch. Ehe Sie anfangen, lehnen Sie sich entspannt zurück, schließen die Augen und atmen sechsmal wie folgt:

1. Atmen Sie schnell und tief bis vier zählend ein.
2. Halten Sie den Atem an, während Sie bis zwölf zählen, und im Atemhalten visualisieren Sie eine strahlende Wolke von schimmerndem, pulsierendem silberweißem Glanz ungefähr einen Meter über Ihrem Kopf. Diese Wolke kann klein sein, etwa einen halben Meter im Durchmesser, oder auch bis zu zwei oder drei Metern im Querschnitt.
3. Dann atmen Sie wieder aus während Sie bis acht zählen, und verlagern Sie dabei Ihr Bewußtsein nach oben in den Mittelpunkt der Wolke, so daß diese Ihren Kopf und Ihre Schultern in ihrem Strahlenglanz einschließt.

Der Rhythmus ist bei dieser Übung wichtig. Also sollten Sie beim Zählen einen gleichmäßigen Tonfall bewahren und keine Pause einlegen zwischen Teil 1 und 2 und 3, sondern stetig weitermachen. Haben Sie einen Zyklus von drei Teilen beendet, gehen Sie ohne Pause zum nächsten über, bis Sie alle sechs Atemzüge getan haben. Dann beginnen Sie sofort mit dem Schreiben. Vielleicht haben Sie den starken Wunsch, noch ein wenig zu dösen oder entspannt zu bleiben. Geben Sie ihm nicht nach, sondern fangen Sie so schnell wie möglich an, die Psycho-Energie, die Sie angesammelt haben, zu benützen. Wenn Sie schon früher mit einem Schreibvorhaben begonnen haben, dann machen Sie daran weiter. Haben Sie erst eines vor, dann fangen Sie jetzt an. Wenn Sie noch um eine Idee ringen, dann schreiben Sie das erste nieder, das Ihnen in den Sinn kommt. In vielen Fällen wird es sich auf ganz natürliche Weise, während Sie weitermachen, entfalten.

Wenn Sie fortfahren, werden Sie merken, daß Ihre Bemühungen immer erfolgreicher sind, je länger Sie in einem Zug schreiben. So werden Sie ermutigt, weiterzumachen, bis die Umstände oder körperliche Ermüdung Sie zwingen, die Sitzung zu beenden. Wie bei allem ist erst Übung nötig, um gute Ergebnisse zu erzielen. Nach der dritten oder vierten Erfahrung werden Sie finden, daß Sie viel schneller und flüssiger schreiben als je zuvor. Solcherart ist die Natur der psychischen Energie und ihre Kraft, Sie in einen hohen Bewußtseinsstrom emporzuheben.

Nützen Sie die Inspiration, wenn sie kommt

Diese Technik läßt sich ebenso vorteilhaft auch von Komponisten, Künstlern, Architekten und Ingenieuren einsetzen. Jede schöpferische Tätigkeit kann so stimuliert werden, wenn man sich nicht sträubt. Die letztere Bemerkung scheint vielleicht unnötig zu sein. Doch sie wird hier nicht ohne Grund gemacht. Es gibt nämlich viele, die Inspiration nicht annehmen, wenn sie kommt. Manche lehnen sie aus Vorurteil ab, andere aus Engstirnigkeit, wieder andere aus Opposition, weil sie gegenteilige Ideen im Kopf haben.

Das letztere veranlaßte den großen Erfinder Major E. H. Armstrong, seinen größten Beitrag zum Fortschritt des Rundfunks jahrelang zurückzuhalten. Außer hervorragenden technischen Kenntnissen hatte Major Armstrong auch Fantasie, Vorstellungskraft und Intuition und war sonst auch ein aufgeschlossener Geist. Er erfand den Armstrong-Regelkreis, der die Verstärkung der elektrischen Impulswellen ermöglichte und damit die Rundfunkübertragung, wie wir sie heute kennen. Er machte Hunderte weiterer Erfindungen, doch in den zwanziger Jahren wurde er, wie auch andere Radioingenieure, mit dem Problem der Statik konfrontiert, das heute nicht mehr eine so große Rolle spielt, weil jetzt die Sender viel stärker sind und die Radioempfänger eine größere Trennschärfe haben. In der Frühzeit des Rundfunks jedoch erzeugten natürliche wie auch vom Menschen erzeugte Störungen oft unangenehme und unerwünschte Nebengeräusche beim Radioempfang. Armstrong arbeitete viele Jahre an der Lösung dieses Problems. Wiederholt kam ihm die Lösung in den Sinn, doch wies er sie jedesmal zurück, bis er ihr endlich doch die Aufmerksamkeit schenkte, die sie verdiente. Seine Frau Marian schließlich, die äußerst sensitiv war, ließ nicht locker, bis er die Möglichkeit der Frequenzmodulation erforschte, dem genauen Gegenteil der bis dahin anerkannten Standardmethode der Amplituden-Modulation, nämlich der Veränderung der Ausschlaghöhe der Trägerwelle einer Sendung. Auf diese Weise wurde schließlich der FM-Rundfunk, der Frequenzmodulationsfunk geboren – mit zwanzigjähriger Verspätung –, und erst in den letzten Jahren, das heißt etwas über dreißig Jahre nach seiner Erfindung durch Major Armstrong, erlangt er allmählich die ihm gebührende Anerkennung. Hätte Howard Armstrong schon seine erste Inspiration hinsichtlich der Frequenzmodulation akzeptiert und zu einer Zeit, als sich noch keines der beiden Systeme als Standardsystem durchgesetzt hatte, auf der Frequenzmodulation bestanden, wäre heute vielleicht der ganze Funk auf Frequenzmodulation aufgebaut.

Jeder sollte sich um Inspiration bemühen. Menschen mit einem künstlerischen oder anderem schöpferischen Beruf wissen, daß ihr Erfolg auf der Qualität und oft auch deren Quantität hochwertiger Erzeugnisse beruht, und um diese zu schaffen, genügen nun einmal nicht Blut, Schweiß und Tränen. Sie brauchen auch Inspiration. Diese wird oft auf seltsame Weise gesucht. Doch auch eine Mutter, die mit kleinen Kindern zu tun hat, ein Ehemann mit einer überarbeiteten und überspannten Frau, ein Angestellter, der mit Personalführung befaßt ist – sie alle benötigen inspirierte Führung aus höheren mentalen und emotionalen Kontakten, die durch Psycho-Energie ermöglicht werden.

Quellen der Inspiration

Es ist allzu simpel, zu sagen, Inspiration komme von Gott oder dem kosmischen Bewußtsein. Natürlich tut sie das. Aber das tun auch Sonnenschein und Regen, Leben, Geist, Liebe, Begeisterung und alles, dessen wir gewahr werden. Die Ursprünge der Inspiration lassen sich sehr viel genauer feststellen. Am einfachsten erlangt man sie, wenn man geistige Übereinstimmung mit einem oder zwei anderen Menschen herstellt, die dasselbe Problem bearbeiten oder auf demselben

Gebiet wirken wie man selbst. Manchmal sind beide Beteiligten voll im Besitz des nötigen Wissens und müssen nur einen bestimmten Aufwand beiderseitiger – doch nicht als solcher bewußt realisierter – Bemühung einsetzen, um dieses Wissen in darbietbarer Form zu koordinieren. Ein neueres Beispiel dafür war die fast gleichzeitige Veröffentlichung eines Zeitschriftenartikels über genau das gleiche Thema durch zwei verschiedene Schriftsteller. Der eine lebte in Maine und der andere in Ohio. Sie kannten sich nicht und hatten sich nie getroffen, doch beide schrieben über das gleiche Ereignis, das in Pennsylvanien vor über hundert Jahren stattgefunden hatte.

Die Geschichte, die sie schrieben, war auf Informationen aus Gerichtsakten aufgebaut, die schon seit jenem Ereignis verfügbar gewesen waren. Es gab keinen öffentlichen Hinweis, der ihre Aufmerksamkeit darauf gelenkt haben könnte. Beide sind Berufsschriftsteller, beide auf der Suche nach ungewöhnlichen Themen. Jeder von ihnen hatte unabhängig voneinander irgendwann einmal in der Vergangenheit über dieses Verbrechen etwas gehört, und jeder behandelte es nun auf seine Weise. Doch die Geschichten wurden fast zur gleichen Zeit verfaßt, und zwar über genau dasselbe Vorkommnis.

In einem weit gefaßten Sinn ließe sich sagen, beide Schriftsteller seien inspiriert worden. Doch ob A die Idee von B oder B sie von A übernahm, wird immer unverkennbar bleiben. Es besteht auch die Möglichkeit, und diese ist sehr real, daß sowohl A wie B sich auf einen Dritten einstimmten, der als erster die Idee hatte, sich aber nicht die Zeit nahm, sie schriftstellerisch auszunützen.

Diese Art von „Inspiration" ist elementar und kommt recht häufig vor. Manchmal hat sie für beide Parteien die peinliche Folge, verdächtigt zu werden, sie hätten voneinander abgeschrieben oder ein Plagiat begangen.

Eine zweite Art von Inspiration kommt vor, wenn man sich auf eine kraftvolle Gedankenform einstimmt, die in der Vergangenheit von einem Menschen oder einer Gruppe geschaffen wurde. So etwas läßt sich im Werk eines Schriftstellers, Komponisten oder Malers leicht erkennen, und in solchen Fällen pflegen die Kritiker höflich und ein wenig zynisch zu sagen, der Künstler sei von dem Werk des vor vielen

Jahren lebenden Meisters beeinflußt worden. Ich weiß von einem Schriftsteller, der eine nahe Verwandtschaft zu Lord Byron empfindet und glaubt, daß Byrons Gedanken viel Einfluß auf das haben, was er schreibt. Doch diese Art von Inspiration ist auch im politischen und ökonomischen Bereich feststellbar. Bis zum heutigen Tag hatten wir viel unter den Ideen einer langen Reihe Mächtiger zu leiden, die der Überzeugung waren, der Weg zum Weltfrieden führe über die Welteroberung. Keiner gestand auch nur sich selbst ein, daß sie die Weltherrschaft zu ihrer eignen Selbsterhöhung anstrebten, während sie laut verkündeten, es gehe ihnen einzig und allein um die Sicherung des Weltfriedens. Auch diese Art Inspiration gibt es, doch auf sie können wir leicht verzichten.

Sie können und sollen Inspiration erstreben

Die Inspiration, um die Sie sich bemühen sollten, kommt aus einer höheren Quelle. Es gibt eine ganze Welt wundervoller neuer Ideen, Melodien, Bilder und Techniken, die auf der nächsthöheren psychischen Ebene für jeden zur Verfügung stehen. Man hat sie die „Regenwolke verfügbaren Wissens" genannt. Gemeint sind damit jene Ideen, die gewissermaßen schon in der Luft liegen, so daß sie fast jeder mit ein wenig Bemühung herunterholen und in die Realität umsetzen kann.

Teilhard de Chardin, ein Mensch mit erleuchtetem Geist, vertritt im „Phänomen des Menschen" (einem seiner zahlreichen Werke) die Auffassung, wir seien gerade jetzt im Evolutionsverlauf an den Rand einer enormen Ausdehnung des menschlichen Bewußtseins gelangt. Er hat recht. Die Entwicklung unseres Gewahrseins ist so weit fortgeschritten, daß wir jetzt bereit für diese „Geistesgabe" sind. Jene aber, die zuerst darauf stoßen und am meisten Nutzen davon haben werden, sind die geistig Suchenden gleich Ihnen, die Psycho-Energie einsetzen, um ihr bewußtes Verständnis auf die etwas höhere Ebene zu erheben, womit diese Idee hergestellt werden kann. Dort kann man sozusagen zu dem erwachen, was schon bereit ist, ins menschliche Bewußtsein einzutreten und im menschlichen Denken und Leben wirksam zu werden. Ist der Kontakt hergestellt und wurde dem Suchenden Inspiration zuteil, so hat er die Verantwortung, sich korrekt zu verhalten und weise zu handeln, um ein guter Verwalter dieses Schatzes zu sein und ihn schrittweise zur physischen Manifestation zu bringen.

Noch einmal möchte ich betonen, daß diese Fähigkeit alle entwikkeln können, die meine Worte lesen. Dazu ist keine besondere Position, Autorität, Macht oder Geschicklichkeit nötig. Gewiß, für manche neuen Ideen sind diese Voraussetzungen wertvoll, doch gibt es Millionen kostbarer Tropfen in dieser Wolke verfügbaren Wissens, und aus ihnen sind Extrakte möglich, die nur Sie in vollendeter Form herausdestillieren können. Es gab schon immer bestimmte Menschen, die die Fähigkeit besaßen, von oben Ideen und Techniken herunterzuholen, die die Menschheit auf dem Pfad der Höherentwicklung weiterbrachten. Heute steht das Tor viel weiter offen. Statt ein paar Hunderten gibt es Tausende, die wie Sie bei rechter Bemühung diese segensvolle Regenwolke anzapfen können. Jeder, der dessen gewahr wird, ist zum Handeln gedrängt und sollte sein Bestes tun, um neue Ideen ins Bewußtsein einer Welt dringen zu lassen, die verzweifelt um Neuordnung und Erneuerung kämpft.

Weil es so wichtig ist, will ich es nochmals sagen. Die Mitwirkung und Bemühung eines jeden erwachten Menschen sind nötig. Es gilt so viel zu erkennen, so viel zu vermitteln, und nur wenige, die wissen, wie man es erkennen und nützen kann. Darum sollten Sie sich gründlich mit der Psycho-Energie befassen. Üben Sie und bauen Sie einen reichlichen Vorrat dieser kostbaren Kraft auf. Dann erheben Sie Ihr Bewußtsein auf die höchste Ebene, die Sie erreichen können, und holen Sie mit reinen Beweggründen der Menschheit die dort harrenden Schätze herunter.

5. Kapitel

Wie Sie mit Psycho-Energie die Hilfe anderer erlangen können

Eine der besten Eigenschaften der Psycho-Energie ist, daß sie Ihnen Macht über andere verleiht. Diese Macht ist sehr real, und viele wenden sie an, manche bewußt, andere ohne klares Verständnis der eingesetzten Mittel. Wie oft wird von einem Menschen gesagt: „Er besitzt eine machtvolle Persönlichkeit!", womit gemeint ist, daß er mit Leichtigkeit andere beherrscht und alle Widerstände aus dem Weg räumt. Machen Sie sich klar, daß die in ihm erkannte Macht das Ergebnis einer gut strömenden Psycho-Energie ist, über die auch Sie verfügen können.

Man übt Autorität auf vielerlei Weise aus, auf direkte oder mehr indirekte, subtilere Weise. Doch hier geht es nicht um anerkannte Autorität, wie sie etwa Eltern gegenüber einem Kind, ein Lehrer gegenüber einer Klasse oder ein Offizier seinen Untergebenen gegenüber anwendet. Unser Interesse gilt einer anderen Einflußebene, die jenseits und über äußerer Zwangausübung oder auch einfachen Vernunftappellen liegt. Sicher haben Sie sich schon durch einen Freund, einen Verwandten oder einen geliebten Menschen beeinflußt gefühlt und ganz willig getan, wie dieser wollte, obwohl Sie das in Schwierigkeiten brachte. Und wenn Sie aufbegehrten, haben Sie sich dafür selbstsüchtig oder unvernünftig gescholten. Diese Nachgiebigkeit ist gegenüber Menschen, die uns nahestehen oder unser Leben bestimmen, ganz natürlich. Man versucht sich ihren Bedürfnissen anzupassen und erwartet von ihnen für sich dasselbe. Gewöhnlich ist dies positiv und gut gemeint, gelegentlich aber auch schädlich wie im Fall einer Mutter, die über ein erwachsenes Kind noch ständig ihre schützende

Hand hält, oder wenn ein Kind mit ausgeprägtem Willen zu fordernd gegenüber seinen Eltern ist. Die Kraft, die bei solchem Zusammenspiel wirkt, ist Psycho-Energie. Sie ist das seltsame Fluidum, das zwischen Menschen hin- und herströmt und die Entfaltung harmonischer Beziehungen ermöglicht. Wenn immer mehr Menschen versuchen, auf nicht selbstsüchtige Weise Psycho-Energie solcherart zu gebrauchen, werden die Spannungen und Reibereien sich auflösen und einem glücklicheren Zusammenleben Platz machen. Das gilt auch für Völker und Rassen.

Psycho-Energie läßt sich auf vielfache Weise benützen, um andere zu beeinflussen, vom flehenden Blick aus großen blauen Augen, mit dem das Kind Sie um eine zweite Portion Nachspeise bittet, bis zu der Herrschaft, die ein mitreißender Redner auf einen Saal voller Leute ausübt. Doch ob bewußt oder unbewußt eingesetzt, immer sind es drei grundlegende Techniken, die bei aller psychischen Beeinflussung eine Rolle spielen. Aber bevor ich diese beschreibe und Anweisung gebe, wie sie einzusetzen sind, noch ein guter Ratschlag.

Erst selbst dienen, ehe man Hilfe verlangt

Psycho-Energie ist unpersönlich, so wie das Sonnenlicht. Von Natur ist sie gut, doch die Willenskraft des Menschen ist solcherart, daß sie sich auch übel anwenden läßt und leider manchmal auch mißbraucht wird. Mit „übel" ist hier eine Anwendung gemeint, die anderen Schaden bringt. Glücklicherweise haben die meisten von uns so viele eingebaute Riegel und Hemmungen, daß wir es ganz unmöglich finden, absichtlich und bewußt andere zu schädigen, und das ist gut für uns, weil Psycho-Energie nämlich, wenn sie ausgesandt wird, einen Bumerang-Effekt besitzt. Sie bringt dem Aussender viel Segen, wenn er nur Gutes aussendet. Das ist gemeint mit den Redensarten wie „Brot aufs Wasser werfen". Doch gilt auch das Gegenteil, und eine Beeinflussung mit bösen Absichten bringt demjenigen, von dem sie ausgeht, oft viel Unheil. Zum Glück sind Menschen, die anderen absichtlich schaden, eher selten. Doch kommt es öfter vor, daß jemand über etwas nachsinnt und bestimmte Ergebnisse erzielen möchte, die gut erscheinen, ohne zu bedenken, daß andere durch ihre Verwirklichung Schaden erleiden könnten. Es liegt im Bereich des Möglichen, daß man jemanden erfolgreich beeinflußt, zu unseren Gunsten etwas zu tun, ohne zu bedenken, daß eben diese Handlung jemand anderem schadet. Sie sollten gut aufpassen und zu Ihrem eigenen Besten so etwas vermeiden. Freilich hat jede Handlung weitreichende Konsequenzen, und niemand kann genau wissen, was die ferne Zukunft bringen wird. Doch die Möglichkeiten der unmittelbaren Gegenwart sind meist ganz klar. Wenn also auch nur der geringste Groll oder Rachegeist oder sonst eine destruktive Regung bei Ihnen im Spiel ist, seien Sie sich klar, daß Ihre Bemühungen Ihnen letztlich mehr schaden als nützen werden.

Die meisten Menschen begehen den Fehler zu glauben, es gäbe nur eine begrenzte Menge an Reichtum, Macht oder Glück auf dieser Welt, und um seinen gerechten Anteil zu bekommen, müsse man einem anderen etwas wegnehmen. Es gibt keinen größeren Irrtum. Der Reichtum dieser Welt, ihre Freude und ihr Glück, sind unbegrenzt. Sie können alles bekommen, was Sie wollen. Sie müssen es sich nur selbst erschaffen. Wenn Sie es einem anderen nehmen wollen, verliert es seine Süße und wird in Ihrem Mund zu Asche. Es ist ein großes Unglück, daß manche, die von Psycho-Energie erfahren und ihre Fähigkeit zur Beeinflussung anderer entwickeln, alle Skrupel verlieren. Denn Macht übt einen verderblichen Einfluß aus, vor dem ich Sie warnen muß, damit Sie sich vor ihm in acht nehmen. Deshalb gleich zu Anfang dieser Lektion über Beeinflussung anderer die Warnung:

„Wenden Sie Ihre Macht nie an, um anderen zu schaden oder um jemanden dazu zu bringen, einem anderen Unrecht anzutun!" Das sage ich zu Ihrem eigenen Besten, weil nämlich die Strafen dafür jeden Vorteil weit überwiegen. Niemand wird über Sie zu Gericht sitzen, und es gibt auch keine Berufungsinstanz. Es liegt in der Natur der Energie selbst, daß sie jeden Mißbrauch korrigiert und ausgleicht, und sie läßt sich nicht täuschen. Das hatte der Prophet im Sinn, als er vor langer Zeit sagte: „Gott läßt seiner nicht spotten!"

Jetzt, nach dieser höchst notwendigen Warnung, wollen wir sehen, wie Sie aus dem rechten Gebrauch der Psycho-Energie für sich Nutzen ziehen können. Die einfachste und nächstliegendste Möglichkeit, Hilfe für einen Plan zu bekommen, der Ihnen am Herzen liegt, ist Überredung. Es gibt viele Arten von Überredung, Argumentieren, Beweisen, Beispiele bringen, Vernunftgründe nennen, Suggerieren, Aufdrängen und so weiter. Die meisten davon beherrschen Sie ganz gut und wenden Sie vielleicht täglich an. Andere sind Ihnen weniger vertraut, und was wohl am wenigsten verstanden wird, ist die Macht der Persönlichkeit. Diese ist ein subtiler, doch wirksamer Faktor, und alles, was in diesem Kapitel noch folgt, soll seiner Erläuterung gewidmet sein und Sie lehren, wie und wann er einzusetzen ist.

Lernen Sie, die Macht Ihrer Persönlichkeit einzusetzen

Anfangs ist es gut, nicht sich selbst, sondern anderen zu helfen. Man lernt dann rascher, und es ist auch sicherer. Seien Sie nicht ungeduldig. Einige der mächtigsten Männer unserer Zeit begannen ihre Karriere damit, daß sie versuchten, ihren Mitmenschen und ihrem Land völlig selbstlos zu helfen. Als Benito Mussolini an die Macht kam, war sein einziges Ziel, die Verhältnisse in seinem geliebten Italien zu verbessern. Und anfangs tat er das auf bisher nicht gekannte Weise. Die Straßen wurden sauber, die Leute achteten auf ihre äußere Erscheinung und den Zustand ihrer Wohnungen, die Verbrechen nahmen ab, und selbst in Neapel, wo sich viele ihrer kriminellen Heldentaten brüsten, konnte eine Frau auch in der Nacht ohne Begleitung ausgehen. Als allerdings Mussolinis Macht immer größer wurde, machte sich ihr verderblicher Einfluß bei ihm bemerkbar. Er fing an, seiner Eitelkeit zu frönen und Macht um ihrer selbst willen zu lieben. Doch zunächst benützte er seine erstaunliche Macht über andere, um den Menschen zu helfen, ohne viel an sich zu denken.

Franklin Delano Roosevelt war ein anderer Großer, der seine politische Karriere mit dem aufrichtigen und ehrlichen Wunsch begann, seinem Land und dessen Menschen zu helfen. Er war reich. Er brauchte kein Geld, und zu jener Zeit strebte er überhaupt nicht nach

Macht. Wie schon im ersten Kapitel erwähnt, verfügte Roosevelt über starke Psycho-Energie, und sein Einfluß auf Menschen war sehr stark. Das lag an der Macht seiner Persönlichkeit. Fast niemand konnte ihm widerstehen, wenn er seinen „Charme" einsetzte, wie man das nannte. Dieser wirkte sogar über das Radio, und seine Reden beeinflußten Millionen. Er war sich der Macht, die er über andere hatte, wohl bewußt und setzte sie gezielt ein. Ein Freund von mir, der später Trumans Kabinett angehörte und Roosevelt persönlich kannte, sprach mit ihm nach seiner Rückkehr von der Jalta-Konferenz. Mein Freund ereiferte sich über die unnötigen Konzessionen, die Roosevelt auf dieser Gipfelkonferenz gemacht hatte, zögerte auch nicht, ihm das vorzuhalten. Roosevelt bemühte sich, ihn zu beruhigen, und sprach ganz offen.

„Diese Männer waren in meiner Hand", sagte er. „Doch sie brauchten etwas, was sie ihren Leuten zu Hause vorweisen konnten. Wenn nichts Gutes dabei herauskommt, können wir uns ja wieder treffen und die Dinge ändern." So überzeugt war er von seiner Fähigkeit, jeden für seinen Standpunkt zu gewinnen. Doch wie wir wissen, ging seine Zeit zu Ende, und er hatte keine weitere Gelegenheit mehr.

Diese beiden Männer also begannen ihre Karriere damit, ihre Macht zu gebrauchen, um anderen zu helfen. Als diese zunächst beschränkte Macht sich zur großen Macht über Millionen Menschen entwickelte, wirkte sie sich verderblich aus, und sie wandelten sich, jeder auf seine Weise. Doch worauf es mir hier ankommt, ist, daß sie und zahllose andere die Psycho-Energie anzuwenden lernten, um Macht auszuüben, ja, um zu herrschen, womit sie jedoch auf höchst altruistische und ganz und gar nicht selbstsüchtige Weise begannen. Ich bitte Sie eindringlich, aus diesem Beispiel zu lernen und persönliche Interessen beiseite zu lassen, wenn Sie mit Ihren eigenen Experimenten beginnen.

Wenn man Psycho-Energie zur Überzeugung anderer einsetzt, lassen sich drei Methoden anwenden, nämlich:

1. Man gewinnt die Einwilligung des anderen.
2. Man gewinnt die Einwilligung, ohne daß der andere die Beeinflussung merkt.
3. Beherrschung.

Die erste Technik ist die beste, leichteste und am häufigsten benützte. Um ein volles Verständnis ihrer Wirkungsweise zu vermitteln, möchte ich zwei Beispiele anführen und dann Ihnen die entsprechenden Anweisungen geben.

Im Jahr 1959 arbeitete A. A. H. als Verkäufer für die L.L.L.-Gesellschaft. Sein Büro befand sich in der Chikagoer Filiale der Firma, und er war Gebietsvertreter für Missouri und die untere Hälfte von Illinois südlich von Springfield. Die Firma stellte viele verschiedene Arten von Maschinen her, doch in dem von ihm bearbeiteten Gebiet verkauften sich landwirtschaftliche Maschinen am besten.

A. A. H. arbeitete gewissenhaft und gut, merkte aber bald, daß die Erzeugnisse seiner Firma nicht die allerbesten waren und daß er bei der Bearbeitung dieses Landwirtschaftsgebiets niemals einen sehr großen Erfolg erzielen konnte. Ungefähr um diese Zeit erfuhr er vom Wert der Psycho-Energie und beschloß, sie zur Lösung seines Problems einzusetzen. Bei der erstbesten Gelegenheit reiste er zum Hauptsitz seiner Firma. Nachdem er sich auf seine Weise vorbereitet hatte, die ich Ihnen im folgenden noch darlegen werde, stellte er sich dem Verkaufsdirektor vor. Nach kurzem Warten führte man ihn in das große Büro dieses leitenden Angestellten. Die Besprechung verlief nach seinen eigenen Worten so: „Zu meiner Überraschung war ich nicht ängstlich oder nervös, als ich sein Büro betrat. Zurückschauend kann ich sagen, daß ich voll Zuversicht und ein wenig neugierig war. Ich bemerkte, daß das Büro sehr groß und mit Teakholz getäfelt war und drei Fenster gegen Norden hatte. Durch diese konnte man Bäume und Felder sehen, die sich in die Ferne erstreckten, denn der Bürokomplex dieser riesigen

Gesellschaft lag in einem hundert Hektar großen Park an den Ausläufern von St. Paul.

Mr. G. St. J., der Verkaufsleiter, erhob sich lächelnd, schüttelte mir die Hand und bat mich, an seinem Schreibtisch Platz zu nehmen. In diesem Moment kam mir der Gedanke, daß meine Vorbereitung mir bereits half, und meine Zuversicht wuchs. Mir war damals nicht klar – das erfuhr ich erst später –, daß die meisten Männer in hohen Positionen fast immer ihren Untergebenen gegenüber höflich sind und nur die Unwissenden und Rohen dazu neigen, ihre Angestellten auszunützen.

So legte ich also mein Problem voll Zuversicht und mit völliger Offenheit dar und merkte kaum, wie anmaßend das meinerseits gegenüber einem Mann in seiner Stellung war. Dennoch hörte er aufmerksam zu, und als ich sagte, ich wolle in eine andere Abteilung versetzt werden, lächelte er und sagte:

‚Das ist eine ungewöhnliche Bitte. Unsere Firmenpolitik ist es, unser Verkaufspersonal nach den Bedürfnissen der Firma und nicht nach den Wünschen und Launen der Verkäufer selbst einzusetzen. Doch Ihr mutiger Anlauf und die offene Darlegung Ihres Wunsches nach größeren Chancen haben mich beeindruckt. Wären Sie daran interessiert, hier in der Zentrale zu arbeiten?‘

Natürlich sagte ich, daß ich sehr glücklich darüber sein würde. Welche Gelegenheit! Ich wurde Assistent des Direktors eines völlig neuen Fabrikationszweigs für Schulartikel. Wie Sie wissen, wurde schon ein Jahr danach mein Vorgesetzter in eine andere Abteilung versetzt, und die Schulartikel-Abteilung wurde mein Kind. Und ich brauche Ihnen nicht zu sagen, wie blühend sie sich entwickelt hat.“

Nun, das brauchte er wirklich nicht. Heute ist A. A. H. Vizepräsident der Muttergesellschaft und geschäftsführender Direktor der Schulartikel-Abteilung, die jetzt der zweitgrößte Zweig mit jährlichen Umsätzen von über dreißig Millionen Dollar ist. Seine Geschichte mag ähnlich klingen wie hundert andere Erfolgsgeschichten im amerikanischen Geschäftsleben, und sie ist auch sehr ähnlich. Doch er weiß im Gegensatz zu vielen anderen Erfolgreichen, was ihm den Weg zum

Erfolg brachte. Er weiß, wieviel dagegen sprach, daß es ihm überhaupt gelang, an jenem Tag eine Unterredung mit dem Verkaufsleiter zu erreichen, um damit zu beginnen. Und noch mehr sprach dagegen, daß dieser auf ihn hörte und die Beschwerden eines jungen Verkäufers ernst nahm, der eine bessere Gelegenheit zum Geldverdienen haben wollte. Und schließlich standen die Chancen vielleicht eine Million zu eins gegen die Versetzung eines unbekannten Verkäufers aus dem unteren Illinois direkt ins Hauptbüro, auch wenn ihm zunächst dort nur eine untergeordnete Stellung angeboten wurde. Er weiß jedenfalls gut genug, daß es die Wirkung von Psycho-Energie war, die ihm zu diesem verhalf.

Das zweite Beispiel zeigt, wie Psycho-Energie auch in ganz anderen Fällen eine Wende zum Besseren bewirken kann. Das Ganze geschah vor gar nicht langer Zeit und betraf eine junge Frau, die wir Alice nennen wollen. Das ist nicht ihr richtiger Name, doch da sie gegenwärtig noch in New York lebt und in der Geschäftswelt sehr bekannt ist, kann ihre Identität nicht preisgegeben werden. Ebenso sind auch die Anfangsbuchstaben A. A. H. nicht die Initialen des Mannes im vorigen Beispiel, doch selbst so haben vielleicht einige Leser gemerkt, um wen es sich handelt.

Alice war fünfundzwanzig, als sich das Ereignis, das ich schildern will, zutrug. Sie arbeitete, seit sie mit siebzehn die High-School beendet hatte. Da sie intelligent, gründlich und fleißig war, machte sie sich ihrem Arbeitgeber bald unentbehrlich. Sie war als Sekretärin ausgebildet, und das war anfangs auch ihre Arbeit. Doch dauerte es nicht lange, bis ihre Bereitschaft, Verantwortung auf sich zu nehmen, und ihre Fähigkeit, Probleme auch außerhalb ihres normalen Tätigkeitsbereichs zu lösen, den Eigentümer der kleinen Firma veranlaßten, sie zur Büroleiterin zu machen. Zwei Jahre später wurde ihre Firma von einem weit größeren Konzern aufgekauft, und so kam es, daß sie sich im Alter von vierundzwanzig Jahren als erfolgreiche Karrierefrau betrachten konnte, mit einem Jahreseinkommen von fünfzehntausend Dollar, einer schönen Wohnung auf der East Side und einem sehr komfortablen Leben.

In Büchern, die sie las, war sie auf Hinweise gestoßen, die Psycho-

Energie betrafen und hatte ein wenig damit experimentiert. Sie hatte einige interessante psychische Erfahrungen und hielt sich für telepathisch begabt, doch hatte sie sich nie ernstlich getestet. Um diese Zeit begegnete sie Ralph, einem neuen Verkäufer der Firma. Fast auf den ersten Blick fand sie ihn interessant, was erstaunlich war, denn er war ungefähr gleichaltrig. Alice, obwohl erst vierundzwanzig, war in ihren Berufsjahren so gereift, daß ihr die meisten Männer unter dreißig kindisch vorkamen. Doch Ralph war anders. Auch er schien von ihr angezogen, und es dauerte nicht lange, bis sie sich regelmäßig trafen.

Ralph lebte bei seiner Mutter, und es war bald klar, daß diese einen wesentlichen Einfluß auf sein Leben und Tun ausübte. Er zögerte, ihr Alice vorzustellen, und als er es schließlich doch tat, fand Alice die Mutter kalt und kritisch. „Wenn sie sich schon in meiner Gegenwart so verhält", dachte sie, „dann weiß der Himmel, was sie über mich sagen wird, nachdem ich gegangen bin."

Auf dem Heimweg fragte sie Ralph, ob seine Mutter etwas gegen sie hätte und wenn ja, warum. „Sie hat noch nie ein Mädchen gewollt, mit dem ich mich getroffen habe", sagte er. „Manchmal weint sie, wenn ich länger fortbleibe, und als ich mal mit ein paar Freunden über ein Wochenende wegfuhr, wurde sie krank." Alice stand also vor dem Problem, entweder die Hoffnung auf eine Heirat mit Ralph aufzugeben oder einen Weg zu finden, wie sie seine Mutter auf ihre Seite bringen konnte. Der Gedanke, sich von diesem jungen Mann zu trennen, der ihr so kostbar geworden war und ihr alles bot, was sie sich von einem Partner erträumte, war kaum annehmbar für sie. So entschloß sie sich, das schwierige Vorhaben in Angriff zu nehmen, schmerzlos die Nabelschnur zu durchtrennen, die Mutter und Sohn noch zusammenhielt, oder, noch besser, die Mutter zu besiegen, so daß diese willig Platz machen würde. An diesem Punkt fiel ihr die Psycho-Energie ein, und sie fragte mich, ob sie ihr vielleicht helfen könne. Ich sagte ihr, das wäre vielleicht möglich, doch hänge es weitgehend von ihren eigenen Bemühungen ab. Ich gab die Anweisungen, die ich auch Ihnen geben werde, und sie bereitete sich auf eine Begegnung vor. Diese Vorbereitung dauerte zwei Wochen, doch als sie beendet war, glich sie einer voll aufgeladenen Batterie. Sie war bereit, und ich wußte, es würde nicht schiefgehen.

Danach erzählte sie mir, was geschehen war. Sie nahm eine neue Gehaltserhöhung zum Vorwand, eine kleine Dinner-Party zu geben und lud Ralph und seine Mutter dazu ein. Die übrigen Gäste waren im Alter der Mutter näher als ihrem eigenen, und einer davon war ein Rundfunkmann von großem Witz und Charme. Der Abend war ein großer Erfolg, und Ralphs Mutter zeigte eine nicht vermutete Lebhaftigkeit und brachte alle mit ihren schlagenden Kommentaren über bekannte Persönlichkeiten zum Lachen.

Gegen Mitternacht, als alle gingen, bat Alice Ralph und seine Mutter, noch ein paar Minuten zu bleiben. Als sie allein waren und in bequemen Sesseln um den Kaffeetisch in ihrem Wohnzimmer saßen, sagte Alice: „Mrs. B., Ralph und ich mögen einander sehr. Wir denken daran zu heiraten, doch ich habe meine Zustimmung noch nicht gegeben, nur werde ich es auch nicht tun, wenn Sie nicht einverstanden sind und von ganzem Herzen Ihre Zustimmung geben." Wie Alice mir später sagte, mußte sie all ihren Mut aufwenden, um so zu sprechen, um gleichsam ein Ultimatum zu stellen, und als sie es gesagt hatte, hielt sie buchstäblich den Atem an. Doch zu ihrem Erstaunen und ihrer großen Erleichterung lächelte Mrs. B. freundlich und sagte: „Liebste, ich mag dich. Ich bin sicher, du wirst Ralph eine ideale Frau sein, und er ist der glücklichste Mann auf Erden, weil er die Liebe eines Mädchens wie dich gewonnen hat. Natürlich bin ich einverstanden." Als mir Alice das erzählte, weinte sie und schluchzend vor Glück sagte sie: Es hat einfach perfekt geklappt. Und alles habe ich Ihnen zu verdanken. Ich bin Ihnen ja so dankbar." Das war vor drei Jahren, als Alice und Ralph fünfundzwanzig waren. Sie heirateten bald darauf, und heute sind sie nicht nur sehr glücklich, sondern auch außergewöhnlich erfolgreich. Nun will ich Ihnen aber die Methode erläutern, die so vielversprechend von Alice und A. A. H. angewandt wurde.

Psychologen nennen die Fähigkeit bestimmter Menschen, andere für den eigenen Standpunkt zu gewinnen, persönlichen Magnetismus. Alle guten Verkäufer und die meisten leitenden Angestellten besitzen und benützen diese Eigenschaft. Ja, sehr viele Menschen setzen „persönlichen Magnetismus" ein, doch keiner scheint zu wissen, worum es sich handelt oder wie er zu erlangen ist, wenn man ihn nicht hat. Sie wissen jetzt, daß sie Psycho-Energie benützen, und daß man, um diesen persönlichen Magnetismus anzuwenden, die eigene Psycho-Energie vermehren und einsetzen muß. Hier die Technik.

1. Es ist besser, wenn Sie sich erst einige Tage vorbereiten, ehe Sie eine direkte Konfrontation mit dem Menschen, den Sie für etwas gewinnen wollen, suchen. Je schwieriger die Sache ist, um so länger und gründlicher sollte die Vorbereitung sein. Laden Sie sich wenigstens dreimal täglich wie folgt mit Psycho-Energie auf:

Wählen Sie einen Ort, wo Sie nicht gestört werden. Setzen Sie sich aufrecht so hin, daß Ihre Füße und Hände sich berühren. Atmen Sie tief ein während Sie bis acht zählen, halten Sie den Atem an während Sie bis zehn zählen, atmen Sie dann sacht und gleichmäßig aus und zählen Sie dabei bis fünfzehn. Während des Atmens visualisieren Sie direkt über Ihrem Kopf eine weiße Wolke, sehr hell, wie von der Sonne bestrahlt. Wenn Sie den Atem anhalten, sehen Sie die Wolke über sich, und wenn Sie ausatmen, sehen Sie sie herabschweben, so daß sie zuerst Ihren Kopf und Ihre Schultern und dann Ihren ganzen Körper einhüllt.

Wiederholen Sie diese Übung bei jeder Sitzung fünfmal, und machen Sie anfangs jeden Tag drei Sitzungen. Es ist eine sehr wirksame Übung. Das Ganze gleicht dem Aufladen einer Batterie, Sie selbst sind die Batterie und laden sich mit Psycho-Energie auf.

Da Sie normalerweise in einem relativ entleerten Zustand sind, wie die meisten Leute, sind zunächst häufige Aufladungen nötig. Doch wenn Sie dann stärker werden und mehr Fertigkeit darin entwickeln, wird nur noch ein gelegentliches Anfachen nötig sein.

2. Um bei dieser Methode Erfolg zu haben, müssen Sie demjenigen,

den Sie beeinflussen möchten, von Gesicht zu Gesicht gegenübertre-
ten: Wenn Sie das Gefühl haben, bereit zu sein, führen Sie die
Begegnung herbei. Sie werden wissen, daß Sie richtig vorbereitet sind,
wenn Sie mehrere Tage die Übung gemacht haben und sich kraftvoll,
zuversichtlich und selbstsicher fühlen. Wenn Sie dann der Person, die
Sie beeinflussen möchten, gegenüberstehen, sollten Sie nichts Ungewöhnliches sagen oder tun, sondern den Plan, für den Sie Zustimmung
erlangen möchten, klar und fest im Kopf haben und dann in Gedanken
die Arme ausstrecken und sie um den anderen legen, als ob Sie ihn
umarmen. Das soll nicht körperlich ausgeführt werden, sondern nur
als bildliche Vorstellung. Daraufhin bitten Sie ihn laut um das, was Sie
wollen, und wenn Sie alles richtig gemacht haben, werden Sie seine
Zustimmung erhalten. Gewöhnlich wird der andere noch über die
bloße Zustimmung hinausgehen und Ihnen auf vielfache weitere Art
unerwartet helfen.

Das ist der einfachste und wirkungsvollste Weg, einen anderen
Menschen dazu zu bringen, Ihnen zu helfen. Probieren Sie es erst
einmal aus und gehen Sie nicht zur nächsten Methode über, bevor Sie
diese gründlich erforscht haben. Jetzt will ich Ihnen sagen, wie man
einen Menschen für seinen Standpunkt gewinnt, ohne daß der Betreffende auch nur irgendwie Ihr Interesse bemerkt.

*Wie man Zustimmung und Mitarbeit gewinnt, ohne daß der andere es
merkt*

Diese Technik ist schwieriger als die vorhergehende, doch wenn sie
richtig ausgeführt wird, wirkt sie in Fällen, wo die erste Technik nicht
anwendbar ist. Sie ist schwieriger, weil der Erfolg von Ihrer Geschicklichkeit im Visualisieren abhängt, sowie auch von Ihrer Fähigkeit, sich
selbst von der Wirklichkeit dessen, was Sie tun, zu überzeugen. Es gibt
Lehrer, die diese Technik die „Als-ob"-Methode nennen. Sie ist eine
der ältesten okkulten Praktiken und sie wird von der Menschheit seit
uralten Zeiten benützt. Die alten Ägypter übten sie schon mehr als
viertausend Jahre vor der christlichen Zeitrechnung aus, und es gibt
Erwähnungen davon in Sanskrit, die noch weiter zurückreichen.

Heute weiß man nicht nur von einzelnen, sondern auch von gewissen Organisationen, sowohl religiöser wie weltlicher Art, daß sie sie geübt haben, um die Ziele zu erreichen, die sie zu ihrem Wohl für wertvoll, würdig und nötig hielten. Während des Zweiten Weltkriegs wollte ein mir bekannter Mann mit den Initialen M. G. aus Jerusalem, wo er lebte, in die Vereinigten Staaten kommen. Reisen von Palästina nach Amerika waren nahezu unmöglich, und was noch wichtiger war, es wurden keine Visa erteilt, außer an Regierungsangestellte. Aus persönlichen Gründen hielt dieser Mann, ein durchschnittlicher Bürger ohne Regierungsposten oder Einfluß, seine Anwesenheit in New York für nötig. Er schrieb mir und bat mich, ihm Dollar für seine Überfahrt zu senden, was ich gern tat, doch hegte ich keine Hoffnung, daß er sie würde nützen können.

Zu meiner Überraschung erschien er ungefähr zwei Wochen später in meinem Büro. Als ich fragte, wie er es geschafft habe, sagte er:

„Ich fand bei jeder zuständigen Stelle irgend jemanden, der meine Überfahrt befürwortete. Bei der Schiffahrtsgesellschaft war es derjenige, der die Kantine zuteilte, streng nach Priorität. Ich sprach mit ihm und sagte ihm, daß es wichtig sei, daß ich nach New York komme, und zwar so schnell wie möglich. Da ich keine Regierungspriorität habe, lehnte er ab. Also entschuldigte ich mich und sagte, ich würde ein anderes Mal wiederkommen. In dieser Nacht wandte ich die „Als-ob"-Technik an, und als ich ihn am nächsten Morgen wieder aufsuchte, buchte er für mich einen Platz auf einem Schiff, das fünf Tage später von Haifa auslief. Er gab mir keine Erklärung, sondern tat so, als wäre es die natürlichste Sache von der Welt für ihn. Nachdem das geschafft war, war mein nächstes Problem ein Paß mit Visum zur Einreise in die Vereinigten Staaten. Beides schien gleichermaßen unmöglich, doch als ich dieselbe Technik anwandte, war mein Weg auf wunderbare Weise geebnet, und hier bin ich!"

Für mich war das eine höchst bemerkenswerte Demonstration. Ich hatte ein vages Wissen um diese „Als-ob"-Technik, doch ohne ihre Macht und ihre Möglichkeiten zu erkennen. Natürlich bestürmte ich ihn mit Fragen, und erst von diesem Mann lernte ich, wie man die

Mitarbeit anderer durch diese Methode erlangt. Hier ist die Technik, wie M. G. sie mir dargelegt hat und wie ich sie seitdem öfters selbst erprobte:

1. Suchen Sie sich einen Ort, wo Sie von anderen nicht gestört werden, auch nicht durch laute Geräusche von draußen, also vielleicht einen Raum im Inneren des Hauses oder auch Ihr Schlafzimmer.

2. Setzen Sie sich in einen Sessel mit gerader Lehne, so daß Sie den Rücken aufrecht halten können oder legen Sie sich auf ein Bett oder eine Couch. Beides ist möglich, doch viele ziehen einen Sessel vor, weil sie dazu neigen, in einen Traumzustand zu versinken, wenn sie sich hinlegen.

3. Laden Sie sich mit Psycho-Energie auf, wie schon beschrieben. Manche Studierende sagen, sie hätten es hilfreich gefunden, den AUM-Laut zu intonieren, wenn sie den Atem ausströmen lassen und die Psycho-Energie um sich herum visualisieren.

4. Wenn Sie sich genügend aufgeladen haben, stellen Sie sich den Menschen, dessen Mitarbeit sie wünschen, bildlich vor, das heißt, sehen Sie ihn mit geschlossenen Augen in klaren Umrissen und mit allen Einzelheiten im vorderen Teil des Kopfes hinter der Stirn.

5. Wenn das Vorstellungsbild klar ist, stellen Sie sich vor, Sie sind der Betreffende, versetzen Sie sich in seinen Körper.

6. Wenn Sie das Gefühl haben, daß Ihnen das gelungen ist, denken Sie schnell: „Ich will diesem Menschen, der da zu mir gekommen ist (also Ihnen), helfen. Er braucht Hilfe, und es ist richtig, daß ich sie ihm gebe. Ich kann ihm helfen, ohne Schwierigkeiten für mich, also werde ich es tun."

7. Daraufhin lassen Sie das Bild los und denken nicht mehr daran. Wenn möglich gehen Sie gleich schlafen.

Das ist der ganze Vorgang. Er erscheint einfach und ist es auch. Sobald die Bildvorstellung klar und nicht durch Gedanken behindert ist, die nicht dazugehören, können die übrigen Schritte schnell und leicht erfolgen. Wie Sie sehen, hängt der Erfolg von Ihrer Fähigkeit ab, sich unter Ausschluß jeglicher Ablenkungen zu konzentrieren. Haben Sie das einmal gelernt und eine genügende Fertigkeit darin erworben, werden Sie diese Übung und viele andere durchführen können. Doch die Ansammlung von Psycho-Energie vor dem Versuch der Visualisation ist sehr wichtig. Das ist nämlich die Energiewelle, die Ihre Wünsche in das Denken und Fühlen des anderen hineinträgt, wo sie dann zur rechten Zeit zu Ihren Gunsten wirkt.

Persönliche Beherrschung

Nun folgt die dritte Technik. Sie wird nicht als Regel empfohlen, doch gibt es auch Situationen, die sich nur zufriedenstellend lösen lassen, wenn man Beherrschung ausübt. Ich rate sehr davon ab, es in Fällen zu versuchen, in denen auch eine der beiden vorhergehenden Techniken wirken würde. Es ist zwar so, daß es viel zu viele Leute gibt, die andere beherrschen oder zu beherrschen versuchen, doch das ist zu beklagen und darf nicht noch ermutigt werden. Doch gibt es Fälle, wo es gerechtfertigt ist.

So ist es zum Beispiel für einen Arzt ganz richtig, daß er einem nervösen und ängstlichen Patienten gebietet, ihn beruhigt und sein Vertrauen erweckt. Ein ungebärdiges Kind darf und soll von einem Elternteil oder einem Erzieher, der am Wohl des Kindes interessiert ist, gebieterisch behandelt werden. Die meisten Tiere, Haustiere und Wildtiere, brauchen zu gewissen Zeiten Zwang. Eine sehr gescheite und fähige Frau, die ich kenne, hatte vor nicht zu langer Zeit eine interessante und erheiternde Erfahrung in diesem Zusammenhang. Sie weilte mit ihrem Mann in der Jasper-Hütte des Jasper-Nationalparks in Britisch-Kolumbien. Eines Abends nach dem Abendessen wurde das Wetter kühl und sie wollte in ihre Hütte, um einen Mantel zu holen. Sie wohnten in der letzten Hütte der langen Reihe, die sich vom Hauptgebäude ausgehend den See entlang erstreckt, eine gute Viertelmeile weit zu gehen. Unterwegs stieß sie auf einen Bären, der offensichtlich in einem Haufen Papier nach etwas Eßbarem wühlte. Die Bären dort sind völlig wild, doch bewegen sie sich frei im Park. Sie sind an Menschen nicht interessiert, außer, daß sie um Süßigkeiten betteln, denn es sind Schwarzbären, die kein Fleisch fressen. Immerhin sind es aber wilde Tiere, können jeden Augenblick wütend werden, weshalb Besucher angehalten sind, sich ihnen fern zu halten.

Als nun unsere Heldin an dieser umherschnüffelnden riesigen Bärin vorbeikam, empfand sie Sympathie, und voll Mitgefühl beschloß sie, ihr einige Süßigkeiten mitzubringen, wenn sie wieder von ihrer Hütte zurückkam. Als sie zu dem Bären kam, war weit und breit niemand zu sehen. Die beiden, der riesige Schwarzbär und die kleine entschlossene Frau, waren allein im dunklen Wald. Statt nun dem Bären den Zucker hinzuwerfen und weiterzugehen, legte sie Stück um Stück auf ihre flache Hand und bot es dem wilden Tier an, wie man es bei einem wohlerzogenen Pferd oder Hund macht. Ganz sanft nahm der Bär ein Stück nach dem anderen mit den Lippen von ihrer Hand, ohne ein einziges Mal die Zähne zu zeigen. Als das letzte Stück weg war und die Frau zum Hauptgebäude weitergehen wollte, folgte ihr die Bärin. Die Frau beschleunigte ihre Schritte, doch die Bärin auch. Sie ging langsamer, und die Bärin ging fast an ihrer Seite. Als sie merkte, wie allein sie war und wie dumm sie gewesen war, wurde die sonst sehr tapfere Frau einen Augenblick von Panik ergriffen. Dann aber nahm sie sich zusammen und überlegte: „Wenn ich renne, wird mich der Bär verfolgen. Ein Bär kann viel schneller laufen als ich, und aufgeregt durch die Verfolgung schlägt er mich vielleicht nieder. Nein, das kann ich nicht tun. Offenbar will der Bär mehr Süßigkeiten, aber ich habe keine mehr. Was würde ich tun, wenn es nicht ein Bär wäre, sondern ein Pferd?" Bei diesem Gedanken wurde ihr klar, daß sie dem Bären ihren Willen aufzwingen mußte. Sie machte also drei tiefe Atemzüge, wandte sich dann dem Bären zu und sagte: „Schau her. Ich habe keinen Zucker mehr. Siehst Du?" Sie rieb die Hände aneinander. „Geh also schnell heim!" Und sie wies in den tiefen Wald. Worauf der Bär gehorsam kehrt machte und in die von ihr gewiesene Richtung davontrottete.

Das ist ein gutes Beispiel dafür, wie man Tieren seinen Willen aufzwingt. Indem diese schwache Frau Psycho-Energie einsetzte und Mut und Zuversicht zeigte, befahl sie einem sechsmal so großen Tier, und es folgte sanft wie ein Lamm. Es war kein dressiertes Zirkustier, sondern ein wilder Bär, der in diesen Urwäldern lebte, eine riesenhafte

Bärin, die kräftig war, um einen Mann mit einem Schlag ihrer Pranke zu töten, ungefähr siebenhundert Pfund gefährliches Fleisch.

Persönliche Beherrschung ist genau das gleiche. Man nimmt sozusagen die Zügel in die Hand. Sie müssen vollkommen überzeugt davon sein, daß Ihnen das gelingen wird und der kleinste Riß in der Rüstung aus Selbstvertrauen kann zum Fehlschlag führen. Wenn Sie das Gefühl haben, die Situation zu beherrschen, sagen Sie dem anderen einfach, was er oder sie zu tun hat. Der Arzt mag streng sagen: „Hören Sie zu zittern auf und entspannen sie sich. Sie sind gesund!" Vater oder Mutter können fest und bestimmt sagen: „Geh ins Bett, es ist jetzt zehn Uhr und du brauchst Schlaf! Geh!" Das sind sehr einfache Beispiele, doch in beiden Fällen ist die Technik die gleiche. In einem Restaurant können Sie einem Oberkellner ihren Willen aufzwingen, wenn er Ihnen den gewünschten Tisch vorenthalten will. Das ist legitim. Doch versuchen Sie nie, einen anderen zu beherrschen, um einen wirtschaftlichen oder gesellschaftlichen Vorteil gegenüber ihm zu erlangen. Sie können Erfolg haben, doch unfehlbar gibt das einen Rückschlag, wenn man es am wenigsten erwartet.

Die vorgenannten drei Techniken der Einflußnahme auf andere werden von vielen unbewußt angewandt. Gewöhnlich erlangen sie Ergebnisse, ohne zu wissen wie. Tatsächlich wissen nur wenige, daß man sorgfältig vermeiden muß, anderen zu schaden, soll echter Erfolg eintreten. Wenn man vorausdenkt, kann man im allgemeinen sehen, wie das Ziel völlig unschädlich für alle Beteiligten zu erreichen ist. Immerhin, nützen Sie alle diese Techniken, aber nützen Sie sie auf rechte Weise. Sie geben Ihnen die Befriedigung das Könnens, ein Gefühl von Macht, und befähigen Sie, bei den meisten Ihrer Bestrebungen erfolgreich zu sein.

6. Kapitel

Der Einsatz von Psycho-Energie zum Rutengehen

In einem Vortrag vor einer Versammlung von Wasseringenieuren des Staates Kalifornien berichtete Verne L. Cameron am 19. Juli 1967 unter anderem folgendes: „Ich lebe in Elsinore, California, und als vor ungefähr 20 Jahren unser Wasserreservoir (der Elsinor-See) zu versiegen drohte, experimentierte ich in diesem Bereich und kam zur Überzeugung, daß sich unter dem Boden des Sees genügend süßes Wasser befand. Doch die Wasserkontrollingenieure des Staates und der Bundesregierung behaupteten, es sei kein Wasser unter dem Lake Elsinore und empfahlen den Ankauf von Colorado-Flußwasser aus dem Wasserbezirk von Metropolitan (Los Angeles).

Erst nachdem wir eine Million Dollar für das miserable Wasser aus dem Colorado-Fluß ausgegeben hatten und keinen Vertrag bekamen, der uns eine größere jährliche Menge garantiert hätte, machte Local Park Board schließlich 1800 Fuß tiefe Probebohrungen und brachte den Staat Kalifornien dazu, den Brunnen auszubauen. Die Probebohrung war erfolgreich, und heute, zwei Jahre später, haben wir drei der größten Brunnenbohrungen im südlichen Kalifornien, 1000 Fuß auseinander auf einer Linie mitten durch das trockene Ende des sieben Quadratmeilen großen Lake Elsinore. Diese Brunnen geben bei ständigem Pumpen eine Wassermenge von 5100, 5600 und 5700 Gallonen pro Minute, während der See selbst nur 6000 Gallonen pro Minute benötigt, um auch in ärgsten Trockenjahren seinen Wasserspiegel zu bewahren. Das Wasser aus diesen Brunnen ist warm, oft bis zu 110 Grad Fahrenheit, und hat nur einen geringen Härtegrad, während das für die Hauptstadt geförderte Wasser des Colorado sehr hart ist und über eine Tonne Salz pro Einheit enthält."

Dieses wörtliche Zitat ist reichlich technisch, weil es aus einem Vortrag vor Wasseringenieuren stammt, doch der Mann, der ihn hielt und für die Bestimmung der Stellen verantwortlich war, an denen die Brunnen gebohrt wurden, sowie dafür, daß sie überhaupt gebohrt wurden, ist ein Rutengänger. Sein Experimentieren mit der Rute in diesem Gebiet hatte ihn zur Überzeugung gebracht, daß dort gutes Wasser zu finden sei. Seine Hartnäckigkeit und Ausdauer brachte die dickköpfigen Bewohner seiner Gemeinde schließlich dazu, einer Probebohrung zuzustimmen und die Ausgaben zu genehmigen. Und er war es, der die Stellen ausfindig machte, wo nach seiner Vermutung eine ausreichende Wassermenge gefördert werden konnte.

Was ist Rutengehen?

Nun werden Sie vielleicht fragen: „Was ist denn ein Rutengänger, und was tut er?" Rutengehen ist eine alte Kunst. Berichte darüber finden sich schon in Dokumenten, die vor 2000 Jahren im römischen Reich, also noch vor Christi Geburt niedergeschrieben wurden. In jenen Tagen, und vielleicht schon lange vorher, wurde die Kunst des Rutengehens angewandt, um Wasser unter der Erde zu lokalisieren. Der Rutengänger schneidet sich in der Regel einen frischen Zweig in Y-Form von einem Baum oder Busch und benützt diesen gabelförmigen Zweig als Anzeiger, wobei er die beiden kurzen Enden des Y fest in beiden Händen hält und das lange Ende vor sich ausstreckt, wenn er das Gebiet abschreitet, auf dem er Wasser zu finden hofft. Wenn das ausgestreckte Ende der Rute sich neigte, wurde die Stelle mit einem Stein oder Stock markiert. Nachdem das Feld dann mehrmals abgeschritten worden war, wurde der Brunnen dort gegraben, wo sich die größte Zahl von Markierungen befand.

Daß diese Methode zwei- oder dreitausend Jahre überdauerte, deutet darauf hin, daß sie zu einem hohen Prozentsatz zum Erfolg geführt haben muß. Soviel wir wissen, wurde diese Methode damals nur zum Auffinden von Wasseradern benützt, und die Fähigkeit zum Rutengehen war gewöhnlich auf eine einzige Familie im ganzen Gebiet beschränkt, wobei die Fertigkeit jeweils vom Vater an den Sohn weitergegeben wurde. Diese Leute wurden oft mit abergläubischem Argwohn betrachtet und in weniger erleuchteten Zeiten der Hexerei und Teufelskunst angeklagt. Doch wir wissen heute, daß die Fähigkeit, die sie besaßen, eine ganz normale ist. Vier von fünf unserer Vietnam-Soldaten bewiesen, daß sie in unterschiedlichem Grad die Fähigkeit zum Rutengehen beherrschten, und man darf annehmen, daß dieser Durchschnitt allgemein gilt. Diese Kampftruppen suchten im allgemeinen nicht nach Wasser, sondern nach Blindgängern, verborgenen Minen und feindlichen Tunnels und Fallen – was uns fast vom ursprünglichen Thema zu einem weit größeren Gebiet führt.

Weitere Anwendungen des Rutengehens

Jahrhundertelang war offenbar das Auffinden von Wasseradern der einzige Zweck des Rutengehens. Heute sind Rutengänger erfolgreich beim Lokalisieren verlorener Minen, von Ölquellen und sogar von antiken Kanälen und Aquädukten. Die meisten Rutengänger wissen nicht recht, was dabei eigentlich vor sich geht. Es funktioniert einfach. Fast jeder von ihnen hat seine Theorien, von denen manche vernünftig, andere ziemlich phantastisch klingen. Die verbreitetste ist die, daß Wasser, das unter der Erde fließt, ein magnetisches Feld erzeugt, das die Wünschelrute anzieht. Natürlich erzeugt fließendes Wasser ein magnetisches Feld, und die Wissenschaftler, die das Rutengehen anerkennen, stützen sich auf diesen Faktor. Doch gibt es auch geachtete Geologen, die Rutengehen als Unsinn bezeichnen. Doch sind sie in der Minderheit und ihrer Meinung steht eine große Anzahl erfolgreicher Funde gegenüber.

Der wachsende Erfolg von Rutengängern, die nach Minerallagerstätten suchten, sprach gegen die „Magnetfeld-Theorie", und als gewisse Rutengänger nun gar anfingen, unterirdische Vorkommen von Öl, Wasser und Mineralien auf Landkarten zu lokalisieren, brach sie völlig zusammen. Offensichtlich müssen einige andere Faktoren dabei im Spiel sein, und die materialistisch gesinnten Wissenschaftler sind völlig verwirrt. Doch wie man sieht, wird immer deutlicher, welche Energie wirklich dabei eingesetzt wird. Es kann nicht Magnetismus oder irgendeine andere meßbare physikalische Energie sein, weil das Ganze ja auch auf Entfernung funktioniert und auf Gedanken anspricht. Die Rutengänger, die Landkarten benützen, haben oft schon in 1000 Meilen Entfernung von der Suchstelle bemerkenswerte Erfolge erzielt. Und derselbe Rutengänger, der heute Wasser findet, kann morgen ohne eine Änderung der Technik Öl aufspüren.

Die Geheimnisse des Rutengehens

Das angewandte Mittel ist Psycho-Energie. Der Rutengänger, der von Natur aus gut mit Psycho-Energie ausgestattet ist oder die nötige Menge bewußt angesammelt hat, richtet zunächst sein Denken auf das Gesuchte. Damit richtet er seine Psycho-Energie auf die Aura von Wasser, Öl oder Gold. Alle diese Stoffe haben eine magnetische Ausstrahlung, die für sie kennzeichnend ist. Ist der Kontakt hergestellt, dann zeigt sich die Lagerstelle des Minerals oder des Wassers dem Rutengänger oder Pendler auf die äußere Art und Weise an, die er vorschreibt. Das kann die Bewegung eines gegabelten Zweiges oder das Schwingen eines Pendels sein. Alle erfolgreichen Rutengänger wissen, daß sie Energie einsetzen. Sie mögen die Art von Energie, die sie benützen, nicht kennen, doch merken sie, daß sie, wenn sie sich stark und „leicht" fühlen, genauer sind als an Tagen, an denen sie sich schwer und träge fühlen. Nach einer anstrengenden Sitzung fühlen sie sich gewöhnlich erschöpft und möchten sich ausruhen. Ein berühmter Rutengänger sagte mir einmal, daß er an Orten, wo die Luft frisch und mild ist und er tief Luft holen kann, am besten arbeitet.

Es gibt eine amerikanische Pendler- und Rutengängervereinigung mit Hauptsitz in Danville, Vermont. Sie tritt für keine bestimmte Theorie ein und berücksichtigt, daß ihre Mitglieder aus ganz verschiedenem Milieu stammen und unterschiedliche Überzeugungen hegen. Doch sucht sie für diese Kunst weitgehendere Anerkennung zu erreichen und gibt gerne jedem Auskunft, der sie wünscht. Da ich glaube, daß diese Manifestation der Psycho-Energie für die meisten Menschen leicht begreifbar ist und meine, daß auf diesem Weg viele zu einer Beherrschung dieser Energie gelangen können, lege ich hier kurz dar, wie man Rutengänger werden kann.

So findet man mit der Rute die richtige Stelle für einen Brunnen

Manche Leser werden vielleicht schon eine Demonstration des Rutengehens gesehen haben, doch die meisten wohl nicht, und so will ich hier einen ganz gewöhnlichen Fall schildern: die Suche nach unterirdischem Wasser. Ein Mann hat eine Farm gekauft und braucht Wasser für das Vieh auf einem entfernten Feld. Deshalb läßt er einen Rutengänger kommen, der ihm sagen soll, wo der Brunnen gegraben werden soll, um bei kleinstem Aufwand auf den besten Wasservorrat zu stoßen. Der Rutengänger sieht aus wie irgendein Farmer in dieser Gegend, und er ist auch wirklich einer. Seine Gabe als Rutengänger wird nicht allzuoft in Anspruch genommen, und was er dafür bekommt, ist bescheiden: 50 Dollar, wenn er Wasser findet; nichts, wenn er nichts findet. Die Landwirtschaft ist also seine Existenzgrundlage, das Rutengehen seine Nebenbeschäftigung.

Er bespricht sich nun mit dem Farmbesitzer. Der Rutengänger erkundigt sich, wo er denn Wasser finden möchte und zu welchem Zweck es benötigt wird. Grundwasser ist in der Regel sehr rein, doch manchmal enthält es Mineralien oder Sulfate, was ihm einen Beigeschmack gibt. Solches Wasser wäre für menschlichen Bedarf nicht geeignet, aber gut genug für Kühe und Pferde. Also legt der Eigentümer sein Problem dar: Er möchte seinen Wasservorrat für seinen Viehbestand in einem bestimmten Gebiet finden, und am liebsten wäre ihm ein von selbst fließender Brunnen, falls sich ein solcher finden läßt. Dann würde ihm das tägliche Pumpen erspart bleiben.

Nachdem der Rutengänger erfahren hat, worum es dem Eigentümer geht, holt er ein zusammengefaltetes Metallgerät aus seiner Tasche und macht es einsatzbereit. Die Instrumente sind aus glänzendem Metalldraht und lassen sich zu einer T-Form aufklappen. Der „Kreuzarm" des T ist ungefähr 18 Zoll lang und hat im rechten Winkel abwärts von jeder Spitze aus eine Fortsetzung von vier Zoll Länge. Der lange Arm des T läßt sich auf 30 Zoll verlängern, im rechten Winkel zum Kreuzarm. Das ist die „Wünschelrute", die der Rutengänger benützt, um das Wasser zu finden. Der Eigentümer und der Rutengänger fahren dann auf einem kleinen Lastwagen eine Viertelmeile weit auf einer holprigen Straße zu dem Feld, auf dem die Tiere weiden. Dort angekommen, streckt der Rutengänger die Rute vor sich aus und beginnt, systematisch kreuz und quer das Feld abzuschreiten.

Die Methode

Die Rute wird an den Griffen gehalten, nämlich den kurzen Fortsetzungen von vier Zoll Länge; etwa in Brusthöhe mit dem langen Ende des T in einer Vertikalen hält sie der Rutengänger vor sich ausgestreckt. Er geht zuerst rings um das Viereck des Feldes den Zaun entlang und hält nur ein- oder zweimal an, als sich die Rute abwärts zu bewegen scheint. An jeder Stelle, wo er anhält, bittet er den Grundstückseigentümer, einen farbigen Stock in den Boden zu stecken. Nachdem er die Wiese völlig umschritten hat, beginnt er sie kreuz und quer abzuschreiten, in der gleichen Weise, wie man sie mähen würde. Ungefähr beim zehnten Überqueren fängt die Rute sich an zu regen und fast horizontal nach vorn zu neigen. Wieder steckt der Rutengänger einen Stab in den Boden, um die Stelle zu markieren, und setzt sich nun rechtwinklig zu seinem früheren Weg in Bewegung. Während er langsam dahinschreitet, bewegt sich die Metallrute auf und ab und neigt sich mehr und mehr zu Boden. Er stößt auf eine Stelle, wo sie sich am stärksten bewegt, und wenn der Rutengänger sich über diese

Stelle hinaus bewegt, nimmt die Rute allmählich wieder eine senkrechte Position ein.

Der Rutengänger schreitet dann noch einmal diese Linie ab, und wenn er zu dem Punkt kommt, wo die Rutenspitze am stärksten zum Boden hinab gezogen wird, steckt er wieder einen Stab in die Erde. Dann umschreitet er diese vorsichtig und setzt weitere an die Stellen, wo der Zug nach unten besonders stark scheint. Bei langsamem Hin- und Hergehen ergibt sich bald ein etwa kreisförmiges Muster, und der Rutengänger sagt zum Eigentümer: „Wenn du hier gräbst, wirst du in nicht mehr als sechzehn Fuß Tiefe auf genügend Wasser stoßen." Später wird ein Brunnenbohrer beauftragt, der dreizehn Fuß unter der Erdoberfläche eine munter dahinfließende Wasserader entdeckt.

Wie man das Rutengehen ausprobieren kann

Das war die Beschreibung einer Wassersuche, die vor einigen Jahren auf der Farm eines Freundes in Vermont stattfand. Das Ganze geht ziemlich auf die gleiche Weise vor sich wie schon vor tausend Jahren, nur daß der Rutengänger heute gewöhnlich eine eigene Wünschelrute bei sich hat, die sich der Annehmlichkeit halber zusammenklappen läßt. Es ist am besten, wenn Sie Ihr erstes Experiment auf ähnliche Weise im Freien durchführen. Benützen Sie einen gegabelten Zweig oder Stock, wie ich ihn beschrieben habe. Halten Sie ihn wie ein umgekehrtes Y, die Enden der Gabel leicht in den Fingern, die Handflächen aufwärts und die Daumen nach außen gekehrt. Halten Sie die Ellbogen eng an Ihre Seiten, die Arme in Brusthöhe und die Hände etwa in einer Linie mit den Schultern. Sämtliche Muskeln von den Händen aufwärts bis in Ihre Schultern sollten angespannt sein, doch nicht steif. Dann machen Sie drei lange, tiefe Atemzüge, halten den Atem an, zählen bis sieben und atmen langsam, bis zehn zählend, aus, was Ihnen eine leichte zusätzliche Energieanreicherung verschafft. Nun sind Sie bereit. Unternehmen Sie den Versuch auf einem Feld oder falls Sie in einer Stadt leben in einem Park. Denken Sie daran, daß Sie Wasser finden möchten und gehen Sie zunächst planlos umher, bis Sie eine erste Reaktion spüren und der Stock sich bewegt. Sie können das als leichtes Zeichen an Ihren Handgelenken spüren, da das Ende der Rute dazu neigt, nach außen und unten auszuschlagen. Gehen Sie langsam umher und lenken Sie Ihre Schritte zu der Stelle, wo der Zug nach unten am stärksten ist. Die Bewegung des Stockes wird immer deutlicher sein, bis ein Punkt erreicht ist, wo eine sehr biegsame Rute mit der Spitze direkt auf den Boden zeigt. Passen Sie Ihre Schritte den Bewegungen der Rute an und bleiben Sie stehen, wo der Ausschlag nach unten am stärksten ist. Sie stehen dann über einer Wasserader. Markieren Sie die Stelle, entfernen Sie sich vier oder fünf Meter und nähern sich ihr wieder mit der Rute vor sich ausgestreckt. Bewegen Sie sich langsam, damit Sie den entscheidenden Punkt nicht verpassen. Nachdem Sie sich versichert haben, daß der zuerst festgestellte Punkt der richtige oder nahezu richtige war, nähern Sie sich ihm aus verschiedenen Richtungen und wenden dabei das gleiche Verfahren an. Dabei können Sie vielleicht zwei oder drei andere Stellen ausfindig machen, wo die Rute stark nach unten zieht und daraus folgern, ob das Wasser im Untergrund eine fließende Ader oder Strömung ist oder stillsteht.

Die Benützung verschiedener Instrumente zum Rutengehen

Es ist nicht nötig, den Gabelstecken zu benützen, sondern man kann auch eine Stahlrute von der Stärke einer Autoradio-Antenne oder einen Kleiderbügel aus Draht verwenden. Die Marinesoldaten haben in Vietnam mit ausgezeichnetem Erfolg Kleiderbügel benützt. Sie zwickten den Haken an, und nachdem sie den verbleibenden Teil zu einer Rute gerade gebogen hatten, bogen sie an jedem Ende ein Stück von vier oder fünf Zoll Länge zu einem Winkel von 90 Grad. So entsteht ein Handgriff von ungefähr 30 Zoll Länge, und mit einem in jeder Hand ging der Betreffende dann vor wie mit einer geschnittenen Rute. Nach kurzer Instruktion und etwas Übung stellte man fest, daß viele Männer der US-Armee und der Marine-Streitkräfte in Vietnam mit diesen improvisierten Wünschelruten recht erfolgreich umgehen konnten. Man benützte sie, um feindliche Tunnels und Minenfallen zu orten, und sie erwiesen sich als höchst wertvoller Ersatz für die empfindlicheren elektronischen Geräte, die durch Erschütterungen und Stoßwellen bei Bombardierungen meist unbrauchbar wurden.

Rutengehen ist auch möglich mit einem einfachen Stock. Gewöhnlich funktioniert das aber nur, wenn genügend Psycho-Energie vorhanden ist und eingesetzt wird, und man benötigt davon viel mehr als bei einer gegabelten Rute oder sonst einem ähnlichen Instrument. Die Rute kann aus frisch geschnittenem oder auch schon trockenem Holz sein, oder man benützt einfach eine gewöhnliche Autoradio-Antenne, wie man sie in fast jedem Autozubehörgeschäft kaufen kann. Man sollte sich versichern, daß sie eine gewisse Biegsamkeit besitzt, doch nicht allzu flexibel ist. Mit anderen Worten, die Rute sollte sich, wenn sie waagerecht gehalten wird, am dünneren Ende nicht nach unten biegen.

Die Wichtigkeit der Erzeugung von Psycho-Energie

Wenn Sie die Ruten benützen, achten Sie darauf, daß Sie sie fest mit beiden Händen halten und waagerecht vor sich ausstrecken. Wichtig ist, daß alle Muskeln der Hände, Arme und Schultern angespannt sind. Versuchen Sie, die Muskeln auf der einen Seite gegen die entsprechenden auf der anderen Seite Ihres Körpers zu aktivieren. Das ist ein Weg, um Psycho-Energie zu erzeugen und zu lenken. Denken Sie daran: Die Kunst der Rutengängerei erfordert den Einsatz von Psycho-Energie, und je mehr Energie zur Verfügung steht, um so besser werden die Ergebnisse sein. Von diesem Punkt an gehen Sie ebenso vor wie mit dem Gabelast. Die Ergebnisse sind die gleichen.

Wie man das Pendel benützt

Dieselbe Kraft, nämlich Psycho-Energie, wird auch beim Gebrauch eines Pendels eingesetzt. Manche Rutengänger halten den Umgang mit ihm für leichter, während andere große Schwierigkeiten haben, damit genaue Resultate zu erzielen. Ein Pendel läßt sich auf verschiedene Weise herstellen. Wesentlich ist ein Faden oder eine Schnur mit einem Gewicht am Ende. Der Faden, die Schnur oder Kette sollte fünfzehn bis zwanzig Zentimeter lang sein. Gewöhnlich ist eine Länge von fünfzehn Zentimetern optimal, und das Gewicht sollte nicht zu groß sein. Eine Metallmünze, ein runder Radiergummi, ein Stück Holz oder Plastik wird in den meisten Fällen dieselben Dienste tun. Ein Gewicht von dreißig Gramm oder weniger reicht aus.

Das Pendel läßt sich auf vielerlei Weise halten, doch letztlich ist nur eines wichtig: Halten Sie die Hand ganz ruhig und spannen Sie zugleich die Muskeln so stark wie möglich an, jedoch nicht so stark, daß sie zittern. Nehmen Sie den Faden ganz am Ende zwischen Daumen und Zeigefinger oder zwischen den Daumen und Zeige- und Mittelfinger, halten Sie ihn etwa eine Schuhlänge vom Körper weg. Pressen Sie Finger und Daumen aneinander, damit Sie die zur Erzeugung von Psycho-Energie erforderliche Spannung herstellen. Wenn Sie das Pendel im Freien benützen, etwa auf dem Feld zur Suche nach Grundwasser, dann stehen Sie aufrecht mit etwa in Schulterhöhe ausgestrecktem Arm und abgewinkeltem Ellbogen, die Fingerspitzen nach unten und den Handrücken nach oben. In dieser Stellung sollten der Daumen, die Finger und alle Muskeln Ihrer Hand, des Handgelenks und des Arms fest angespannt sein. Wenn Sie an der Stelle, wo gesucht wird, umhergehen, bewegen Sie sich langsam und sorgfältig. Vermeiden Sie jedes Wackeln oder Schwingen des Pendels, und lassen Sie es ruhig und gerade von Ihren Fingern herabhängen. Dazu ist vielleicht einige Übung erforderlich.

Denken Sie daran, Sie müssen den Wunsch haben, Wasser – oder was auch immer – zu finden. Wenn Sie sich ihm nähern, wird das Pendel von selbst zu schwingen beginnen. Halten Sie Ihre Hand so ruhig wie möglich und versuchen Sie, seine Bewegung weder zu verzögern noch zu beschleunigen. Es soll sich von selbst bewegen. Manchmal wird es sich im Kreis bewegen, manchmal vor und zurück, gelegentlich von Seite zu Seite. Einmal beobachtet, wird die Pendelbewegung unmißverständlich sein und nie mehr mit zufälligem Wackeln oder Schwingen, das durch die Körperbewegungen bedingt ist, verwechselt werden können. Von diesem Punkt an gehen Sie genau so vor wie mit dem gegabelten Rutenstab. Die Methode ist die gleiche.

Noch einmal: Wenn Sie nach Öl suchen, müssen Sie an Öl denken und sich wünschen, Öl zu finden. Dieser Wunsch lädt die eingesetzte Psycho-Energie so auf, daß sie sich nur auf Öl einstimmt, so daß die Rute oder das Pendel sich nur bei der Anwesenheit von Öl bewegen wird. Dieselbe Energiekonzentration läßt sich auf einen anderen Gegenstand oder auch auf eine gesuchte Person richten. Man muß das Betreffende finden *wollen*, und wenn es da ist, wird Ihr Gerät das anzeigen.

Erfahrungen eines begabten Rutengängers

Zur Illustration möchte ich einige Erfahrungen eines begabten Rutengängers aus Portland, Maine, anführen. Sein Name ist Norman Leighton, und er beschreibt sie wie folgt (in „Dowsing in Down East Maine", *The American Dowser*, American Society of Dowsers, November 1967, Seite 18):

Bei meinem ersten Besuch auf Deer Isle, Maine, kam mein Gastgeber auf das Thema Rutengehen zu sprechen. Er wollte wissen, ob ich mit der Rute Himmelsrichtungen bestimmen könne, und ich sagte ihm, das wisse ich nicht, doch wolle ich es gern versuchen. Mein Gastgeber sagte: „Ich habe hier einen Feldmesserkompaß, mit dem ich Sie prüfen möchte. Sie waren noch nie auf der Insel, und so sind Sie mit den Wahrzeichen der Gegend nicht vertraut, und bei Nebel können Sie sich auch nicht an die Sonne halten. Also versuchen wir's mal."

Ich benützte meine Klapprute und erfragte zuerst die Richtung zum magnetischen Nordpol von ihr, erhielt die Antwort und gab sie an meinen Gastgeber weiter, der den Kompaß etwa 10 Meter entfernt auf den Boden gelegt hatte und darüberstand. Er sagte nichts. Dann erkundete ich die Richtung zum wirklichen Norden, erhielt die Antwort und gab sie weiter. Mein Gastgeber blickte höchst erstaunt drein. Er sagte: „Wie Sie das machen, weiß ich nicht, doch in beiden Fällen liegen Sie völlig richtig."

Hier eine zweite Erfahrung mit der Bestimmung von Himmelsrichtungen: „Ich war in einem sechs Meter langen Fischerboot mit einem Freund draußen vor Halfway Rock Lighthouse nahe der Einfahrt zum Portland-Hafen, als Nebel aufkam. Wir konnten keine 20 Meter weit in irgendeiner Richtung sehen. Ich hatte zufällig eine Rute bei mir, und da es nichts zu verlieren gab, erkundete ich die Richtung zur Landestelle an der dem Meer zugekehrten Seite von Chebeague Island, und wir steuerten nach der Auskunft der Rute das Boot. Von Zeit zu Zeit prüfte ich während der Heimfahrt, ob wir nicht abgetrieben worden waren oder unbewußt den Kurs geändert hatten. Nach ungefähr vier oder fünf Meilen kamen wir aus dem Nebel heraus, und direkt vor uns in ungefähr einer halben Meile Entfernung war der Landeplatz."

Ehe wir uns vom Pendel abwenden, möchte ich noch einige Anregungen beifügen, die Kate Payne, ein hochbefähigter Rutengänger in Ithaca, New York, gibt:

1. Halten Sie Ihr Pendel richtig, das heißt so, daß bei abgebogenem Handgelenk der zwischen Zeigefinger und Daumen gehaltene Faden frei direkt nach unten hängt. Manchmal hilft es, die letzten drei Finger wie Antennen auszustrecken.

2. Tragen Sie Ihr Pendel vor Gebrauch mindestens eine Stunde lang in der Tasche oder in Körpernähe. Benützen Sie es anfangs nur während kurzer Zeitspannen. Lassen Sie es von niemand anderem benützen, denn es sollte nur Ihre eigenen Schwingungen aufnehmen. Wenn Sie sich nicht wohl fühlen, dann versuchen Sie nicht zu pendeln, sondern warten Sie, bis Sie wieder in Ordnung sind.

3. Wenn Sie über einer Karte pendeln (mehr darüber später), dann können Sie den Ellbogen auf den Tisch stützen oder auch nicht, ganz nach Belieben.

4. Ihr Körper ist ein Magnet. Er hat eine positive und eine negative Seite. Kreuzen Sie nicht die Hände, Arme oder Füße bei Arbeiten mit dem Pendel, um nicht den Strom zu neutralisieren.

5. Halten Sie anfangs den Faden kurz und lassen Sie ihn dann nach und nach weiter aus den Fingern gleiten.

6. Testen Sie, welches Ihre positive Schwingungsseite ist. In den meisten Fällen ist es die rechte, und die linke Seite ist die negative. Nehmen Sie die Knie auseinander und halten Sie das Pendel ungefähr 20 Zentimeter über das eine und später dann über das andere. Gewöhnlich wird über dem rechten Knie das Pendel im Uhrzeigersinn (also positiv) schwingen und über dem linken Knie in der entgegengesetzten Richtung. Es gibt aber Ausnahmen, und es wäre interessant festzustellen, ob Sie eine solche Ausnahme sind. Zwischen den Knien wird das Pendel nicht kreisen, sondern hin- und herzittern oder pendeln.

7. Sie können den Zeigefinger der Hand, die nicht das Pendel hält, als Zeiger oder Antenne benützen. Deuten Sie damit auf das Versuchsobjekt.

8. Sie können wie folgt Positiv und Negativ testen: Lassen Sie das Pendel aus der rechten Hand über eine neutrale Stelle wie etwa einen Holztisch herabhängen. Es sollte dann ziemlich ruhig sein. Dann berühren Sie den positiven Pol eines Stab- oder Hufeisenmagneten mit dem Mittelfinger Ihrer linken Hand. Das Pendel sollte dann im Uhrzeigersinn kreisen. Nehmen Sie den Finger weg, legen Sie ihn auf den negativen Magnetpol und beobachten Sie, wie sich die Schwingung auf Negativ verändert, das heißt, entgegengesetzt dem Uhrzeigersinn. Beobachten Sie die leichte Verzögerung, wenn die Kraft durch Ihre Nervenkanäle von der linken zur rechten Hand geht. Dieselben Ergebnisse lassen sich auch mit einer Trockenbatteriezelle aus einem Blitzlichtgerät erzielen.

9. Das Pendel wird über gesundem Gewebe kreisen und über geschädigtem oder krankem hin- und herschwingen. Auf diese Weise ist es manchmal möglich, eine innere Verletzung zu lokalisieren, die äußerlich nicht sichtbar ist.

10. Nach einiger Übung werden Sie feststellen, daß Ihr Pendel zu einem sehr persönlichen, vertrauten Gegenstand wird, der Ihnen auf viele Weise hilfreich sein wird. Sie können damit Nahrungsmittel testen. Die für Sie bekömmlichen lösen im Pendel positive Kreisschwingungen aus und nicht bekömmliche negative, während Hin- und Herschwingen nichts besagt.

Diese vorzüglichen Anregungen von Kate Payne sind auf eigene Erfahrungen aufgebaut. Wie schon von ihr gesagt, wird das Pendel zu einem sehr persönlichen Instrument, wenn es oft benützt wird und von dem, der es gebraucht, bei sich getragen wird. Doch werden seine Reaktionen auch insofern persönlich sein, als es für Sie anders als für mich anzeigt. Wenn Sie also ein Pendel benützen, dann sollten Sie sich mit seinen Bewegungen und deren Bedeutung vertraut machen. Es kann so zum Dolmetschen für Ihr Bewußtsein werden und erstaunliche Informationen vermitteln, die Ihre Psycho-Energie bewirkt.

Weitere Pendeltechniken

Die meisten Pendler sind krasse Individualisten. Sie haben ihre Fertigkeiten erlangt, indem sie sich und ihre Instrumente oft getestet haben, und deshalb sind sie sich ihrer Fähigkeit nicht sehr sicher. Nicht viele können einleuchtend erklären, wie sie das Wasser oder Öl finden, doch sie finden es mit erstaunlicher Häufigkeit und können mit noch erstaunlicherer Sicherheit den genauen Ort angeben. Noch wenigere gibt es, die eine richtige Vorstellung von den wirksamen Kräften haben, und so sind die sensitiven Analysen einer Kate Payne oder eines Raymond Willey aus Schenectady, einem weiteren guten Rutengänger, um so wertvoller, weil so selten.

Psycho-Energie – das Geheimnis aller Techniken

Weil die meisten Rutengänger und Pendler ihre Befähigung durch ausdauernde Bemühungen erlangten, übersehen sie leicht die Tatsache, daß fast jeder Mensch in gewissem Grad wunderbare Fähigkeiten besitzt. Die Erfahrungen der Marinesoldaten im Vietnam und in ihren hiesigen Ausbildungslagern haben das bewiesen. Auch Hanson Baldwin, der einen Artikel für die New York Times (13. Oktober 1967) über die Arbeit der Marinesoldaten im Bereich des Rutengehens schrieb, stellte fest, daß er selbst schon beim ersten Versuch versteckte

Tunnel lokalisieren konnte. Ich bitte Sie, es selbst einmal zu versuchen. Denken Sie daran, daß das Geheimnis, hinter das zu kommen viele erfahrene Rutengänger so lange Zeit brauchten, in der Energiezufuhr besteht, in der Zufuhr an Psycho-Energie, die erforderlich ist, um beste Resultate zu erzielen.

Bisher haben wir über Rutengehen im Freien gesprochen, sozusagen vor Ort. Nun aber möchte ich Ihnen eine andere Technik beschreiben, nämlich das Rutengehen auf Entfernung oder Pendeln über Landkarten. Der zur Verfügung stehende Platz wird nur einen allgemeinen Umriß zulassen; wer an eingehenden Erläuterungen und einem Lehrgang in dieser Methode interessiert ist, dem empfehle ich die einschlägigen Schriften von Raymond C. Willey, 959 Norwood Avenue, Schenectady, N. Y. 12303, die preisgünstig bezogen werden können.

Rutengehen auf Entfernung

Rutengehen auf Entfernung oder „Searching", wie Ray Willey es nennt, kann vom Rand des Feldes oder eines zu erforschenden Gebietes aus erfolgen, auch ebenso über einer Landkarte, auch wenn man sich meilenweit entfernt von der Stelle befindet. Zunächst erscheint dies unmöglich, ja lächerlich, doch das Gewicht der Tatsachenbeweise spricht dafür, daß es doch möglich ist und in aller Welt auch geschieht. Sogar bestimmte erfolgreiche Rutengänger betrachteten Rutengehen nach der Landkarte so lange mit Skepsis, bis sie es schließlich ausprobierten und sich von ihrem eigenen Erfolg überzeugen ließen.

Bei der üblichsten Art wird das Pendel benützt. Es kann so verwendet werden, daß es einfach auf Fragen mit „JA" oder „NEIN" antwortet. Gewöhnlich bedeutet ein Vor und Zurück, also weg vom Körper und auf ihn zu, „JA", während eine Querbewegung von Schulter zu Schulter „NEIN" bedeutet. Das Pendel zeigt auch die Richtung. Der Rutengänger steht am Rand des Feldes und stellt eine Frage, die ziemlich kompliziert sein kann, wie: „In welcher Richtung ist das nächste verfügbare Trinkwasservorkommen, das mindestens 15 Gallonen je Minute liefert?" Wenn das Wasser vorhanden ist, antwortet das Pendel durch Vor- und Zurückschwingen in einer Richtung, die markiert wird. Darauf stellt man sich an einen Platz, der dreißig Meter oder mehr vom ursprünglichen Standpunkt entfernt ist und sich im rechten Winkel zur Richtung des Pendelausschlags befindet und wiederholt die Frage. Die Antwort des Pendels ergibt dann eine zweite Linie, welche die erste an irgendeinem Punkt kreuzt, der, wenn es gut geht, innerhalb des Gebietes liegt, in dem das Wasser gesucht wird. Das Gebiet um den Schnittpunkt dieser Linien sollte dann auf die konventionelle Art und Weise getestet und der Brunnen an der angezeigten Stelle gegraben werden.

Das Rutengehen mittels Landkarten erfolgt auf ähnliche Weise. Der Rutengänger, der eine Landkarte vor sich liegen hat, sagt am besten laut: „Ich bin auf dieser Karte am Punkt X. In welcher Richtung werde ich das nächste trinkbare Wasser finden?" Das über die Karte gehaltene Pendel beginnt zu schwingen und zeigt an, in welcher Richtung von Punkt X sich das Wasser befindet. Nachdem man eine gerade Linie durch Punkt X in die angezeigte Richtung gezogen hat, wird der Vorgang von einem anderen Standpunkt aus (Punkt Y) wiederholt. Dann wählt man einen dritten Punkt, und wenn alle drei Linien an einem Punkt zusammentreffen, dann steht mit ziemlicher Sicherheit fest, das gewünschte Wasservorkommen dort zu finden.

Das Suchen nach Öl

Bisher war die Wassersuche das Hauptthema, abgesehen von ein paar kurzen Bezugnahmen auf andere Anwendungen. Nun will ich Ihnen zunächst von der Erfahrung eines Rutengängers berichten, der für einige Freunde ein Gebiet absuchte und berichtete, daß dort kein Öl zu finden sei. Er hieß Ralph Rafferty aus Lakeview, Ohio, und schreibt folgendes (in „Oil Dowsing", *The American Dowser*, American Society of Dowsers, Februar 1968, Seite 20):

„Einige Freunde von mir bohrten auf einer Farm für eine größere

Ölgesellschaft nach Öl und baten mich um meine Meinung. Ein anderer Rutengänger und ich nahmen eine gleichzeitige Untersuchung vor, er mit ihrer elektronischen Ausrüstung, ich mit meiner Rute. Mein Ergebnis lautete: Kein Öl. Seine Geräte gaben an der Stelle jedoch eine hohe Anzeige. Sie hatten schon zu bohren angefangen und fuhren, ermutigt durch das elektronische Prüfgerät, damit fort. Bei 230 Metern stießen sie auf Salzwasser. Ich hatte nie von Salzwasser in dieser Tiefe im westlichen Ohio gehört. Der Brunnen wurde bis zu einer Tiefe von 650 Metern gebohrt, und als man kein Öl fand, verspundete man den Brunnen und gab die Sache auf.

Sie verbrachten damit vier Monate und gaben eine Menge Geld aus, das man sich hätte sparen können. Meiner Meinung nach registrierten diese elektronischen Geräte das Salzwasser, sicher ein nicht zu erwartender Zufall, da man in diesem Gebiet nicht damit rechnet."

Elektronik gegen Wünschelrute

Elektronische Geräte und Psycho-Energie brachten also in diesem Fall widersprüchliche Ergebnisse. Die Ölsucher bohrten, weil die modernen wissenschaftlichen Ölsuchgeräte anzeigten, daß an dieser Stelle Öl zu finden sei. Nun wurden zwar schon viele trockene Brunnen an Stellen gebohrt, wo Öl angezeigt wurde, das Wesentliche in diesem Fall ist, daß der Rutengänger seine natürliche Fähigkeit nützte, eindeutig feststellte, daß man kein Öl finden würde und seinen Freunden davon abriet, weiterzubohren.

Die gleiche Methode für Öl und Wasser

Öl wird von einem Rutengänger auf dieselbe Weise lokalisiert wie Wasser. Er denkt einfach an Öl und fragt, wo in unmittelbarer Nähe Öl gefunden werden kann. Gewöhnlich wird vorher eine Landkarte zu Rate gezogen und die Frage gestellt: „Ist an einem Ort auf dieser Karte Öl in wirtschaftlich interessanten Mengen zu finden?" Wenn das

Pendel „Ja" sagt, wird eine bestimmte Stelle auf der Karte ausgewählt und die Frage gestellt: „In welcher Richtung von diesem Ort aus befindet sich das Ölvorkommen?" Dann pendelt man eine weitere Linie zur Dreiecksbildung aus und vielleicht eine dritte und vierte zur Bestätigung.

Wie die Tiefe festgestellt wird

An diesem Punkt sollte die Suche auf dem Ölfeld selbst fortgesetzt werden, wo man das Pendel oder die Rute verwenden kann. Sie werden genau die Stelle anzeigen, unter der das Öl zu finden ist, doch nicht, wie tief unter der Erde es sich befindet. Man kann jedoch bestimmte Fragen stellen, wie zum Beispiel: „Zeige die Stelle an, unter der Öl nicht tiefer als 150 Meter zu finden ist." An Orten, wo die gesuchte Substanz vermutlich dicht unter der Oberfläche zu finden ist, wie im Fall von Wasser, stellt man sich unmittelbar über den Platz, wo man zu bohren gedenkt, und sagt: „Ich schreite nun eine Strecke von diesem Punkt aus ab. Gib Anzeige, wenn die Strecke so lang ist wie die Tiefe, in der sich das Wasser befindet." Dann schreitet man langsam eine Strecke ab und hält das Pendel oder die Rute vor sich. An einem Punkt wird das Pendel oder die Rute ausschlagen, und die zurückgelegte Strecke entspricht der Tiefe des Wassers.

Wie man verlorene Dinge und vermißte Menschen sucht

Geübte Rutengänger verstehen viel von Grundwasserströmungen, Ölfeldern und Mineralvorkommen, und sie haben entdeckt, daß sie mit ihren Fähigkeiten auch verlorene Dinge und gelegentlich vermißte Menschen finden können. Ein Rutengänger in Dover-Foxcraft, Maine, hat unter dem Eis eines gefrorenen Flusses die Leichen von zwei seit mehreren Tagen vermißten Jungen gefunden. Niemand hatte eine Ahnung, was mit ihnen los war, doch dieser Rutengänger zog den Fluß in Erwägung und suchte dort. Die Polizei hackte an der ersten angegebenen Stelle das Eis auf und fand gleich unter der Öffnung die in einen Felsen verkeilte Leiche des einen Jungen. Der andere wurde nicht sofort entdeckt, und der Rutengänger machte einen zweiten Test. Er erhielt Hinweise auf eine weit flußabwärts gelegene Stelle, wo die Leiche dann auch gefunden wurde. Sie war zwischen dem ersten und zweiten Test von der Strömung weitergetragen worden.

Alles läßt sich mit der Rute finden

Mit der Rute läßt sich offenbar alles finden. Sie brauchen nur genau zu wissen, was Sie finden wollen, es sich bildlich klar vorzustellen und es sehnlichst zu wünschen. Alles weitere hängt nur davon ab, wie schnell Sie die erforderliche Psycho-Energie konzentrieren können. Manche haben sofort Erfolg damit. Ich kannte einen zehnjährigen Jungen eines Nachbarn, der auf Anhieb vorzügliche Resultate erzielte, nachdem man ihm nur gesagt hatte, was zu tun sei. Er ging heim und setzte seine Eltern in Erstaunen, indem er Münzen auffand, die sein Vater um das Haus herum versteckt hatte. Das war ein herrliches Spiel, das alle in Erstaunen versetzte, und es dauerte so lange, bis der Vater keine Münzen mehr hatte.

Zuversicht – der Schlüssel zu erfolgreichem Rutengehen

Obwohl fast jedem die Fähigkeit zum Rutengehen angeboren ist, erlernen die meisten diese Kunst nur langsam. Es ist weitgehend eine Frage der Zuversicht. Die Menschen betrachten diese neue und seltsame Methode mit Mißtrauen. Sie sind bei den ersten Versuchen in der Regel zaghaft und unsicher, und so sind die Ergebnisse natürlich nicht sehr eindrucksvoll. Wenn Sie Interesse haben – und das sollte der Fall sein –, dann lernen Sie schneller, wenn Sie einen erfahrenen Rutengänger als Lehrer haben. Lassen Sie ihn einen „Fund" demonstrieren, und wenn Sie dann wissen, wo sich der Gegenstand befindet, versuchen Sie das Ganze selbst zu wiederholen. Sein Erfolg sollte Sie mit Zuversicht erfüllen und Sie sollten sich bemühen, die von ihm vorgeführte Technik nachzuahmen. Es gibt jedoch viele gute Rutengänger, die nie einem anderen bei der Arbeit zugesehen und ihr ganzes Wissen und Können durch Versuche erworben haben.

Die Rutenmethode in der Raumforschung und im Krieg

In der *London Times* vom 11. Dezember 1967 findet sich eine Geschichte eines kompetenten Rutengängers namens R. A. E. Major. Der Verfasser, der wohl teils beeindruckt, teils ziemlich verwirrt war, flüchtete sich in den etwas ironischen Stil, den viele Zeitungsleute verwenden, wenn sie mit etwas konfrontiert werden, was sie nicht recht begreifen. Sein Artikel lautet:

Sehr komplizierte Situationen haben schon immer einen Mann mit zwei Schnurenden, ein paar Hölzchen und einem „Dingsda" gebraucht. Die Satellitensuchstation der Royal Aircraft in Lasham, Hampshire, macht dankbar Gebrauch von den Freizeitfertigkeiten von Major Harold Spary, 62.

Major Spary, der nach seiner Pensionierung als Lagerverwalter dieser Station arbeitet, ist Rutengänger, also einer von jenen imponierenden Leuten, zu deren Talenten es gehört, unterirdische Wasserläufe auszukundschaften. Seine Spezialität ist das Lokalisieren von Rohrleitungen. Wann immer die Royal Aircraft-Station Aushubarbeiten vorhat, wird zuerst Major Spary herbeigerufen. Während ausgebildete Techniker in einem Wirrwarr von Elektronik ringsum sein spartanisches Blockhaus in der kärglichen Landschaft den Himmel nach kreisenden Satelliten absuchen, hält Major Spary mit ein paar selbstgebastelten Wünschelruten Ausschau nach unterirdischen Rohren.

Langsam bewegt er sich voran, seine fein ausbalancierte Antenne zitternd und schwingend vor sich. „Hier graben Sie nicht, da stoßen Sie auf ein Kabel", rät er. Die Stelle wird markiert, und er geht weiter. Er hat schon oft herausgefunden, wo Kabel und Wasserleitungen verlaufen, und es heißt, er habe sich noch nie getäuscht. Wenn das stimmt, dann dürfte er der Royal Airforce-Station viele hundert Pfund erspart haben.

Die Pioniere setzten ihn im Krieg in Nordafrika ein, als sie eine Rohrleitung von Benghasi nach Derna legten, und nach dem Krieg, als sie neue Kabel zu Geschützstellungen an der Südküste verlegten. Auf die Frage, ob er auch Minen hätte entdecken können, sagte er: „Die haben die Gewohnheit, Sie zuerst zu entdecken."

„Jeder kann das", sagt er, „wenn er nur daran glaubt. Doch wie es funktioniert, fragen Sie mich besser nicht. Es muß etwas mit dem Druck im Körper zu tun haben."

„Ich sehe nicht ein, weshalb ich nicht imstande sein sollte, eine Leiche oder sonst etwas unter der Erde zu finden. Ich erfreue Kinder damit, unter Matten versteckte Pennies zu finden." Er hat auch eine Wünschelrute aus Walbein, mit der er unterirdische Wasseradern entdeckt und die ihm in der nordafrikanischen Wüste äußerst nützlich war, die sich hier aber schlecht im Einsatz zeigen läßt, weil man ja nicht Flugplätze aufgraben kann, um zu beweisen, daß es stimmt. Der Major, Witwer, lebte in Ropley, Hampshire, bei seiner Tochter, die pendelt und behauptet, sie könne das Geschlecht noch nicht ausgeschlüpfter Küken bestimmen. Er kam mit vierzehn zur Armee und blieb ihr vierzig Jahre treu. Er kämpfte unter Ordre Wingate und hat in fast allen Weltteilen gedient. Vielleicht wird er demnächst anfangen, Satelliten zu orten. Dann können sie in Lasham eine Menge elektronischer Geräte in den Mülleimer werfen.

Dieser kurze Artikel über Major Spary ist nur einer von Hunderten, die jedes Jahr über Rutengänger und Rutengehen in verschiedenen Publikationen erscheinen. Mehr und mehr öffentliche Aufmerksamkeit wird auf diese Manifestationen der Psycho-Energie gelenkt, die sich bei so zahlreichen Menschen findet. Das Rutengehen ist eine Technik, die sich leicht erlernen läßt und die ein „Gefühl" für Psycho-Energie gibt und das Vertrauen vermittelt, sich auch an schwierigere Experimente heranzuwagen. Warum es also nicht versuchen?

Hier noch einige Hinweise dafür:

Wie man eine vermißte Person findet

1. Man benützt ein Pendel wie oben beschrieben.
2. Halten Sie es fest zwischen Zeigefinger und Daumen der rechten Hand und spannen Sie Ihre Muskeln leicht an!
3. Stützen Sie Ihren rechten Ellbogen auf einen Tisch, auf dem sich keine sonstigen Gegenstände befinden, und lassen Sie das Pendel vor sich herabhängen.
4. Dann fragen Sie laut: „Ist XY (den Namen des Vermißten nennen) am Leben?" Eine Bewegung des Pendels vor und zurück, das heißt von Ihnen weg und auf Sie zu, bedeutet „Ja". Seitliche Bewegung von Schulter zu Schulter heißt „Nein".
5. Dann stehen Sie auf und sagen laut: „Befindet er (oder seine Leiche, falls man annimmt, daß er tot ist) sich in der Richtung, in die ich schaue?" Halten Sie das Pendel wie zuvor fest zwischen Daumen und Zeigefinger der rechten Hand. Beugen Sie den rechten Ellbogen, so daß das Pendel etwa in Herzhöhe vor Ihnen hängt.
6. Wenn die Antwort „Nein" lautet, drehen Sie sich ein Stückchen, vielleicht einen Achtelkreis, und wiederholen Sie die Frage.
7. Wenn die Antwort „Ja" lautet, bleiben Sie in dieser Richtung stehen und versuchen die Entfernung festzustellen.
8. Fragen Sie zuerst: „Befindet er sich weniger als hundert Kilometer von hier?" Wenn die Antwort „Nein" lautet, ändern Sie die Frage ab auf 200 Kilometer und so weiter, bis Sie eine „Ja"-Reaktion bekommen.
9. Wenn Sie eine „Ja"-Antwort auf die 100-Kilometer-Frage bekommen, dann fragen Sie: „Befindet er sich näher als 50 Kilometer?" Verringern Sie die Entfernung stufenweise, bis Sie die genaue Distanz finden.
10. Nun wissen Sie die Richtung und die Entfernung. Begeben Sie sich zu dem betreffenden Ort und erkunden Sie dort mit dem Pendel auf die gleiche Weise die Richtung und die Entfernung. Dort fragen Sie jetzt nicht nach Kilometern, sondern nach Metern.

Wenn Sie annehmen, daß der Gesuchte sich nur an einen entfernten

Ort begeben hat, können Sie eine Karte benützen. Sind Richtung und Entfernung bestimmt, nimmt man eine Ortskarte bzw. eine Karte mit großem Maßstab. Befindet man sich zum Beispiel in New York und hat festgestellt, daß sich der Gesuchte in Miami aufhält, so nimmt man eine Straßenkarte von Miami und Miami Beach und geht folgendermaßen vor:

1. Sagen Sie: „Ich stehe an der 79., Street Causeway, wo sie nach Miami Beach hineinführt, und schaue nach Westen den Causeway hinunter. Befindet er sich in dieser Richtung?"

2. Von diesem gewählten Standort aus ändern sie ganz allmählich die Richtung, nach der Sie fragen, bis ein Ja kommt. Dann können Sie die Entfernung bestimmen, und wenn auch diese bekannt ist, halten Sie das Pendel über die Karte und sagen: „Wenn ich dieses Pendel genau über die Stelle halte, wo er sich befindet, soll es positive Kreisbewegungen machen."

3. Am besten führt man diesen Teil des Experiments zwischen 2 und 3 Uhr nachts aus, um sicher zu sein, daß der Gesuchte daheim ist. Das Pendel wird nämlich den Betreffenden dort anzeigen, wo er sich gerade aufhält, wenn die Frage gestellt wird, und er könnte auch bei der Arbeit, beim Essen oder zu Besuch bei jemand sein oder dergleichen.

Etwa genauso geht man vor, wenn ein verlorener Gegenstand gesucht wird. In diesem Fall wird die Entfernung wohl nicht sehr groß sein, also fängt man mit 50 Metern statt 50 Kilometern an. Wichtig ist, daß man den Gegenstand bildlich klar vor sich sieht, während man fragt, wo er sich befindet. Ein undeutliches oder wechselndes Bild genügt nicht, da man dann auch ein undeutliches Ergebnis bekommt.

Noch ein Rat: Machen Sie drei tiefe Atemzüge, bevor Sie mit einem Experiment beginnen, und wenn es lange dauert, wiederholen Sie diese Atemübung, um „Ihre Batterien wieder aufzuladen".

7. Kapitel

Wie Sie mit Psycho-Energie frühere Leben erkunden können

Eine der bemerkenswerten Gaben der Psycho-Energie ist die Fähigkeit, Gesichter aus vergangenen Leben zu sehen – bei anderen und im Spiegel bei sich selbst. Das bringt uns auf die Idee der Reinkarnation, den Glauben, daß wir immer und immer wieder leben. Diese Vorstellung ist für den durchschnittlichen westlichen Menschen nicht leicht zu akzeptieren, doch für die Hälfte aller Menschen auf dieser Erde ist es eine gegebene Tatsache. Ebenso sicher, wie sie wissen, daß sie vor dem jetzigen Leben schon oft gelebt haben und daß noch viele Inkarnationen vor ihnen liegen.

Eine Reinkarnationserfahrung

Als Kinder und Heranwachsende akzeptieren wir ohne Fragen, was unsere Eltern und Zeitgenossen glauben. In der christlichen Welt, womit die westliche Zivilisation im allgemeinen gemeint ist, wird jedem beigebracht, daß wir nur ein Leben haben, das gegenwärtige. Als mir zum ersten Mal der Reinkarnationsgedanke dargelegt wurde, konnte ich ihn nicht akzeptieren, und erst, als ich meine persönliche Erfahrung hatte, die ich jetzt schildern möchte, hat sich meine Einstellung dazu verändert. Das Seltsame an einem in der frühen Kindheit tief eingepflanzten Glauben ist, daß er sich selten durch vernünftiges Argumentieren ändern läßt. In der Regel ist man nur durch eine wirkliche Erfahrung zu überzeugen.

Das war auch in meinem Fall so. Man riet mir mit einem Spiegel zu experimentieren – auf eine Weise, die ich später in diesem Kapitel genauer erläutern werde. Ich befolgte die Anweisungen und starrte, nachdem ich mich bequem hingesetzt hatte, gespannt auf mein Spiegelbild. Nach etwa drei Minuten begann das Bild sich zu kräuseln und zu verschwimmen, ganz ähnlich, als ob ich in einen Teich blickte, in den man einen Stein geworfen hat.

„Das ist die Ermüdung der Augen", sagte ich mir und zwinkerte ein paarmal, um klaren Blick zu bekommen. Zu meiner Überraschung verzerrte sich das Bild gleich wieder, und als ich weiter hinschaute, sah ich, daß sich die Umrisse meines Gesichts veränderten. Aus dem Gesicht eines jungen Mannes von dreiunddreißig Jahren mit vollem braunem Haar wurde das Gesicht eines viel älteren Mannes. Das Haar wich zurück, so daß die Vorderseite des Kopfes kahl wurde und nur eine graue struppige Strähne im Nacken und an den Seiten blieb. Die Kinnbacken wurden voller, das Gesicht breiter, die Haut fahler, und ein ungepflegter grauer Bart sproß aus Kiefer und Kinn.

Ich war entsetzt. „Bin ich das?" dachte ich. „Wenn ja, wann? Wer war das? War ich so ein häßlicher alter Mann?" Nur wenige Jahre später, als ich meine Studien fortsetzte, fand ich mehr über diesen Menschen heraus, der vor so vielen, vielen Jahren gelebt hatte. Und mir wurde klar, daß er, so häßlich er mir damals erschien, dennoch einen tiefen und wohltätigen Einfluß auf mein gegenwärtiges Leben und meine jetzigen Fähigkeiten hatte.

Ein Beweis für Reinkarnation

Es gibt genug Beweise für die Reinkarnation, doch die meisten westlichen Menschen lehnen selbst Beweise ab. Dr. Ian Stevenson, Arzt und Leiter der Abteilung für Neurologie und Psychiatrie an der medizinischen Fakultät der Universität von Virginia, veröffentlichte kürzlich ein Buch mit dem bescheiden klingenden Titel „Zwanzig Fälle, die auf Reinkarnation hindeuten". Diese zwanzig Fallgeschichten stehen jedoch für Hunderte von ihm erforschte Fälle in weit auseinander liegenden Gebieten, wie Indien, Ceylon, Brasilien,

Alaska, Libanon und auch in den Vereinigten Staaten. Jede Geschichte in diesem Buch belegt die höchst unpersönliche wissenschaftliche Art, auf die Dr. Stevenson bei persönlichen Interviews mit den Betreffenden, ihren Familien und anderen Zeugen und in einigen Fällen auch bei der Durchsicht von Gerichtsakten vorging. Diese Beweise sind sehr eindrucksvoll und werden jeden aufgeschlossenen Menschen überzeugen. Dennoch lehnen viele sie ab, meist ohne das Buch richtig gelesen zu haben. Mir ist deshalb völlig klar, daß die Behauptung, es gebe mehrere Leben, vom westlichen Durchschnittsmenschen gewöhnlich ohne weitere Erwägung abgelehnt wird. Nur eine persönliche Erfahrung kann hier überzeugen. Aus diesem Grund füge ich am besten einen kurzen Abschnitt über eine wenig bekannte, doch recht wichtige menschliche Fähigkeit ein, die sich durch Psycho-Energie entwickeln läßt: die Fähigkeit, zu sehen, wie man selbst oder andere in bestimmten früheren Leben ausgeschaut haben.

Eine Technik, in vergangene Leben zu schauen

Hier ist die Technik: Erstens entspannen Sie sich. Wenn Sie in irgendeiner Weise körperlich angeregt oder gefühlsmäßig gestört sind, werden Sie keine Resultate erhalten. Es ist fast so, als wolle man den Boden eines Sees sehen, wenn die Oberfläche durch Wind aufgewühlt oder das Wasser schmutzig ist. Warten Sie also mit dem Versuch, bis Sie völlig entspannt und ganz ruhig sind. Zweitens laden Sie sich mit zusätzlicher Psycho-Energie auf. Die einfachste Methode habe ich Ihnen schon gesagt, nämlich fünf tiefe Atemzüge nach dem Einatmen, Luft anhalten und bis zehn zählen, und dann langsam bis fünfzehn zählend – immer im gleichen Rhythmus – ausatmen. Entspannt und mit Energie aufgeladen, sind Sie nun bereit.

Drittens: Wenn Sie dieses Experiment mit sich selbst machen wollen, vergewissern Sie sich, daß Sie allein sind und keine Störung zu erwarten ist. Dann stellen Sie einen großen Spiegel, wenigstens 25 mal 20 Zentimeter, auf einen Tisch oder ein Pult vor sich, setzen sich davor auf einen Stuhl mit gerader Rückenlehne, nachdem Sie alle Lichter außer das einer Kerze gelöscht haben. Diese sollte links vom Spiegel innerhalb Ihres Gesichtsfeldes brennen. Viertens: Nehmen Sie sich zusammen, schauen Sie sich konzentriert im Spiegel an und sagen Sie sich: „Ich möchte gern sehen, wie ich in einem meiner früheren Leben ausgeschaut habe." Während Sie sonst ganz entspannt bleiben, strengen Sie die Augen leicht an, während Sie direkt in den Spiegel blicken. Wenn Sie dabei eine leichte Neigung zum Schielen feststellen, ist das in Ordnung. Versuchen Sie, in den Augen selbst eine Spannung herzustellen und aufrechtzuerhalten. Zunächst werden Sie in der Regel feststellen, daß der Spiegel eine Neigung hat, sich zu bewölken und Ihr Bild zu verdunkeln beginnt. Das tritt blitzartig in Erscheinung und verändert sich rasch. Als nächstes kann ein Schimmer im Spiegel erscheinen, fast als ob man in einen wellenbedeckten Teich schaut. Das ist ein Zeichen für die Aktivität Ihrer Psycho-Energie auf den subtilen Schwingungen der chemischen Kristalle der Luft. Dann wird sich manchmal allmählich und manchmal ganz schnell Ihr Bild verändern. Oft beginnt die Neubildung nicht bei den Gesichtszügen, sondern bei Einzelheiten der Haartracht und Kleidung. Der eigentliche Charakter wird sich fast nicht wahrnehmen lassen und auf völlig unerwartete Weise verändern. Selten wird Ihr Gesicht so bleiben, wie es jetzt ist. Dieses Experiment sollten Sie nicht zu lange ausdehnen, weil es die Augen anstrengt. Zehn Minuten sollten ausreichen.

Die wahre Natur dieses Experiments

Es handelt sich dabei nicht um psychisches Sehen oder um das, was üblicherweise Hellsicht genannt wird, sondern um wirkliches Sehen mit leiblichen Augen unter Benützung der Sehnerven. Die auf Anforderung hin wirksam werdende Psycho-Energie stimuliert die Sehzentren auf eine Weise, daß durch geringfügige zusätzliche Anstrengung, als versuche man, durch Nebel oder auf weitere Entfernung zu sehen, eine neue Dimension in den Bereich Ihrer normalen Sehfähigkeit tritt. Diese Erfahrung kann sehr überzeugend wirken. Versuchen Sie es einmal.

Ich möchte noch erwähnen, daß es keine Autosuggestion ist. Wenn Sie sich selbst gegenüber ehrlich sind, werden Sie wissen, daß Sie das wahrgenommene Gesicht vorher nicht gekannt haben. Es kann angenehm oder schwer klassifizierbar sein. Oder es kann edel und interessant oder auch schreckerregend sein. Auf jeden Fall werden Sie etwas Fremdes sehen, etwas, das Sie überhaupt nicht erwartet haben.

Versuche mit anderen

Nachdem Sie das Experiment mit sich selbst gemacht haben, versuchen Sie es mit einer anderen Person. Sorgen Sie dafür, daß Sie beide allein sind. Wenn andere dabei sind, können sie das Wirken der Psycho-Energie beeinflussen und entweder ein verfälschtes Ergebnis hervorrufen oder das Ganze unmöglich machen. Reduzieren Sie die Beleuchtung auf eine einzige abgedunkelte Lampe oder eine Kerze, die links von Ihnen innerhalb Ihres Gesichtsfeldes brennt, wenn Sie der anderen Person gegenüber sitzen. Setzen Sie sich in einem Abstand von einem bis eineinhalb Metern direkt gegenüber und schauen Sie sich gegenseitig an. Wenn Sie und Ihr Versuchsobjekt völlig entspannt sind, machen Sie die tiefen Atemzüge und schauen dann ruhig in die Augen des anderen. Sagen Sie laut oder auch still zu sich: „Ich möchte gerne sehen, wie diese Person in einem früheren Leben ausgesehen hat." (Wobei Sie am besten den Namen nennen). Dann konzentrieren Sie Ihren Blick und schauen Sie direkt in die Augen Ihres Gegenüber, nirgends sonstwohin. Wenn Sie Ihre Augen anstrengen und sogar ein wenig schielen, bemerken Sie das Flimmern, das gewöhnlich der Verwandlung vorangeht. Setzen Sie diese Konzentration nicht länger als zehn oder höchstens fünfzehn Minuten fort. Dann machen Sie Schluß und wiederholen den Versuch nicht, weder mit dieser noch einer anderen Person, ehe nicht mindestens eine Stunde vergangen ist.

Dies ist eine sehr alte Übung. Sie wurde von ägyptischen Priestern schon vor 2500 Jahren durchgeführt. Die Priester, die dem Pharao dienten, wurden oft gerufen, um Zeugen in Staats- und Rechtsangelegenheiten zu prüfen. Damals versuchte man nicht, die äußere Erschei-

nung in einem früheren Leben zu sehen, sondern die innere Erscheinung des zu Prüfenden. Wenn die Sitzung vorüber war, teilte der
Priester dem Pharao oder dem Gerichtshof vertraulich mit, ob der
Zeuge die Wahrheit gesagt hatte oder nicht, da sich auch dies mit dem
konzentrierten, durch Psycho-Energie verstärkten Blick feststellen
läßt. Die subtilen Veränderungen, die von den sehr gut ausgebildeten
Priestern beobachtet werden konnten, ließen auch auf den Gesund-
heitszustand und auf geistige Störungen schließen. Diese Priester
waren aufrichtige spirituelle Menschen, deren Fähigkeiten durch ihr
reines und Gott geweihtes Leben gesteigert wurden. Ähnlich sind es
auch heute die Menschen reinen Herzens, die Wohlgesinnten mit
gutem Willen, die weit dramatischerer Beweise dieser Gabe fähig sind,
obwohl fast jeder dieses Experiment anstellen und gute Erfolge
erzielen kann.

Persönliche Erfahrungen des Verfassers

Um das zu verdeutlichen, will ich ein paar eigene Erfahrungen
schildern. Ich saß beim Essen in einem überfüllten Restaurant, also
nicht gerade in bester Umgebung, und schaute diesem Mann direkt ins
Gesicht. Er war grauhaarig, mit einer rötlichen Gesichtsfarbe wie so
viele Engländer und Iren. Er erzählte mir, daß er vor kurzem eine
Übersetzung der Aphorismen des Patanjali festiggestellt habe und nun
ein Buch über diesen großen Mystiker schreibe, wobei er Zitate aus
seiner Philosophie einbeziehe. Während er sprach, versank die
Geräuschkulisse, und sein Gesicht begann sich zu verändern. Aus
einem Briten mit rötlicher Haut wurde ein schmalgesichtiger Asket mit
kakaobrauner Haut und sehr wenig Haar. Seine blauen Augen wurden
dunkelbraun und leuchteten von einem inneren Feuer. Im nächsten
Augenblick war alles wieder weg, doch in dieser kurzen Spanne sah
und erkannte ich, warum ihn Patanjali so begeisterte.

Ich unterbrach ihn und sagte ihm, was ich gesehen hatte. Zu meinem
Erstaunen veränderte sich sein Gesicht wieder. Es wurde breiter,
jünger und viel kraftvoller. Das Lächeln verriet das Vertrauen eines

Menschen, dem nie etwas mißlungen war, und er schien fast fröhlich zu lachen. Es war eine völlige Verwandlung. Innerhalb weniger Sekunden ging eine neuerliche Wandlung vor sich und der milde, gütige, sechzigjährige Gelehrte saß wieder vor mir, während das Stimmengewirr um uns wieder so betäubend klang wie zuvor.

Ich hatte diese Erfahrung nicht angestrebt; sie kam völlig unerwartet. Solche Episoden können gelegentlich geschehen, wenn man diese neue Fähigkeit erworben hat. Doch am Anfang ist es nötig, so vorzugehen, wie ich es beschrieben habe. Es kommt hin und wieder auch vor, daß sich statt einer Persönlichkeit aus einem früheren Leben eine etwas andere Manifestation zeigt, wie bei folgendem Beispiel:

Eine junge Frau von ungefähr 28 Jahren, Mutter von drei kleinen Kindern, bat mich um ein „Reading". Wir konnten uns nicht völlig zurückziehen, denn wir befanden uns in einem Raum mit vierzig anderen Personen, doch schließlich fanden wir eine nicht zu überfüllte Ecke. Ich bat sie, mir laufend alles zu sagen, was ihr einfiel, und währenddessen versuchte ich hinter die physische Erscheinung vor mir zu blicken.

Ganz plötzlich war sie ein Kind, ein kleines, etwa sechsjähriges Mädchen mit rundem Gesicht und ernsten dunklen Augen. Es dauerte ungefähr zwanzig Sekunden, viel länger als üblich. Dann begann die Frau, ohne daß es mir richtig bewußt wurde, plötzlich über ein philosophisches Thema zu sprechen, und ebenso schnell veränderte sich ihre Erscheinung. Ihr Gesicht war immer noch dunkel, doch anders frisiert, und sie schien um die fünfzig Jahre alt zu sein. Ihr Gesicht wurde schmaler, ernster und viel schöner, behielt aber etwas von dem ursprünglichen Aussehen bei. Nachdem ich das gesehen hatte, beendete ich die Sitzung. Nach kurzem Nachdenken wurde mir klar, daß ich sie nicht in ihrem früheren Leben gesehen hatte, sondern in zwei Perioden ihres gegenwärtigen Lebens, einmal als kleines Kind, in der Vergangenheit, und das andere Mal als reife Frau etwa zwanzig Jahre in der Zukunft.

Vielleicht sollte ich ein wenig mehr über Reinkarnation sagen. Zur Zeit Christi – und schon früher – nahmen alle denkenden und gebildeten Menschen und auch viele, die keine höhere Bildung hatten, als gegebene Tatsache hin, daß wir alle immer wieder in verschiedenen Körpern leben. Es gibt immer noch viele Bezugnahmen auf Reinkarnation im Alten wie im Neuen Testament, obwohl das Fünfte Konzil in Konstantinopel alle entsprechenden Stellen aus den Texten entfernen ließ und vierzehn seelenzerschmetternde Bannsprüche auf jeden schleuderte, der danach noch diesen Glauben zu lehren wagte oder daran festhielt. In verschiedenen Gesprächen zwischen Jesus und seinen Jüngern zeigen letztere ihre Neugier, wer er wohl in einem früheren Leben gewesen war. Als da gewisse Spekulationen aufkamen, er könnte der Prophet Elias gewesen sein, berichtigte er sie sogleich (Matthäus Kapitel 16, 14 und 17, 10-13) mit dem Hinweis, Elias sei als Johannes der Täufer wiedergeboren worden. Es gibt mehrere andere solche Stellen.

Reinkarnation aus heutiger Sicht

Heutzutage nimmt die Römisch-katholische Kirche eine etwas weitherzigere Haltung ein. Vor nicht allzu langer Zeit stellte Kardinal Mercier fest, daß der Glaube an die Wiederverkörperung zulässig sei; maßgebliche Bischöfe der Kirche von England ergreifen offen dafür Partei, und nüchtern denkende Geschäftsleute wie Henry Ford und Thomas Edison brachten ihre Überzeugung zum Ausdruck, daß sie schon früher lebten und wieder leben werden. Viele Menschen haben schon beim ersten Besuch eines fremden Ortes ein angenehmes Gefühl der Vertrautheit empfunden. Vielleicht haben Sie das auch schon erlebt? Könnte das nicht eine Erinnerung sein?

Zeitschriften, Bücher und Sonntagsbeilagen brachten in den letzten Jahren viele Geschichten über Kinder, die sich an ihre frühere Identität erinnern und lebhaft Einzelheiten über Orte und Verwandte berichten. Ein solcher kürzlich berichteter Fall betrifft ein hübsches, dunkelhaariges, junges Mädchen namens Joey Verwey, die in Südafrika lebt. Sie zeichnet gern, doch wenn sie Bleistift und Papier zur Hand nimmt, zeichnet sie Szenen aus viel früherer Zeit, und zwar mit derart bemerkenswerten Details, unterstützt von so ausführlichen verbalen Beschreibungen, daß Geschichtswissenschaftler sich zu der Schlußfolgerung gezwungen sahen, es handle sich um die genaue Wiedergabe ähnlicher Szenen. Eine andere Folgerung schien nicht möglich, als bestimmte Details, die zuvor unbekannt waren, sich bei näheren Nachforschungen als richtig erwiesen. Joey sagt, sie habe in ihrem dem jetzigen Leben unmittelbar vorangegangenen in Südafrika gelebt und nannte auch eine achtzig Jahre alte Frau, die sie in jenem Leben geboren haben will. Besorgt um ihre geistige Gesundheit, brachten ihre Eltern sie zu einem bekannten Arzt namens Arthur Bleksley, M. D. der Universität von Witwatrsrand in Südafrika. Dieser arrangierte eine Begegnung zwischen Joey und ihrer achtzigjährigen früheren Tochter und hörte zu seinem Erstaunen, wie sie die Umstände der Geburt beschrieb, den Tod ihres Mannes, ihres Vaters, den bald darauf stattgefundenen Umzug von Irland, wo sie ursprünglich lebte, nach London, wo sie wieder heiratete, was die ebenso erstaunte alte Frau alles bestätigte.

Joey sagte, sie habe, nachdem sie in jenem früheren Leben nach Südafrika umgezogen war, den damaligen Präsidenten Ohm Paul Krüger gekannt und sein Haus in Prätoria besucht. Paul Krüger starb 1904, und sein Haus wurde danach in ein Museum umgewandelt. Doktor Bleksley beschloß, sie diesbezüglich zu prüfen, und nachdem er sich überzeugt hatte, daß die kleine Joey nie zuvor in Prätoria gewesen war, nahm er sie dorthin mit. Als sie sich dem Hause näherten, beschrieb Joey, noch ehe sie es betrat, bestimmte Räume und die Möbel, die vor Jahren darin gestanden hatten. Einige waren noch an ihrem Platz und der Kustos bestätigte, daß die Beschreibung, die sie von anderen Gegenständen gab, stimmte. Joey erinnert sich auch noch an andere Vorleben, doch bisher war es nicht möglich, ihre Angaben darüber ebenso genau zu überprüfen wie ihr Leben in Transvaal. Sie kann sich an erstaunlich viele Einzelheiten erinnern, und schon öfters wurde sie von Geschichtsforschern und Experten der betreffenden Zeitepochen auf die Probe gestellt. In allen Fällen ergaben Nachforschungen, daß ihre Angaben richtig waren.

Reinkarnationserfahrungen eines Mönchs

Ein weiterer solcher Fall, der kürzlich durch die öffentliche Presse ging, betrifft einen buddhistischen Mönch namens Phra Rajsuthajarn, der in Thailand lebt und behauptet, vollständige Erinnerung an sein früheres Dasein zu haben. Er war ein Bauer namens Leng, der nicht weit von dem Ort lebte, wo er geboren wurde. Leng hatte drei Töchter, die noch leben. Diese sagten, der gegenwärtige Mönch habe, sobald er sprechen konnte, behauptet, sein Name sei Leng. Er kannte Lengs Töchter und nannte sie bei ihren Namen, wie auch viele andere Verwandte. In allen Einzelheiten beschrieb er Lengs Tod und wie er verbrannt wurde, wie der Körper zuerst auf eine Matte gelegt wurde, und wie nach der Einäscherung die Knochen in das Haus zurückgebracht wurden, in dem er gelebt hatte.

Der ehrwürdige Phra Rajsuthajarn brachte noch eine andere interessante Erinnerung in dieses Leben mit. Leng war auf Reisen gewesen, und als er in Laos war, lernte er die dortige Sprache. Keiner in der Gemeinschaft von Phra Rajsuthajarn hatte von dieser Sprache eine Ahnung, doch als eines Tages Besucher aus Laos in das Kloster kamen, stellte er unerwartet fest, daß er sie verstehen und mit ihnen sprechen konnte.

Im Alter von sechzehn Jahren war Leng in ein buddhistisches Kloster eingetreten, wo er die kambodschanische Schriftsprache erlernte, um bestimmte heilige Texte lesen zu können. Er verließ das Kloster im Alter von 25 Jahren und wurde Bauer. Als Phra in ein

Buddhistenkloster eintrat, wurde er auf Siamesisch belehrt, in seiner Muttersprache. Doch stieß er eines Tages auf die Pali-Texte, und obwohl sie in kambodschanischen Schriftzeichen niedergeschrieben waren, einer von der siamesischen ganz verschiedenen Sprache, konnte er sie ohne Schwierigkeiten lesen. Lengs älteste Tochter, Frau Pah, sagte, sie sei ungefähr zweiundzwanzig gewesen, als ihr Vater starb. Sie war damals verheiratet und hatte ein eigenes Kind. Als der kleine Phra sie im Alter von vier Jahren sah, erkannte er sie sofort und sagte: „Ich bin dein Vater!" und nannte sie bei ihrem Kinderkosenamen. Ihre erste Reaktion war Verärgerung, weil sie fand, ein Vierjähriger sollte einer verheirateten Frau und Mutter mehr Respekt entgegenbringen. Erst nachdem er auch Lengs zweite Tochter ähnlich angesprochen hatte, nahmen ihn die Schwestern ernst und befragten ihn näher. Die dritte Tochter, eine Frau Pi, berichtete ähnliches und fügte hinzu, daß Phra Rajsuthajarn als Kind viele Vorkommnisse im Leben des Leng beschrieben habe, von denen sie wisse, daß sie tatsächlich vorgefallen seien. Dieser Fall ist in Thailand wohlbekannt, und er wurde dort von verschiedenen gelehrten Experten untersucht. Es wurden Filme von der Familie gedreht und im Fernsehen gezeigt, und die Leng-Phra-Geschichte erlangte durch Zeitungen und Zeitschriften weite Verbreitung. In diesem Land gilt er als Beweis für etwas, das jeder weiß und glaubt, wofür es aber selten so schlüssige Beweise gegeben hat.

Reinkarnation in der Psychotherapie

In den letzten zehn Jahren haben verschiedene Psychotherapeuten in Hypnose Patienten in ihre Kindheit zurückversetzt, um traumatische Erlebnisse freizulegen, die vielleicht Ursache für die geistigen emotionalen Unausgeglichenheiten und Störungen gewesen sind. Gelegentlich führt ein Arzt, wenn er im gegenwärtigen Leben nichts Bedeutungsvolles findet, den Patienten in ein früheres Leben zurück. Auf diese Weise werden viele interessante Beweise zutage gefördert, nicht nur für die Wiederverkörperung, sondern auch dafür, daß physische und emotionale Schädigungen in einem Leben sich häufig während einer späteren Verkörperung auswirken.

135

Einige phantasievolle Forscher baten ihre Versuchspersonen, ihre Existenz zwischen den Inkarnationen zu beschreiben, und die Berichte darüber stimmten fast völlig miteinander überein. Offenbar ist das für die meisten eine Zeit, in der sie das soeben verlassene Leben bewerten und planen, wie sie das bevorstehende Leben am besten nützen können, um einen Seinszustand zu erreichen, in dem eine Rückkehr zur Erde im physischen Körper nicht mehr nötig sein wird. Obwohl das Dasein auf der spirituellen Ebene so viel angenehmer ist, ist doch fast jeder dort so eifrig auf Weiterentwicklung bedacht, daß er sie willig verläßt, sobald sich die Gelegenheit bietet, einen neuen Körper anzunehmen.

Viele bekannte Persönlichkeiten sind überzeugt, daß sie bereits in einem anderen Körper gelebt haben, und meist entstammt dieser Glaube einer persönlichen Erfahrung. Samuel Clemens, der unter dem Namen Mark Twain schrieb, hegte nicht den leisesten Zweifel, daß er schon viele verschiedene Leben hinter sich hatte. Sein ganzes Leben lang hatte er Traumerlebnisse, die ihm völlig real erschienen. Er machte davon schriftliche Aufzeichnungen, wohl in der Absicht, sie in eine Abhandlung über Reinkarnation oder auch in einen Roman einzuflechten. Diese Niederschriften fand man nach seinem Tod und veröffentlichte sie posthum unter dem Titel „Die geheimnisvolle Fremde."

Diese Träume kreisten alle um eine Gestalt, ein junges Mädchen von ungefähr fünfzehn Jahren, dem er in verschiedenen Zeiten begegnete und die er liebte. Sie hatte viele Namen, und ihre Persönlichkeiten unterschieden sich in ihrem Aussehen, doch für ihn blieb ihre Identität immer dieselbe. Diese Träume begannen, als er in den Zwanzigern war und setzten sich mehr als vierzig Jahre lang fort, indem sie ungefähr einmal alle zwei Jahre wiederkehrten. Sie waren eindrucksvoll in ihrer emotionalen Bedeutung und in ihrem Reichtum an Einzelheiten. Er beschreibt einen dieser Träume wie folgt:

„Ganz plötzlich geschah es. Da war ich, eine Holzbrücke überquerend, die ein hölzernes Geländer hatte und auf der Heubüschel verstreut waren, und da war sie, fünf Schritte vor mir. Es war am Ausgang des Dorfes, das unmittelbar hinter uns lag. Sein letztes Haus war die Schmiede, und ihr friedliches Gehämmer drang mir über die Schulter ins Ohr – ein Laut, der fast immer wie von fern klingt und immer ein wenig erfüllt von Einsamkeit und leisem Bedauern um etwas, das man nicht weiß. Vor uns lag die sich dahinschlängelnde Landstraße, auf der einen Seite ein Wald, auf der anderen Gitterzaun mit Brombeersträuchern und Haselbüschen in den Ecken; auf einem oberen Steg ein Blaukehlchen und auf demselben Steg darauf zulaufend ein Fuchsschwanzeichhörnchen, den geschwungenen Schweif hochgereckt wie einen Hirtenkrümmstab, hinter dem Zaun ein üppiges Kornfeld und weit in der Ferne ein Bauer, der hemdsärmelig mit einem Strohhut auf dem Kopf knietief hindurchwatete; sonst nichts Lebendiges und keinerlei Geräusch, überall Sabbath-Stille. An all das erinnere ich mich – und das Mädchen, wie sie ging und wie sie gekleidet war. In einem Augenblick war ich fünf Schritte hinter ihr, im nächsten an ihrer Seite. Ich legte meinen Arm um ihre Hüften und zog sie an mich, denn ich liebte sie. Sie zeigte keine Überraschung, keinen Unwillen, kein Mißfallen, sondern legte einen Arm um meine Hüfte und wandte ihr Gesicht dem meinen in herzlichem Willkommen zu, und als ich mich niederbeugte, um sie zu küssen, da nahm sie den Kuß entgegen, als habe sie ihn erwartet, als sei es für mich ganz natürlich, ihn zu geben, und für sie, ihn zu empfangen und sich daran zu erfreuen.

Wir schlenderten über die Brücke und die Straße hinunter und plauderten miteinander wie die ältesten Freunde. Sie nannte mich Georg, und das schien natürlich und richtig, obwohl es nicht mein Name ist, und ich nannte sie Alice, und sie korrigierte mich nicht. Alles, was geschah, erschien einfach, natürlich und wie erwartet. Einmal sagte ich: ,Was für eine liebe kleine Hand das ist!' und wortlos legte sie sie anmutig in die meine, damit ich sie ansehen könne. Ich tat es und sagte etwas über ihre Kleinheit, Zartheit und Schönheit und ihre seidige Haut, und dann küßte ich sie; sie nahm sie an ihre Lippen, ohne etwas zu sagen, und küßte sie an derselben Stelle.“

Mark Twain erzählt viele solche Träume, und sie alle sind lebendig, farbig, innig und sehr, sehr real. In jedem sieht er das gleiche junge

Mädchen, nur ihre Erscheinung ändert sich. Das eine Mal ist sie das eben beschriebene Landmädchen, ein anderes Mal eine edle Schönheit im alten Athen, dann wieder eine exotische Tänzerin auf Hawaii. Er war überzeugt, daß diese Szenen Erinnerungen aus früheren Leben waren, und aufgrund dieser intensiven persönlichen Beweise kam er dazu, an Wiederverkörperung zu glauben. Auch die bekannte Autorin Joan Grant war aufgrund persönlicher Erfahrungen von der Idee der Reinkarnation überzeugt. Seit ihrer frühesten Kindheit konnte sie sich an Augenblicke anderer Leben erinnern. Als sie noch jung war, betrachtete sie dies als eine selbstverständliche Gegebenheit und meinte, jeder könne sich an ähnliche Erlebnisse erinnern und wolle es nur nicht zugeben. Erst als sie schon fast dreißig war, geheiratet und einer Tochter das Leben geschenkt hatte, gelang es ihr, aus dem einen oder anderen früheren Leben lange Szenen in ihre bewußte Erinnerung zu holen. Um diese Zeit war es, daß sie zwischen Fakten und Phantasien zu unterscheiden lernte, zwischen einer selbsterschaffenen Gedankenform und einer Szene, die ihre eigene objektive Wirklichkeit besaß. Wenn sie zum Beispiel in ihrer Vision zwei Menschen nahen sah, der eine rot, der andere grün gekleidet, und sie konnte nach Willen die Farben ändern, dann wußte sie, daß es nur eine Gedankenform war. Ließ sich die Szene aber auf gar keine Weise verändern, so sehr sie sich auch darum bemühte, ließ sie es als tatsächliche Erinnerung gelten.

Ihr erschienen diese „Erinnerungen", wie sie sie nennt, wie sehr deutliche Gedächtnisreste von Ereignissen, die eine Woche oder höchstens einen Monat zurücklagen. Alle Einzelheiten, einschließlich Gefühl und Empfindung, waren so lebhaft, als spiele sich das Ganze in der Gegenwart ab. Miss Grant (jetzt Mrs. Denys Kelsey) erklärt, daß sie, um sich an längere Szenen aus früheren Leben zu erinnern, die Ebene ihrer Aufmerksamkeit von der gegenwärtigen zur früheren Persönlichkeit verlagern, dabei aber genug waches Bewußtsein bewahren mußte, um laufend über die Erfahrung und auch über die Gedanken, Regungen und Empfindungen der früheren Persönlichkeit berichten zu könnnen. Ihre Berichte über Erfahrungen in früheren Leben waren so ausführlich und so lebhaft, daß sie sie in chronologische Ordnung brachte und veröffentlichte. Sie nannte die Geschichte

„Der geflügelte Pharao", und man hielt diese zunächst für eine erfundene Geschichte, die durch Forschungen bemerkenswert gut abgestützt war. Als Archäologen und Ägyptologen darin aber gewisse Tatsachen und Erläuterungen des Lebens in Ägypten vor 4000 Jahren entdeckten, die bisher nicht bekannt gewesen waren, genaues Studium der verfügbaren Aufzeichnungen aber verifizieren ließen und sich als logisch und höchst vernünftig erwiesen, erwachte starkes Interesse dafür. Das Buch wurde von Ägyptologen als unschätzbare Informationsquelle für die Zeit der Ersten Dynastie Ägyptens betrachtet, und die meisten aufgeschlossenen Leser sahen darin einen wahren Bericht über ein früheres Leben. Auf diese Weise überzeugte Joan Grant nicht nur sich selbst, sondern noch viele andere davon, daß wir alle viele Leben haben und im Lauf unserer Existenz viele verschiedene Körper annehmen. Auch Sie können sich von dieser seltsamen Tatsache überzeugen, auf Ihre eigene Weise, und dabei viel über Ihre unbekannten Fähigkeiten und verborgene Talente erfahren.

Ein Wort über weiterreichende Experimente

Kehren wir zum Anfang des Kapitels zurück. Erinnern Sie sich an das Experiment mit dem Spiegel? Versuchen Sie es und sehen Sie, was geschieht. Wenn Sie Erfolg haben, werden Sie Vertrauen und den Mut gewinnen, einige der schwierigeren Experimente aufzustellen, die in den folgenden Kapiteln erläutert werden.

8. Kapitel

Die Rolle von Psycho-Energie bei paranormalen Manifestationen

Gleich zu Beginn dieses Kapitels möchte ich sagen, daß vieles, was in spiritualistischen Kirchen und bei spiritistischen Sitzungen geschieht, vollkommen ehrlich und echt ist, doch leider nicht alles. Hervorragende Spiritualisten werden Ihnen das selbst sagen und es bedauern. Die relativ ungreifbare Art der in durchschnittlichen spiritualistischen Readings oder Sitzungen erlangten Ergebnisse stellt eine Versuchung für jene dar, die ihren Lebensunterhalt damit verdienen. Aus dem sehr normalen Wunsch heraus, dem Sitzungsteilnehmer „etwas für sein Geld zu bieten", wird ein weniger begabtes Medium sich zuweilen etwas einfallen lassen und seine scharfsinnigen Vermutungen mit ein wenig Theaterspiel unterstützen. Die Entlarvung solcher Schwindeleien hat leider Schatten auf den ganzen Spiritualismus geworfen und das Mißtrauen der meisten Menschen verstärkt.

Das ist ungerecht. Es ist möglich, mit gewissen Individuen hinter dem Vorhang des Todes zu kommunizieren, und sie können mit uns kommunizieren. Die Verbindungsleitung besteht in fast allen Fällen aus Psycho-Energie. Ich sage „fast", weil wir hier unbekanntes Gebiet erforschen und uns vor der sehr normalen menschlichen Tendenz hüten müssen, alles, was so ähnlich aussieht, in einen Topf zu werfen. Es gibt viele Arten und Weisen, wie diese gegenseitige Kommunikation stattfindet. Selbst ein sehr detaillierter Bericht würde nur einen Bruchteil der bisher bekannten enthalten, und vermutlich gibt es noch weit mehr Möglichkeiten. Die üblichsten Kommunikationsarten sind das automatische Schreiben, die Planchette, die Stimme des Mediums, die direkte Stimme, Apporte, symbolische sowie tatsächliche Erscheinungen. Diese wollen wir hier behandeln, weil sie in den meisten

Fällen objektive Erfahrungen darstellen, die vermutlich von Unparteiischen auch ohne Medium zu beobachten sind. Die lebhaften Träume, gewisse Gefühle oder Eindrücke, die andere nicht wahrnehmen, und ähnliche rein subjektive Erfahrungen werden wir in einem weiteren Kapitel behandeln. Wenden wir uns zuerst dem automatischen Schreiben zu.

Das automatische Schreiben

Es gibt buchstäblich Tausende aufgezeichneter Fälle von automatischem Schreiben, darunter einige ganz berühmte. Einer der bekanntesten und bemerkenswertesten ist das Buch OAHSPE, das manchmal auch OAHSPE-Bibel genannt wird. Es wurde von Dr. John Ballou Newbrough geschrieben und 1882 veröffentlicht.

John Ballou Newbrough wurde am 5. Juni 1828 auf einer Farm bei Wooster, Ohio, geboren. Von früher Jugend an gab es Anzeichen für seine Hellsichtigkeit wie Hellhörigkeit. Beide Fähigkeiten wurden während seiner Schulzeit mittels Hypnose durch einen Professor Sutherland noch stärker zutage gebracht. Er studierte Zahnheilkunde und praktizierte in Kalifornien und Australien, ehe er sich schließlich in New York niederließ.

Dr. Newbrough entwickelte in seinen mittleren Jahren bemerkenswerte mediale Fähigkeiten. Angeleitet durch einen unsichtbaren Führer, der Newbroughs Hände (und seine Psycho-Energie) benützte und mit ihnen seine Anweisungen niederschrieb, machte er zehn Jahre lang bestimmte Übungen und begann dann mit der Niederschrift von OAHSPE. Während dieses Trainings hörte er auf, Fleisch, Fisch, Butter zu essen und Milch zu trinken. Er stand jeden Morgen vor Sonnenaufgang auf und badete zweimal täglich. Sein Gewicht sank von 250 auf 180 Pfund, und dabei blieb es. Ein Rheumatismus, der ihn früher geplagt hatte, verließ ihn gänzlich, und er war auch nicht mehr kleineren Beschwerden wie Kopfweh, Erkältungen und Verdauungsstörungen ausgesetzt. Offenbar hatte er neue Lebenszuversicht gewonnen.

Um diese Zeit wurde er angewiesen, eine Schreibmaschine zu kaufen und darauf schreiben zu lernen. Das fiel ihm nicht leicht, doch nach zwei Jahren hatte er eine recht ordentliche Fähigkeit darin erlangt und begann mit dem eigentlichen Schreiben. Jeden Morgen saß er vor Sonnenaufgang eine halbe Stunde lang an seinem Schreibtisch, und seine Finger huschten über die Tasten. Das ging so fünfzig Wochen lang, und am Ende dieser Zeit wurde er angewiesen, das Geschriebene zu lesen. Er sagt, was er da vorfand, habe ihn erstaunt.

Daß dieses Schreiben „automatisch" war, läßt sich kaum in Frage stellen. Das Buch selbst hat eine derartige Spannweite, daß es unwahrscheinlich scheint, ein einzelner oder auch ein ganzes Komitee könnte es innerhalb einer Lebenszeit geschrieben haben. Doch selbst wenn man von diesem eindrucksvollen Dokument absieht – die Art, wie er mit verbundenen Augen oder im Dunkeln sitzend mit beiden Händen drauflosschrieb und manchmal mit der einen geschickt zeichnete, während er mit der anderen schrieb, scheint doch mehr als ausreichend eine Führung zu beweisen.

In seinem Schreiben an die Verleger des „Lichtbanner" („Banner of Light", eine Bostoner Zeitschrift) vom 21. Januar 1883 finden sich folgende Aussagen:

> „Vor einigen Jahren wurde Oahspe durch meine Hände von einer anderen Intelligenz als der meinen mechanisch niedergeschrieben. Vielen Spiritualisten ist die automatische Bewegung der Hände, unabhängig vom eigenen Wollen, bekannt.
>
> Es gibt Tausende und Abertausende, die diese Eigenschaft besitzen. Sie läßt sich ausbilden, oder besser gesagt: die Empfänglichkeit für die von außen kommende Kraft läßt sich erhöhen."

Auf der Titelseite von OAHSPE steht folgendes:

> „Eine Kosmon-Offenbarung in den Worten von Jehovih und Seinen Engelsboten. Eine heilige Geschichte der Reiche der höheren und niedrigeren Himmel der Erde während der letzten 24 000 Jahre vom Versinken des Kontinents Pan im Pazifik, gewöhnlich Sintflut genannt, bis zur Kosmon-Ära, sowie ein kurzer Geschichtsabriß der vorangegangenen 25 000 Jahre

zusammen mit einer Synopsis der Weltentstehung; der Planeten-
erschaffung, der Erschaffung des Menschen; der unsichtbaren
Welten; des Wirkens und der Herrlichkeit von Göttern und
Göttinnen in den Ätherwelten; mit neuen Geboten von Jehovih
an den heutigen Menschen, mit Offenbarungen der Zweiten
Auferstehung zu Worten geformt im 33. Jahr der Kosmon-Ära."

Wie Sie sehen, wird in diesem Buch sehr detailliert einiges an
überraschender Information geboten. Es umfaßt an die 1000 Seiten in
zweispaltigem Kleindruck: insgesamt fast eine Million Worte. Es ist
keine kleine Aufgabe, die da in weniger als einem Jahr vollbracht
wurde.

Für mich gibt es keinen Zweifel daran, daß Dr. Newbrough
automatisch schrieb und daß seine Hände von einer Intelligenz oder
von Intelligenzen geführt wurden, die der seinen überlegen waren.
Doch die Energie, die bei diesem Schreiben eingesetzt wurde, war
seine eigene Psycho-Energie, die sich während seiner Vorbereitungs-
jahre in großen Mengen aufgespeichert hatte. Psycho-Energie folgt der
geistigen Lenkung, und während die Energie die von Dr. Newbrough
war, kam die Lenkung von einer anderen Quelle, einer hochintelligen-
ten und wohlinformierten Quelle. Die Identität dieser Quelle und ihre
Natur läßt sich nur aus dem Buch selbst erschließen. Lesen Sie es und
ziehen Sie Ihre eigenen Folgerungen.

Anleitungen zum automatischen Schreiben

Wenn Sie mit automatischem Schreiben experimentieren möchten,
befolgen Sie bitte diese Anweisungen:

1. Nehmen Sie jeweils vor einer Sitzung stets ein Bad – nicht nur, um
   sich physisch von jeder Unsauberkeit zu reinigen, die Ihnen
   anhaften muß, sondern auch symbolisch als spirituelle Reinigung,
   die stattfinden sollte, ehe man sich irgendeinem fremden Einfluß
   aussetzt.
2. Setzen Sie sich an ein Pult oder einen Tisch, wo Sie ungestört sind,
   und sammeln Sie sich.

3. Wenn Sie körperlich völlig entspannt, emotional ruhig und geistig klar sind, machen Sie drei tiefe Atemzüge und atmen Sie jedes Mal ganz langsam aus.

4. Dann nehmen Sie eine Feder oder einen Bleistift, setzen ihn auf die oberste Linie des leeren Blocks vor Ihnen und sorgen dafür, daß Ihr Arm bequem entspannt ist.

Vielleicht bekommen Sie schon beim ersten Mal eine Antwort, eher jedoch nicht. Also versuchen Sie es nochmals und wiederholen jedesmal die obige Vorbereitung. Wenn Sie es fünf verschiedene Male ernsthaft versucht haben, ohne ein Resultat zu erzielen, dann geben Sie die Idee vorläufig auf und versuchen es in einem Jahr wieder, wenn Sie und Ihre Lebensumstände sich gewandelt haben.

Wenn Ihre Hand zu schreiben beginnt, kann sie ernsthaftes Material oder auch Unsinn hervorbringen. Ist das letztere der Fall, dann hören Sie sogleich auf und versuchen Sie es ein anderes Mal, nachdem Sie sich sehr sorgfältig darauf vorbereiten. Dummes, kindisches oder konfuses Geschreibsel deutet auf eine schlechte Verbindung, das heißt, auf einen Kontakt mit einer niederrangigen Persönlichkeit. Wenn dies zutrifft, sollten Sie das nächste Mal versuchen, Ihr Bewußtsein auf eine höhere Ebene zu heben, indem Sie Ihr Denken von niederrangigen Gedanken und Impulsen befreien. Gewöhnlich läßt sich durch Beten eine geeignete Stimmung erzeugen, oder auch indem man einen Abschnitt aus der Bibel liest oder ein anderes inspirierendes Werk.

Wenn Sie eine zufriedenstellende Antwort bekommen, zögern Sie nicht, laut zu fragen: „Wer ist da?" In der Regel werden Sie eine aufrichtige offene Antwort bekommen, ebenso auf jede andere begründete Frage, die Ihnen einfällt. Haben Sie erst einmal gelernt, Hand und Arm zu entspannen und die richtige gleichmütige Einstellung anzunehmen, werden Sie interessante Resultate bekommen. Automatisches Schreiben ist nichts Neues, Seltsames oder Ungewöhnliches. Viele Leute praktizieren es, und es gibt buchstäblich Tausende von Büchern, Dokumenten und Berichten, die auf diese Weise geschrieben wurden und studiert werden können.

Es gibt noch ein weiteres Buch, das für Sie interessant sein mag: „Ein Bewohner zweier Planeten" (A Dweller on Two Planets: Frederick S. Oliver, Los Angeles, Poseid Publishing Company, 1924. Jetzt bei Borden Publishing Co., Los Angeles). Sein Autor Frederick S. Oliver schreibt sich kein Verdienst daran zu; er sagt, unter Führung einer entkörperten Intelligenz, die er Phylos nennt, wurde es automatisch geschrieben.

Frederick Oliver wurde 1866 in Washington D. C. als Sohn eines Arztes geboren, der mit seiner Familie bald darauf nach Kalifornien ging. Mit 17 Jahren, im Jahr 1884, fing er mit automatischem Schreiben an und stellte fest, daß er Material produzierte, das weit über seine Erfahrung und begrenzte geistige Fähigkeit hinausreichte. Der Autor dieses Materials gab sich schließlich als Phylos, der Esoteriker, zu erkennen. Oliver wurde ein Jahr lang von Phylos trainiert. Dieser zeigte ihm, wie er seine Psycho-Energie vermehren konnte. Sein ganzes Wesen wurde verfeinert und geläutert, so daß er schließlich Phylos tatsächlich sowohl hören als auch beim Schreiben auf seine Weisungen reagieren konnte. Das Manuskript wurde in Yreka, Kalifornien, im Winter 1883/84 begonnen und 1886 in Santa Barbara beendet, blieb aber dann liegen, bis es 1894 veröffentlicht wurde.

Das Buch ist nicht nur hinsichtlich seines Horizonts und seiner geistigen Sichtweite bemerkenswert, sondern auch, weil es von zahlreichen technischen Möglichkeiten berichtet, die 1886 noch unbekannt waren, inzwischen aber aufgrund von Erfindungen verwirklicht wurden. Andere sind noch nicht zur technischen Verwirklichung gelangt, ihre Entwicklung scheint aber heute möglich. So wird zum Beispiel eine Art Fernsehen beschrieben sowie ein Verfahren für visuell-auditive elektronische Gesprächsvermittlung über 7000 Meilen Entfernung. Flugkörper wurden erwähnt, die ohne Flügel 1000 Meilen in der Stunde zurücklegten und die Höhe mittels Magnetismus in Form eines Schwerkraftaufhebers halten. Die Regierung der Vereinigten Staaten gibt gegenwärtig Millionen-Summen für Forschung aus, um gerade diese Art von Flugkörpern zu erkunden, und ein Durchbruch scheint in Sicht. Röntgenapparate samt Anwendungsweise – die 1886 unbekannt waren – werden beschrieben. Mit einem Wort: Dieses Buch ist höchst ungewöhnlich und ein klassisches Beispiel für die höchste Art automatischen Schreibens.

Die Planchette

Für eine andere Form automatischen Schreibens, die in den letzten Jahren als Gesellschaftsspiel betrachtet wird, wird ein mit Zahlen und Buchstaben versehenes Brett benützt, das man „Ouija-Brett" nennt. Es ist ein rechteckiges Brett, ungefähr fünf Zentimeter dick und gewöhnlich mit einer Größe von 50 mal 100 Zentimetern, auf dem sich die Zahlen eins bis neun sowie eine Null und ein Platz für „Ja" und „Nein" befinden, ferner alle Buchstaben des Alphabets, in der Regel im Halbkreis angeordnet. Die Oberfläche des Brettes ist sehr glatt, um eine leichte Bewegung der „Planchette" zu ermöglichen. Das ist ein kleines flaches Holzstück, das ungefähr fünf bis acht Zentimeter Fläche überdeckt und drei Beine hat. Ein Ende läuft spitz zu und deutet auf die verschiedenen Buchstaben und Zahlen, über denen die Planchette anhält, wenn eine Botschaft durchkommt.

Methoden des Umgangs mit der Planchette

Die eingesetzte Kraft ist Psycho-Energie. Manchmal kann eine Person die Planchette gut allein bedienen, indem sie eine Hand oder beide Hände leicht auf die Planchette legt, wenn sie ruhig auf dem Brett liegt, doch in den meisten Fällen ist für Anfänger die Zusammenarbeit zweier Personen besser, von denen jede eine Hand leicht auf die Planchette legt. Das vermehrt den Vorrat an Psycho-Energie bis zu einem Punkt, wo das Experiment durchführbar wird. Hier eine Gebrauchsanweisung:

Legen Sie das Brett auf einen Tisch und setzen Sie sich bequem davor. Bei zwei Teilnehmern geht es einfacher und leichter, wenn Sie sich am Tisch gegenüber sitzen. Legen Sie die Hände leicht auf die Planchette, ohne sich darauf zu stützen, zu drücken oder sie irgendwie in die eine oder andere Richtung drängen zu wollen. Berühren Sie sie einfach leicht mit den Fingern, und wenn sie sich bewegt, lassen Sie Hand und Arm der Bewegung folgen, ohne sie in irgendeiner Weise zu beeinflussen.

Nachdem Sie sich richtig vorbereitet haben, stellen Sie dann eine Frage – irgendeine Frage. Sie können sofort eine Reaktion bekommen oder auch nicht. Bleiben Sie ruhig und entspannt und warten Sie. In der Regel bekommen Sie nach drei oder vier Minuten eine Antwort. In diesem Fall bewegt sich die Planchette, scheinbar auf eigenen Willen. Die sie bewegende Energie ist Psycho-Energie, Ihre eigene und die Ihres Partners, wenn Sie einen haben. Es handelt sich nicht um Muskelbewegung. Ihre Muskeln werden höchstens instinktiv versuchen, die Bewegung der Planchette zu verzögern, und diese Tendenz müssen Sie bewußt überwinden, indem Sie so entspannt wie möglich bleiben.

Wird das Experiment richtig durchgeführt, so bewegt sich die Planchette durch Psycho-Energie unter mentaler Führung. Es ist möglich, daß es Ihr eigenes Denken oder das Ihres Partners ist, von dem die Führung ausgeht, doch ist dies unwahrscheinlich. Nur jemand mit ziemlich viel Erfahrung kann eine Planchette mit einigem Erfolg dirigieren. Es kann vorkommen, daß sie sich ziellos auf dem Brett umherbewegt. Das zeigt an, daß zwar die Energie da ist, nicht aber die mentale Lenkung. Da die meisten Leute das Ganze als eine Art Gesellschaftsspiel betrachten, gibt es oft wertlose Ergebnisse. Das ist nicht anders zu erwarten. Die gefühlsmäßige und gedankliche Einstellung der Sitzungsteilnehmer zieht nämlich das Interesse anderer Wesen auf der gleichen Ebene an. Das können entkörperte Intelligenzen sein oder auch die Mentalkörper Lebender, die zeitweilig ihren Körper verlassen haben. Das kann im Tiefschlaf geschehen oder auch unter dem Einfluß von Alkohol, Betäubungsmitteln oder Drogen.

Natürlich gibt es auch viele, die sich ernsthaft mit dem Ouija-Board befassen und Antworten für Probleme suchen, die ihnen zu schaffen machen. Die große Mehrheit dieser aufrichtigen Sucher glaubt, jede Antwort, die sie erhalten, müsse von einem Verstorbenen kommen. Sie sind überzeugt, daß die einzige Ursache der Planchetten-Bewegung die Lenkung durch entkörperte Wesenheiten ist. Und weil diese nicht mehr in einem Körper sind, werden Ihre Aussagen von diesen Arglosen für tiefe Wahrheiten gehalten. Doch man muß sich klarmachen, daß ein toter Hans Müller nicht anders und nicht klüger ist als ein lebender. Er mag wohl mehr Einblick in die Motive der Menschen haben und sogar ein wenig in die Zeit vorausblicken können, doch größtenteils ist sein Wissen nicht größer und wichtiger, noch sein Urteil nicht besser als während seines Lebens.

Die Wichtigkeit ausreichender Vorbereitung

Wenn Sie also mit einer Planchette experimentieren wollen, dann bereiten Sie sich gut vor! Befolgen Sie die Anregungen, die in diesem Kapitel bereits gegeben wurden. Reinigen Sie sich körperlich. Suchen Sie sich einen Platz, wo Sie alleinsein können oder nur mit einem Partner zusammen sind, und wo keine Unterbrechungen und äußeren Ablenkungen zu erwarten sind. Heben Sie Ihr Bewußtsein durch Meditation oder durch Lesen in einem inspirierenden Buch auf eine höhere Ebene. Das wird Ihre Aussichten auf einen hilfreichen, wertvollen Kontakt verbessern, und ich hoffe, Sie haben das Glück, einen solchen zu erreichen. Ist dies nicht der Fall, sind die anfänglichen Antworten und Aussagen unsinnig oder zweifelhaft, dann sollten Sie sofort aufhören. Selbst wenn ein Teil dieser Aussage Sie neugierig macht – oder gerade, weil er Sie neugierig macht –, brechen Sie die Sache ab. Auf diesem Weg begegnet man leicht Unangenehmem und oft Unheilvollem. Gehen Sie ihm aus dem Weg! Stellen Sie das Brett samt Planchette beiseite und kehren Sie erst an einem Tag zu ihm zurück, an dem Sie sich besonders sorgfältig vorbereiten konnten. Wenn man an dieses Experiment nicht in einer hohen geistigen Verfassung herangehen kann, ist es besser, die Finger davon zu lassen.

Automatisches Schreiben ohne dieses Hilfsmittel geht rascher und leichter, doch der durchschnittliche Anfänger ist damit überfordert. Fast jeder kann ein Ouija-Board mit Planchette beschaffen, um damit zu arbeiten, und viele Suchende fangen auf diese Weise an. Leider hat jedoch mangelnde Vorbereitung schon viele mit einem instinktiven Widerwillen gegen die auf solche Weise gewonnenen Kontakte erfüllt, und so wurde ihnen ein vielversprechender Weg zur Entwicklung Ihrer inneren Fähigkeiten versperrt. Doch, wie aufgezeigt, muß das nicht so sein und es wird auch nicht so sein, wenn die Emotionen und der Geist der Teilnehmer vorher richtig geläutert und erhoben worden sind.

Typen von Medien

Die Rolle des Mediums ist in den Hunderten von Büchern über Spiritualismus weit besser dargestellt als dies hier auf beschränktem Raum möglich ist. Es gibt viele Arten von Medien, die sich vor allem durch ihre Fähigkeiten und die Art ihrer Arbeit unterscheiden. Manche geben lediglich Botschaften wieder, die nur sie hören, andere können ihren Körper einer anderer Wesenheit zum Gebrauch überlassen, so daß sich sogar der Klang ihrer Stimme und ihre Sprechweise verändern. Wieder andere können bewirken, daß sich Gegenstände im Zimmer ohne physische Unterstützung umherbewegen, während wieder andere entkörperte Wesenheiten zum Erscheinen und Sprechen bringen können. All diese Manifestationen und viele andere werden durch Psycho-Energie ermöglicht.

Eigenschaften von Medien

Die wesentliche Eigenschaft eines Mediums ist die Fähigkeit, große Mengen Psycho-Energie zu speichern und einzusetzen. Während man ursprünglich in einem Medium nicht mehr sah als das, was das Wort „Medium" ausdrückt, nämlich Bindeglied oder Vermittler zwischen Wesen mit einem physischen Körper und solchen ohne Körper, ist es heute klar, daß fast alle Medien psychische Kräfte auf viele andere

Arten manifestieren. Und meiner Meinung nach kann jedes Medium, ganz gleich, welche Fähigkeit es besitzt, auf vielerlei Weise superphysisch tätig werden, wenn es das nur erkennt. Wie wir alle, so sind auch Medien häufig durch ihre eigenen Hemmungen und Vorurteile eingeengt. Oft schreiben sie Aktionen, die sie gut selbst vollbringen könnten, Meistern zu.

Ein sehr bekannter Pfarrer einer Spiritualistenkirche im Osten der USA machte gewisse prophetische Aussagen, die sich im Lauf der Zeit als richtig erwiesen. Er schreibt dieses Vorherwissen Geistführern zu, doch sind es nur eigene Visionen. Er könnte und sollte das erkennen, und er wird es auch tun, wenn er seine Demutshaltung aufgibt, eine Folge seiner früheren Ausbildung, die es ihm unmöglich macht zu glauben, daß er solcher Leistungen fähig ist.

Kontrollgeister

Viele Medien haben „Kontrollgeister", Führer, die sich ihrer annehmen und sie beschützen, während sich der physische Körper in einem tranceartigen Zustand befindet. Manchmal sind diese Führer, genau wie man annimmt, entkörperte Wesenheiten, die vor vielen Jahren auf Erden lebten und sich nun der Aufgabe widmen, bei dieser Arbeit zu helfen. In gewissen Fällen ist aber ein anderes Element im Spiel. Vor einigen Jahren besuchte ich einmal eine Spiritualistenkirche, die von einem sehr erfolgreichen Medium geleitet wurde. Sein „Geistführer" pflegte offensichtlich von seinem Körper Besitz zu ergreifen, sobald der Trancezustand eingetreten war. Seine Züge veränderten sich, und seine Stimme wechselte von einem hellen Tenor zu rauhen, kehligen Lauten. Natürlich hatte das Medium diese Persönlichkeit nie gesehen und wußte von ihr nur durch die Sitzungsteilnehmer, die sie beschrieben. Dieser Geistführer war äußerst kompetent und gewandt. Er strahlte Autorität aus und brachte die Sitzung energisch und gekonnt über die Bühne. Als ich ihn beobachtete, bemerkte ich eine gewisse Affinität mit dem Medium, und so stellte ich, als ich an die Reihe kam, einige Fragen, die sich auf den Geistführer bezogen.

„Wie heißt du und wann hast du gelebt?" Worauf die tiefe Stimme antwortete: „Mein voller Name ist Set-ix-Antl-ao-Ra, doch bin ich hier als Xantho bekannt. Ich lebte vor 7800 Jahren."

„Wo hast du gelebt und auf welche Weise wurdest du ausgebildet?" war meine nächste Frage.

„Ich habe im heutigen Ägypten gelebt und wurde in dieser und in anderen Kunstfertigkeiten als Priester im Tempel des Lernens und der Weisheit ausgebildet." Dann kam ich zu meiner Schlüsselfrage. „In welcher Beziehung stehst du zu ...?", und ich nannte den Namen des Mediums.

„Er und ich sind eins", lautete die überraschende Antwort. „Das ist jetzt mein Körper."

Viele der Anwesenden waren erstaunt, doch mir war klar, daß er damit sagen wollte, daß diese energische Wesenheit eine frühere Inkarnation des heutigen sanftmütigen Mediums war. Ich bat um weitere Auskünfte, die er rückhaltlos erteilte. Er hatte in jenem Leben großes Wissen erworben, das er ins nächste mit hinübernahm. Doch dann übte die Macht, die er hatte, ihren korrumpierenden Einfluß aus, und er mißbrauchte sie trotz all seines Wissens und machte viele sehr unglücklich. Nach mehr als 3000 Jahren in der Geisterwelt, während welcher Zeit er genug Gelegenheit hatte, sich seine ungeheuren Grausamkeiten vor Augen zu führen und zu bedauern, wurde ihm schließlich die Erlaubnis erteilt, neu anzufangen, diesmal sozusagen von ganz unten. Seine grundlegenden Erkenntnisse traten von Leben zu Leben immer mehr als Drang zum Höheren hervor und erfüllten ihn mit dem Wunsch, anderen zu dienen, doch der bewußte Gebrauch seiner Fähigkeit blieb ihm lange verwehrt. Die selbstlose Bereitschaft, anderen zu dienen und zu helfen, die in seinem gegenwärtigen Leben so hell erstrahlte, führte ihn wieder auf die Höhe zurück und gestattete ihm allmählich seine einst hohen spirituellen Kräfte zurückzugewinnen. Er verfügt heute über eine Fülle an Psycho-Energie, und ehe er dieses Leben verläßt, wird er sie vielleicht neben seiner Tätigkeit als Medium noch auf vielerlei andere Weise anwenden.

Psycho-Energie selbst kann nicht wahrgenommen werden, doch läßt sie sich einsetzen, um gewisse physische und halb-physische Substanzen zu bilden und zu beherrschen. Manche Medien sind in der Lage, eine feinstoffliche Substanz zu bilden, die „Ektoplasma" genannt wird. Psycho-Energie formt sie unter Führung des Mediums oder seiner Kontrollgeister zu verschiedenen Gestaltungen, und die so „geschaffenen" Objekte können von jedermann gesehen werden. Sie sind jedoch nicht sehr haltbar und lösen sich innerhalb weniger Minuten gewöhnlich wieder auf. Diese Art Manifestation ist etwas ganz anderes als ein wirklicher „Apport", bei dem ein physikalischer Gegenstand in die Gegenwart des Mediums und der Sitzungsteilnehmer gebracht oder im Zimmer zum Verschwinden gebracht und an einen anderen Ort versetzt wird. Es gibt sehr viele Medien, die fähig sind, Ektoplasma zu manifestieren, doch nur eine Handvoll hat genügend Fertigkeit und Psycho-Energie, um einen festen physikalischen Gegenstand von einem Ort an einen anderen zu versetzen.

Der Durchschnittsmensch, der Zeuge eines Apports wird, reagiert gewöhnlich auf eine der beiden folgenden Weisen: Entweder hält er es für einen Trick, eine Taschenspielerei, oder er weigert sich, seinen Sinnen zu glauben, und bestreitet, daß überhaupt etwas geschehen ist. Nur selten findet man jemand, der dem Offensichtlichen aufgeschlossen gegenübersteht, es gelten läßt und nach der Ursache sucht, die ihm zugrunde liegt.

Ich habe nur zwei Apporte gesehen, die ich anerkennen konnte, und einige Male war ich „Opfer" von etwas, was man als rätselhaftes Erscheinen und Verschwinden bezeichnen muß. Gelesen oder gehört habe ich natürlich von vielen echten Apporten: daran sind besonders bemerkenswert das Auftauchen in freier Luft und das Herabfallen auf Tisch oder Fußboden von Briefen, Manuskripten und frisch geschnittenen Blumen in Gegenwart von Frau Helena Blavatsky. Einmal jährlich pflegte Dr. H. Spencer Lewis, damals Vorsitzender der Rosenkreuzer in Amerika, öffentlich einen Apport in Gegenwart von drei- oder vierhundert Zeugen auszuführen. Ich hatte das Privileg, einmal dabeizusein, als ein Rosenstrauß in die Mitte des Saales apportiert wurde, ungefähr zehn Meter von der Bühne, auf der er saß. Seit der Mitte des 19. Jahrhunderts bis in unsere Tage hat es in Europa und Amerika viele medial Begabte und Medien gegeben, die etliche wirklich erstaunliche und hinreichend verifizierte Apporte demonstrierten. Doch natürlich kommt diese Fertigkeit in Asien, besonders in Indien, viel häufiger vor. Dort leben zur Zeit, wie man mir versichert hat, nicht weniger als zwanzig Männer und eine Frau, die alle öffentlich diese Fähigkeit bewiesen haben.

Poltergeist-Phänomene

Wir können uns vom Thema Apporte nicht abwenden, ohne auch von seinem ärgerlichsten, doch auch faszinierenden Aspekt, dem sogenannten Poltergeist-Phänomen, gesprochen zu haben. Dabei handelt es sich um eine ziemlich verbreitete Manifestation. Es vergeht kaum eine Woche, ohne daß eine Zeitung darüber berichtet, daß irgendwo im Land Steine umherflogen, Bilder von den Wänden fielen, Möbel sich bewegten und ähnliche Störungen auftraten. Nachstehend ein solcher Bericht:

„In der Nacht vom 11. Juli 1966, berichtet V. M. Windes, und während vieler folgender Nächte prallten kleine Felsbrocken, wie sie für die Gegend typisch sind, gegen die Wände und auf das Blechdach des Hauses von Alfares Quintana in Llano, Neu-Mexico. Seine Frau, Jane Quintana, erstattete Anzeige bei der Polizei, doch trotz nächtlicher Bewachung ging das Gepolter weiter. Eines Nachmittags begann der Angriff um 4.30 Uhr bei hellem Tageslicht, und die Steine zerbrachen mehrere Fensterscheiben. Doch es wurde nie jemand beobachtet, der sie warf. Offenbar materialisierten sie sich aus der Luft und flogen von allein gegen die Fenster. Das Haus der Quintanas liegt auf einer Anhöhe und über dem ungefähr einen Kilometer entfernten Santa-Barbara-Fluß. Zwischen Haus und Straße befinden sich eine Scheune, eine Viehweide sowie freie Felder, und es scheint unmöglich, sich ungesehen dem Anwesen auf Steinwurfweite zu nähern.

In den ersten Nächten dachten die Quintanas, es sei das Werk von Lausbuben oder Vandalen. Doch als es weiterging, obwohl Polizisten mit Taschenlampen das Haus bewachten, waren sie gezwungen, nach einer anderen Erklärung zu suchen. Die Quintanas haben sechs Kinder zwischen drei und siebzehn Jahren, welche während der Bombardierungen alle innerhalb des Hauses waren. Drei davon sind Mädchen zwischen acht und vierzehn Jahren. Dies wird erwähnt, weil es von Bedeutung sein könnte. Nach zwei Wochen hörte der Steinhagel auf und hat sich nicht wiederholt, doch was die Ursache war und wer die Steine warf, konnte nicht festgestellt werden."

Das ist ein typischer Bericht über das sogenannte Poltergeist-Phänomen. In fast jedem Fall, der untersucht wurde, gehörte ein junges Mädchen oder ein Junge zu der Familie, häufiger aber ein Mädchen, und zwar im Alter von zehn bis fünfzehn Jahren. Wenn der Untersuchende über etwas psychische Sensitivität verfügte, konnte er immer einen Zusammenhang zwischen der Aktivität und dem jungen Mädchen feststellen, das stets da war, sich aber im Hintergrund hielt, wenn die Störungen stattfanden. Nach sorgfältigem Studium vieler Fälle kam man zu dem Schluß, daß es sich in der Regel um das Ergebnis einer bewußten und absichtlichen Anwendung von Psycho-Energie in mutwilliger Weise handelte, um Aufregung hervorzurufen und Aufmerksamkeit zu erregen. Seltener wurde irgendein Schaden angerichtet, doch meistens wurden viele Menschen in Angst und Schrecken versetzt.

Man nimmt an, daß diese jungen „Poltergeister" ihre Fähigkeit, Gegenstände zu apportieren, ganz zufällig entdeckten und sie aufgrund ihrer jugendlichen Unreife dazu neigen, sie nicht konstruktiv anzuwenden, sondern damit Unfug zu treiben. Eine Zeitlang haben sie ihren Spaß daran und sehen voll Schadenfreude die Verwirrung der Erwachsenen, doch dann wird die Sache allmählich langweilig, und so hören sie damit auf. Gewöhnlich vergessen sie nach ein paar Monaten der Inaktivität, wie sie den Überschuß an Psycho-Energie eingesetzt haben, und kommen nie mehr darauf zurück. Obwohl keines der Quintana-Kinder bisher zugegeben hat, die Ursache zu sein, scheint es doch ziemlich sicher, daß eines von ihnen verantwortlich dafür war.

Jedes noch so geheimnisvolle Geschehen hat eine Ursache, und zwar eine, die höchstwahrscheinlich mit einem menschlichen Wesen zusammenhängt. Früher waren die Menschen abergläubisch und schrieben alles, was nicht offensichtlich physisch bedingt war, Engeln, Teufeln oder Geistern zu. Heute wissen wir, daß 99% solcher Vorkommnisse auf menschlichem Wirken und menschlicher Psycho-Energie beruhen. Manchmal begreift man vielleicht nicht recht, wenn etwas nie zuvor Beobachtetes geschieht, doch glauben Sie mir, irgendwo ist da ein Mensch, der die Energie liefert und manchmal auch bewußt die Phänomene bewirkt. Viele dieser scheinbar seltsamen Aktivitäten könnten auch Sie vollbringen. Sie haben die Fähigkeit in unentwickelter oder latenter Form. Wenn sie latent ist, läßt sie sich in relativ kurzer Zeit wachrufen und einsetzen. Ist die Fähigkeit unentwickelt, so braucht es etwas mehr Zeit und Arbeit. Doch jeder Mensch hat Fähigkeiten, von denen er sich nicht einmal träumen läßt. Sie können Erstaunliches leisten, wenn Sie sich nur drum bemühen. Es gibt keine Wunder, sondern nur Dinge, die Sie noch nicht erlernt haben. Beginnen Sie jetzt damit!

9. Kapitel

Die verschiedenen Arten von Medialität

Jeder Mensch ist in gewissem Grad medial veranlagt. Die meisten beachten jedoch auf diese Weise empfangene Eindrücke nicht, oder wenn sie etwas Ungewöhnliches bemerken, neigen sie dazu, es mit irgendeiner banalen Erklärung abzutun. Wenn zum Beispiel ein Skeptiker beim Betreten eines finsteren Zimmers plötzlich das Gefühl hätte, es sei noch jemand da, dann würde er diesen Eindruck damit zu erklären versuchen, daß er irgend etwas gehört oder gerochen hat. Das kann freilich stimmen, doch kommt es auch häufig vor, daß eine andere Art von Sinn uns eine solche Anwesenheit spüren läßt.

Diese Art Wahrnehmung zeigt sich gewöhnlich als Prickeln auf der Haut an, an Armen und Schultern oder im Nacken an der Schädelbasis. Die Information wird in so einem Fall durch ein außersinnliches Wahrnehmungsvermögen vermittelt, das sich dem physischen Bewußtsein durch den Tast- oder Berührungssinn bemerkbar macht, obwohl kein physischer Kontakt, keine Berührung stattfindet. Trotzdem hat man das „Gefühl", es sei jemand da. Das Medium, das dabei im Spiel ist, ist Psycho-Energie. Die von dem Besucher ausgestrahlte Energie wird vom eigenen medialen „Empfänger" aufgenommen, und das erzeugt das „Gefühl" einer Gegenwart. Jedermann besitzt einen solchen Empfänger, doch dessen Funktionstüchtigkeit ist von Person zu Person verschieden. Indem Sie eines oder mehrere der Experimente, die in früheren Kapiteln beschrieben wurden, durchführen, indem Sie lernen zu pendeln oder Einfluß auf andere Menschen auszuüben, verfeinern Sie zugleich Ihre mediale Fähigkeit. Ihr mediales Wahrnehmungsvermögen wird in verschiedener Hinsicht stärker, und dadurch werden Ihnen viele, manchmal aufregende Erfahrungen zuteil werden.

Jeder hat „Ahnungen", auch wenn manche das nicht so nennen. Da hat man etwa das Gefühl, man sollte sich einen Regenmantel kaufen, und am nächsten Tag beginnt es in Strömen zu regnen. Oder man denkt plötzlich, man sollte seine Mutter anrufen, die in einer anderen Stadt wohnt, und wenn man dann seit mehr als einem Monat das erste Mal wieder telefoniert, kommt man dahinter, daß sie krank ist und Hilfe braucht. Diese beiden ziemlich gewöhnlichen Beispiele von „Ahnungen" gleichen sich durchaus nicht, sondern sind das Ergebnis ziemlich verschiedener medialer Funktionen. Der Drang, einen Regenmantel zu kaufen, ist durch Präkognition oder Vorherschau ausgelöst, während der Impuls, die Mutter anzurufen, auf einer Art Telepathie oder Gedankenübertragung beruht. Das einzige Gemeinsame ist die in beiden Fällen benützte Psycho-Energie.

Es gibt viele verschiedene Arten von Ahnungen. Gewöhnlich fallen sie in eine der beiden soeben erwähnten Kategorien Präkognition und Telepathie. Manche haben ziemlich oft Ahnungen, andere selten oder nie. Da eine Ahnung oder Vorahnung eine mediale Wahrnehmung ist, die als solche nicht erkannt wird, ist es klar, daß bei jenen, die viele Vorahnungen haben, die Medialität ziemlich gut entwickelt ist. Da sie wahrscheinlich in diesem Leben nichts unternommen haben, um diese Entwicklung zu fördern, so muß das in einem oder mehreren früheren Leben geschehen sein.

Eines der grundlegendsten Lebensgesetze ist, daß man nie etwas für nichts bekommt. Wohl mag es manchmal so scheinen, doch auf die Dauer gesehen bekommt man nur, wofür man auch zahlt. Wünschen Sie sich also mediale Entwicklung – und das sollten Sie tun, weil es ein höchst wertvoller Aktivposten ist –, müssen Sie sich darum bemühen. Tatsächlich haben Sie einen gewissen Grad an Medialität wohl schon in früheren Leben erreicht, sonst würden Sie dies hier jetzt nicht lesen. Allein schon das Interesse, das Sie zum Studium dieses Buches veranlaßt hat, deutet auf eine sich regende Psycho- Energie in Ihnen hin, ein Sichregen, das nicht da wäre, hätte ihre Medialität nicht schon eine wenigstens teilweise Entwicklung erfahren. Heute ermöglichen die verfügbaren Energien ein rascheres Wachstum denn je zuvor. Bitte ergreifen Sie diese Gelegenheit, nützen Sie die Anregungen, die hier gegeben werden, um neue Fähigkeiten hinzuzuerwerben und alte zu stärken! Betrachten Sie dies alles nicht oberflächlich, sondern sehen sie es als das, was es ist: die Chance, eine Größe zu erlangen, von der Sie sich auch in Ihren wildesten Phantasien nichts träumen lassen!

Träume

Neben den Vorahnungen ist die üblichste mediale Ausdrucksform der Traum. Bis in unser Jahrhundert wurden Träume fast von jedermann für das Produkt einer blühenden Phantasie oder eines zu vollen Magens gehalten. Heute experimentieren zahlreiche Psychologen an schlafenden Versuchspersonen in dem Bestreben, hinter das Geheimnis des Träumens zu kommen. Sie haben beobachtet, daß die Versuchsperson träumt, sobald ihre Augäpfel hinter den geschlossenen Augenlidern rasch zu zucken beginnen, was „rapid eyeball motion", abgekürzt REM, genannt wird. Alle möglichen Versuche werden angestellt, nicht nur hinsichtlich der Traumdauer, sondern die Forscher wecken ihre Versuchspersonen während der Traumphase auf und fragen nach dem Trauminhalt; sie unterbrechen das Träumen durch Aufwecken, sobald diese Phase einsetzt, um die Folgen des Traumentzugs zu erkunden. Tatsächlich lassen sie nichts unversucht und bemühen sich mit großem Einfallsreichtum dahinterzukommen, was Träume sind und weshalb wir träumen.

Fallgeschichten von Träumen

Es gibt viele Träume, die nicht mehr sind als eine Reaktion auf eine emotionale oder physische Störung. Sie alle könnte man identifizieren und klassifizieren und wenn man das getan hätte, dann würde ein Psychologe triumphierend verkünden, nun sei alles über Träume bekannt. Doch gibt es auch viele Träume, die ihren Ursprung in den medialen Fähigkeiten haben, und diese werden sich immer der physikalischen Meßbarkeit und der sogenannten wissenschaftlichen Würdigung entziehen. Einige wenige Träume sollen das illustrieren:

Fall A: Frau R. E. L., Stamford, Conn., berichtet:

Mein einziger Sohn ist im Alter von 19 Jahren bei einem Autounfall ums Leben gekommen, und um seinen Verlust habe ich sehr getrauert. Nach drei Monaten war mir immer noch, als würde mein Herz brechen, und ich weinte fast den ganzen Tag. Um mich abzulenken, schlug mein Ehemann eine ein- oder zweiwöchige Fahrt nach Florida vor, und ich stimmte zu. Frühere Nachbarn namens Whitmire, die einen Sohn etwa im gleichen Alter hatten wie unser Bobby, waren nach Raleigh, N.C., umgezogen, und weil das an unserem Weg lag, wollten wir sie besuchen. Unterwegs übernachteten wir in einem Motel in Virginia, und in der Nacht hatte ich einen Traum, in dem Bobby erschien und mit mir sprach. Er sah gut und gesund aus und schien in einer Art weißem Licht direkt vor mir zu stehen. Er sagte: „Mama, es geht mir gut und ich fühle mich wohl und möchte, daß du zu weinen aufhörst. Du machst dich nur krank damit. Ich bin so lebendig wie eh und je, ja vielleicht mehr als vorher, also solltest du nicht traurig sein."

Ich muß ungläubig dreingeschaut haben, denn er sagte: „Ich sehe schon, ich muß dir das beweisen. Morgen, wenn ihr zu den Whitmires kommt, wird Charley nicht da sein. Er arbeitet in Washington im Bundesarchiv. Mr. Whitmire hat einen Schlaganfall erlitten und ihr werdet ihn im Bett vorfinden. Wenn ihr morgen nach Raleigh kommt, werdet ihr sehen, daß das wahr ist, daß du dir es nicht bloß einbildest. Ich liebe dich doch, Mama, und möchte nicht, daß du dich selbst krank machst, und noch dazu völlig grundlos."

Damit verschwand er, und das Licht schien zu verdämmern. Plötzlich merkte ich, daß ich mich in einer fremden Umgebung befand. Als mir klar wurde, daß ich in einem Motel im Bett lag und soeben aus einem schönen Traum erwacht war, weckte ich meinen Mann und erzählte ihm das Ganze. Er meinte, ich hätte eben geträumt, und ich ließ das gelten, bis wir am Tag darauf um die Mittagszeit in Raleigh ankamen und Mr. Whitmire wie beschrieben im Bett vorfanden und erfuhren, daß Charley in Washington war.

Fall B: A. E. S., Bronx, N.W., berichtet:

Als ich vor einigen Jahren als Bahnpostangestellter auf der New-York-Boston-Strecke der New Haven R.R. arbeitete, hatte ich einen guten Freund namens Gus. Wir arbeiteten drei oder vier Jahre lang auf dieser Strecke und verbrachten die Freizeit, wenn wir nicht nach Hause fahren konnten, gewöhnlich zusammen, so daß ich ihn ziemlich gut kannte.

Eines Nachts hatte ich einen sehr schlimmen Traum, einen richtigen Alptraum, so daß ich in kalten Schweiß gebadet erwachte. Ich muß etwas Lärm gemacht haben, weil meine Frau auch wach wurde und fragte, was mit mir los sei. Ich zitterte noch, und so machte ich Licht, zündete mir eine Zigarette an und erzählte ihr das Ganze. Manchmal ist es gut, man redet sich etwas vom Herzen. Ich träumte, ich saß auf dem Rücksitz eines Wagens; es war der von Gus. Er und seine Frau Mary saßen vorn, und er fuhr. Aber von fahren kann keine Rede sein. Er raste, würde ich sagen. Mary versuchte ihn zu überreden, langsamer zu fahren, doch er hörte nicht auf sie. Da merkte ich, daß er betrunken war und versuchte, mit ihm zu reden, brachte aber nichts heraus. Ich bewegte den Mund, aber kein Ton kam heraus. Ich erkannte, wo wir waren, auf der Bostoner Post Road in der Bronx, etwas südlich von Pelham, und Gus fuhr in Richtung New York.

Er verlangsamte das Tempo nicht, ja schien sogar noch schneller zu fahren. Plötzlich bog vor uns ein langer Laster aus einer Seitenstraße in unsere Straße ein. Ich versuchte ihn anzuschreien, daß er stoppen soll, und vermutlich hörte er mich oder sah ihn, denn er trat auf die Bremse und steuerte ein wenig nach links. Der Laster war alt und rollte langsam von links nach rechts über die Straße und es sah schließlich so aus, als käme er an ihm vorbei, als uns wie aus heiterem Himmel auf der Post Road ein Wagen entgegenkam und an den Laster prallte. Räder und Glasscherben und Körper und Kotflügel und Holzstücke flogen herum, und wir rasten mitten hinein. Der Wagen knüllte sich zusammen. Mary flog zur Seitentür hinaus auf die Straße und Gus mit dem Kopf voran durch die Windschutzscheibe. In diesem Moment wachte ich zitternd auf.

Ich sagte meiner Frau, sie solle Gus und Mary anrufen, doch es meldete sich niemand. Es war halb zwei Uhr früh und sie hätten daheim sein müssen. Meine Frau sagte: „Hör auf, dich zu sorgen, und schlaf weiter. Sie haben das Recht, auszubleiben, solange sie wollen. Sie sind verheiratet." Also machte ich das Licht aus und lag bis ungefähr um drei Uhr wach. Dann schlief ich wieder ein. Am nächsten Tag erfuhr ich, daß ein Unfall passiert war, und genau so, wie ich es gesehen hatte. Gus, der etwas verärgert war, war zu schnell gefahren. Mary versuchte ihn vergeblich zu bewegen, langsamer zu fahren. Es saß noch ein Ehepaar auf dem Rücksitz und Gus war sauer, weil sie unbedingt heim wollten und er noch gerne auf der Party geblieben wäre. Also hatte er nachgegeben, war aber verärgert und ließ es am Wagen aus. Der Laster war vor ihnen über die Straße gerollt, wie ich es gesehen hatte, und es sah so aus, als kämen sie hinter ihm vorbei, doch da raste der entgegenkommende Wagen hinein und alles flog in der Luft herum. Mary brach sich das Schlüsselbein, und Gus hatte eine Platzwunde am Kopf, doch keine ernste Verletzung. Die Leute hinten, ein junges Paar, die meine Frau und ich kennen, kamen mit dem Schrecken davon. Der Wagen, der Laster und der entgegenkommende Wagen waren total hin. Zum Glück gab es keine Toten, doch der Fahrer des anderen Wagens mußte mit zwei gebrochenen Rippen und einem gebrochenen Bein ins Krankenhaus. Nun, wie konnte ich das fast genau träumen, wie es geschehen war? Und ich habe es wohl zur gleichen Zeit, wie es geschsh, geträumt, aber das habe ich nie genau nachgeprüft.

Fall C: A. R. J., Santa Clara, Kalifornien, berichtet:

Ich bin Forschungschemiker und arbeite für eine der Großfirmen an der Westküste, die Raumfahrtausrüstungen herstellen. Meine Gruppe war mit der Entwicklung eines Metalls oder einer Metall-Legierung beauftragt, die sowohl extrem hohen als auch extrem tiefen Temperaturen standhielt. Wir hatten schon mit verschiedenen Kombinationen Versuche gemacht, doch war uns noch kein zufriedenstellendes Produkt gelungen. Wir stellten eins her, das sehr hitzebeständig war und ein anderes, das großer Kälte widerstand, doch brachten wir beide Tugenden nicht unter einen Hut.

Eines Nachts hatte ich einen seltsamen Traum. Ich schien in einem

Klassenzimmer zu sitzen und einer Vorlesung zuzuhören. Auch noch andere saßen an Pulten, wie ich, doch nahm ich keine Notiz von ihnen. Meine Aufmerksamkeit war auf den Dozenten gerichtet, der etwa fünfzig Jahre alt, grauhaarig und schmächtig war. Sein Gesicht sah ich nicht, weil er es der Wandtafel zuwandte, die er, während er sprach, mit Zeichen vollschrieb. Ich erinnere mich an kein Wort, das er sagte, ich weiß nur, daß es mir sinnvoll vorkam; aber die Zeichen, die er schrieb, prägten sich meinem Gedächtnis ein, denn es waren Gleichungen, die ich gut kannte. Sie hatten mit bestimmten Phasen der Arbeit zu tun, mit der ich mich in der vergangenen Woche herumgeschlagen hatte. Doch es waren nicht genau die gleichen; das Zeichen für Kieselsäure, ein vorher nicht in Betracht gezogenes Mineral, stand an verschiedenen Stellen und daneben waren bestimmte Mengenangaben notiert.

Als er seinen Vortrag beendet hatte, wandte der Dozent sich mir und den anderen, die an den Pulten saßen, zu und da wachte ich in meinem Bett auf. Doch die Wandtafel und die hilfreichen Gleichungen hatte ich deutlich in Erinnerung, und ich holte schnell Papier, um sie aufzuschreiben. Am nächsten Tag testete ich die Werte, die neue Idee, auf die mich die Gleichungen gebracht hatten, und stellte fest, daß die Legierung die meisten der gewünschten Eigenschaften besaß. Sie wird jetzt verwendet.

Ich habe keine Ahnung, wie es möglich ist, die Lösung des Problems, dem ich gegenüberstand, zu träumen, doch es war eine Lösung, und zwar eine gute.

Analyse der Träume

Diese drei Träume haben eins gemeinsam: Sie alle sind mediale Träume oder mediale Erfahrungen – doch nicht von der gleichen Art. Jeder wurde von einer anderen medialen Funktion hervorgerufen, lassen Sie sich das erklären. Im Fall A wurde Mrs. R. E. L. von ihrem Sohn angesprochen. Dieser Kontakt fand nicht auf der physischen Ebene statt. Es gibt mehrere unterschiedliche Arten, auf die diese

Verbindung zustande gekommen sein kann, und es ist unmöglich zu sagen, wie der „technische" Vorgang ablief. Jedenfalls wurde die von Frau R. E. L. gelieferte Psycho-Energie benützt und gelenkt, entweder von ihrem Sohn oder von einem fortgeschritteneren Geist, der ihm half. Da der Sohn erst kürzlich verstorben war, ist das letztere wahrscheinlicher. Es sind nämlich Übung und einige Erfahrung erforderlich, um Psycho-Energie zu handhaben, ob man nun über einen physischen Körper verfügt oder nur über dessen astrales Gegenstück; mit anderen Worten: ob man, wie wir sagen, tot oder am Leben ist. Es scheint unwahrscheinlich, daß ein erst kürzlich Verstorbener diese Fertigkeit in ein oder zwei Jahre erwerben könnte.

Im Fall B erlebte A. E. S. eine sogenannte Astralreise. Ein Teil von ihm, ein Teil, der visuell und auditiv seine Umgebung wahrnimmt, verließ seinen Körper und wurde aus irgendeinem Grund zu dem Wagen hingezogen, den sein Freund Gus fuhr. Er sah und hörte tatsächlich alles, was vor und während des Unfalls geschah, und konnte es nach dem Erwachen ziemlich genau wiedergeben. Menschen verlassen oft im Schlaf ihren Körper, doch nur selten können sie sich nach dem Erwachen an ihre Erfahrungen in diesem Zustand erinnern. Die im Astralkörper empfangenen Eindrücke sind sehr flüchtig. Sie sind so dauerhaft wie ein Schriftzug auf der Oberfläche eines Teiches. Damit man sich im Wachzustand an diese Eindrücke erinnern kann, muß Psycho-Energie verwendet werden, um sie schon während des Geschehens dem physischen Hirn einzuprägen. Das wird manchmal durch emotionale Spannung bewirkt, manchmal sorgt das höhere Selbst dafür, daß es für einen bestimmten Zweck geschieht, oder auch eine höherentwickelte Person, die eine Lektion erteilen oder sonstwie helfen möchte. Aber auch etwas dem physischen Hirn und Gedächtnis Eingeprägtes verflüchtigt sich schnell, gewöhnlich innerhalb von fünf Minuten, wenn es nicht aufgeschrieben oder jemandem erzählt wird. Die bewußte Handlung des Erzählens oder Aufschreibens bewirkt ebenfalls das dauerhafte Einprägen im Gehirn. Was haften bleibt, ist also die Erinnerung an das Geschriebene oder Erzählte.

Fall C. ist wieder etwas anders. A. R. J. hatte ein Problem, über das er viel nachdachte. Er nahm es sogar mit ins Bett. Das Ergebnis ist ganz und gar nicht ungewöhnlich, aber die Art und Weise, wie es in sein Bewußtsein gelangte, ist hochinteressant. Viele Leute überlassen die Lösung von Problemen ihrem Unterbewußtsein. Das geschieht sowohl absichtlich wie auch, wohl noch häufiger, unabsichtlich. Der Ausdruck „Unterbewußtsein" wird gewöhnlich gebraucht, um diesen Vorgang zu umschreiben, doch ist er ungenau. Das Wort „Überbewußtsein" käme der Wahrheit näher, weil der Geist sich auf die dritte Ebene, die Ebene der Inspiration und Kreativität, begeben muß, um die Lösung zu finden. Gewöhnlich hat man daran keine Erinnerung. Statt sich im wachen Zustand nutzlos mit dem Problem herumzuschlagen, nimmt man es in den Schlaf mit, und da kommt auf einmal ein Lichtblitz oder eine Idee, die alles völlig klar werden läßt. Das ist die Art und Weise, wie Menschen mit bescheidener medialer Begabung zu Lösungen kommen. Die Geübten und jene, die über mehr höhere psychische Energie verfügen, werden sich oft an die Erfahrung auf der dritten Ebene erinnern, sie jedoch in eine vertraute Assoziation übersetzen, wenn sie sie ins bewußte Gewahrsein bringen. Dies geschah bei A. R. J. Die Klassenzimmeratmosphäre war ihm vertraut. Er hatte oft ähnliche Umstände in der Schule und im Unterricht gehabt. Ferner war die Wandtafel die einfachste Möglichkeit, die langen und schwierigen Gleichungen fürs Auge festzuhalten, so daß sie lange genug in seinem Bewußtsein blieben, daß er sie aufschreiben konnte, was er dann glücklicherweise auch tat.

Das Unterscheiden von bedeutungsvollen und sinnlosen Träumen

Das Thema Traum ist umfangreich und sehr kompliziert, so daß ganze Bände geschrieben werden müßten, um ihm einigermaßen gerecht zu werden. Die allermeisten Träume sind die bedeutungslosen: hoffnungsloser Wirrwarr aus Erinnerungsstücken, phantasierten Bildgeschichten und emotionalen Bedürfnisse. Doch gibt es auch Hunderte von Träumen, die entweder ganz oder teilweise medial inspiriert sind. Diese sind gewöhnlich lebhafter und logischer; sinnvoller, möchte man sagen. Wenn Sie sich angewöhnen, Ihre Träume jeden

Morgen gleich nach dem Aufwachen aufzuschreiben, werden Sie bald in der Lage sein, das Bedeutungsvolle vom Sinnlosen zu unterscheiden. Doch warten Sie nicht, bis Sie gefrühstückt haben. Bis dahin ist die Erinnerung abgeschwächt oder völlig verschwunden. Schreiben Sie die Träume nieder, sobald Sie erwacht sind, und heben Sie die Notizen auf, damit sie sie später lesen können. Nach ein oder zwei Monaten sind sie oft verständlicher.

Viele Menschen werden in ihren Träumen vor etwas gewarnt, und viele sehen Dinge, die sich in der Zukunft tatsächlich so ereignen, wie Sie sie gesehen haben. Diese präkognitiven Erfahrungen werden Vorahnungen genannt. Wir wollen sie im nächsten Kapitel näher betrachten.

10. Kapitel

Wie Psycho-Energie Ihnen Vorahnungen bringen und Ihnen helfen kann, hellsichtig zu werden

Es gibt viele verschiedene Beweise medialer Sensitivität. Die üblichsten sind Ahnungen und Träume. Diese wurden schon besprochen. Heutzutage berichten viele Leute von Vorahnungen verschiedener Art, etliche beschreiben Erfahrungen von Hellsehen und Hellhören, und manche zeigen psychometrische Fähigkeiten. In diesem Fall ist eine bestimmte Art medialer Aktivität im Spiel, die ich nun beschreiben und erklären will.

Vorahnungen

Eine Vorahnung ist eine Warnung im voraus, zumeist vor einer drohenden Gefahr. Ich wage zu sagen, daß jeder schon Gelegenheit eine Vorahnung gehabt hat, und manche haben sie ziemlich häufig. Vorahnungen sind nicht alle gleich. Sie zeigen sich auf verschiedene Weise, und vielleicht sind sie das Ergebnis vieler verschiedener Ursachen. Hier einige Beispiele von Vorahnungen, die absolut verschieden sind.

Fall A:

Die achtjährige Mary Elizabeth und ihr fünfjähriger Bruder Billy spielten auf einem Sandhaufen in der Nähe ihres Hauses in Manhattan, New Jersey. Plötzlich hörte Mary, wie eine Stimme eindringlich rief: „Bittsy, macht, daß ihr beiden aus dieser

Sandbank herauskommt, auf der Stelle, schnell!" Ohne eine Sekunde nachzudenken stieg Mary aus dem Loch, das sie und ihr Bruder gegraben hatten, und zog den widerstrebenden Billy hinter sich her. Sie waren kaum drei Schritte von der „Höhle" weg, die sie gruben, als der ganze Sandhaufen zusammenfiel und zwei oder drei Tonnen Sand auf die Stelle stürzten, wo sie gewesen waren.

Mary schaute sich um, wer sie gerufen hatte, doch es war niemand zu sehen. Zuhause fragte sie ihre Tante Elizabeth, die seit dem Tod ihrer Mutter den Haushalt führte, ob sie gerufen habe.

„Es hat sich so angehört, als ob dieses vorerst Tante Elizabeth war," erklärte sie, „aber du hast mich Bittsy gerufen, und du sagst doch immer Mary oder Mary Elizabeth zu mir."

„Niemand außer deiner Mutter und deinem Vater hat dich jemals Bittsy genannt. Ich war's bestimmt nicht", sagte ihre Tante und fragte dann: „Was habt ihr denn gemacht?"

Als ihr die Kinder erzählten, wie der Sandhaufen zusammengebrochen war, ging sie hin und sah ihn sich an. Es war klar, daß die Kinder, wenn sie nicht rechtzeitig aus dem Loch herausgekommen wären, zermalmt und getötet worden wären. Wieder fragte sie die Kinder, was sie gehört hatten. Billy sagte, er habe nichts gehört. Mary Elizabeth sagte wieder, es habe so geklungen wie die Stimme ihrer Tante, und sie habe angenommen, es sei ihre Tante gewesen.

Die Tante aber wußte es besser. Sie hatte nicht gerufen. Sie hatte das Haus, das unter dem Hügel und außer Sichtweite der Sandbank stand, gar nicht verlassen. Doch sie wußte, daß sie und ihre Schwester Mary fast die gleichen Stimmen hatten und deshalb oft verwechselt worden waren. Doch Mary war schon vier Jahre tot.

Es ist klar, was hier geschah. Die Mutter, die immer noch um die Sicherheit ihrer Kinder besorgt war und den drohenden Zusammenbruch des Sandhaufens kommen sah, setzte mental die Psycho-Energie ihrer Tochter ein, um sie zu warnen. Die Warnung erreichte das

Bewußtsein des kleinen Mädchens wie eindringlich gesprochene Worte. Sie waren jedoch nicht hörbar, denn der Bruder hörte nichts. Diese Form der Vorwarnung ist nicht ungewöhnlich. Ein Lebender oder Toter, der die bevorstehende Gefahr erkennt, benützt die Psycho-Energie des Bedrohten und beeinflußt ihn auf die wirkungsvollste Weise, das Nötige zu tun, um ihr zu entgehen. Das ist eine Art von Vorahnung.

Fall B:

Hier nun ein anderer Typ. H. E. S., New York, N. Y. berichtet:

„Ich träumte eines Nachts, daß ich mich in einem fremden Geschäftshaus befand. Als ich den Lift betreten wollte, verwandelte sich das Gesicht des Aufzugswärters in einen grinsenden Totenschädel. Erschreckt wich ich zurück, und der Traum war zu Ende.

Als ich zwei Tage später einen Besuch im 12. Stockwerk eines alten Gebäudes machte, kam mir, während ich auf den Lift wartete, die Umgebung irgendwie bekannt vor. In diesem Augenblick öffnete sich die Tür des Lifts, und als ich einsteigen wollte, sah ich den Aufzugswärter an. Zu meinem Entsetzen verwandelte sich sein Gesicht genau wie in meinem Traum. Statt in ein freundlich lächelndes Gesicht blickte ich in die leeren Augenhöhlen eines Totenschädels. Das erschreckte mich derart, daß ich wie in meinem Traum zurückwich. Die Tür schloß sich, und der Lift fuhr nach unten. Doch er hielt nicht an. Das Kabel riß, und er stürzte alle zwölf Stockwerke hinab und landete mit einem schweren Aufprall im Keller. Der Fahrstuhlwärter und die beiden Fahrgäste wurden schwer verletzt, doch ich blieb verschont. Wodurch?"

Dieser Mann war durch seine Vorahnung gerettet worden. Sein mediales Bewußtsein sah die mögliche Gefahr schon zwei Tage voraus und suchte seinen bewußten Geist zu warnen. Die Verbindung war nicht sehr gut, so daß ihn nur ein Teil der Warnung erreichte, den er nicht verstand. Es war deshalb nötig, daß sie unmittelbar vor dem Unfall wiederholt würde.

Dies ist ein Fall medialen Bewußtseins, wo das Überbewußtsein oder Kosmische Bewußtsein (es gibt viele Namen dafür) ein höchst geniales Mittel anwandte, um dem Mann eine Warnung zukommen zu lassen. Für einen Sekundenbruchteil vermittelte es ihm die Einbildung, einen menschlichen Totenschädel statt eines normalen Gesichts zu sehen, und das erschreckte ihn genug, um ihn vor dem Unglücksaufzug zurückweichen zu lassen.

Analyse der Vorahnungen

Wie wir gesehen haben, handelte es sich hier um zwei verschiedene Arten von Vorahnungen, eine, bei der eine tote Mutter, besorgt um die Sicherheit ihrer Kinder, dem Bewußtsein ihrer Tochter rechtzeitig eine Warnung vermitteln konnte. Die andere war ein Fall von Präkognition bei einem Mann, der eindeutig über mediale Fähigkeiten verfügte, ohne daß er es wußte. Er wurde auf dramatische Weise zu einem Verhalten veranlaßt, das ihn vor einem sicheren Unfall mit Verletzung, ja möglicherweise vor dem Tod rettete. Beide Arten kommen recht häufig vor.

Es gibt buchstäblich Hunderte von aufgezeichneten Fällen beider Art und sicherlich viele, über die nie gesprochen wurde. Leider sind die Menschen sehr schüchtern und gehemmt, wenn es darum geht, von Erfahrungen zu berichten, die jenseits des „Normalen" liegen. Natürlich fürchten sie, daß die anderen ihnen nicht glauben und sich über sie lustig machen könnten. Doch heutzutage würden sie wahrscheinlich eine wohlwollende und verständige Zuhörerschaft finden, denn es gibt Tausende, die schon selbst mediale Erfahrungen hatten, und viele andere haben Aussagen glaubwürdiger Zeugen darüber gehört oder gelesen.

Eine andere Art von Vorahnung

Oft nimmt eine Vorahnung die Form eines plötzlichen positiven oder negativen Gefühls an; eines Gefühls, etwas tun zu wollen oder eine heftige Abneigung dagegen. Ein gutes Beispiel dafür ist der Bericht von Gladys Guyne im Fat Magazine vom November 1967.

Als Gladys Guyne etwa zehn Jahr alt war, wollte sie mit ihrem Vater von daheim ins Zentrum der Stadt fahren, in der sie lebten. Ihr Haus lag auf einem der die Stadt umgebenden Hügel, nur das Geschäftsviertel befand sich unten im Tal. Der elektrische Trolleybus war das übliche Verkehrsmittel, das sie nehmen wollten.

Als der Wagen vor ihnen anhielt und sie einsteigen wollten, bekam die kleine Gladys plötzlich furchtbare Angst und weigerte sich. Sie schrie: „Bitte, Papa, können wir nicht zu Fuß gehen? Ich möchte zu Fuß gehen, ich will nicht einsteigen."

Um eine Szene zu vermeiden, gab der Vater nach und sie machten sich zu Fuß auf den Weg. Als sie sich nach zwanzig Minuten dem Einkaufsviertel näherten, lag da der umgekippte Bus. Die Bremsen hatten versagt, und er war mit zunehmender Geschwindigkeit den Hügel hinuntergerast, bis er aus den Schienen sprang und umfiel. Alle Fahrgäste erlitten schwere Verletzungen, und einige blieben ihr Leben lang verkrüppelt.

Als man Gladys Guyne fragte, hatte sie keine Ahnung, weshalb sie sich geweigert hatte, mit dem Bus zu fahren. Sie war erst zehn Jahre alt, und alles, was sie sagen konnte, war: „Ich wollte einfach nicht in den scheußlichen alten Bus steigen."

Das ist ein gutes Beispiel dafür, wie eine Vorahnung sich durch ein Gefühl der Abneigung oder des Nichtwollens ausdrückt, und dies kommt sehr häufig vor. Der Betreffende hat Psycho-Energie und präkognitive Fähigkeiten, doch weiß er nichts davon. Wahrscheinlich kommen auf jede Vorahnung, die Beachtung findet, viele, die man mit einem Achselzucken abtut. Sie sehen daran, wie wichtig es ist, daß Sie ihre medialen Fähigkeiten entwickeln und für ihre höchste Funktionstüchtigkeit erforderliche Psycho-Energie aufnehmen.

Hellsehen

Hellsehen nennt man die Fähigkeit, auf der Äther- und Astralebene zu sehen, die normalerweise außerhalb des körperlichen Sehvermögens liegen. Hellhören ist die Fähigkeit, Laute – zumeist Stimmen – zu vernehmen, die normalerweise für das menschliche Ohr nicht hörbar sind. Hellsehen und Hellhören werden oft als „niedere mediale Fähigkeit" bezeichnet, eine Rubrik, in die man auch Vorahnungen, mediale Träume und die Fähigkeit zur Psychometrie einordnet. Alle diese bemerkenswerten Fähigkeiten beweisen eine Sensitivität für das Wirken der Psycho-Energie, auf der astralen und ätherischen Ebene. Ein Mensch kann auf der Astralebene völlig wahrnehmungsfähig und imstande sein, sich in dieser feinstofflichen Welt mit erstaunlicher Freiheit zu bewegen, ohne jedoch jemals höher aufzusteigen. Es gibt aber weit größere und wichtigere Bereiche über dem Astralen, die darauf warten, entdeckt zu werden.

Der Schleier zwischen der physischen und ätherischen Ebene

Wenn wir uns auf das in einem früheren Kapitel benützte Gleichnis beziehen, können wir unsere Existenz, unser ganzes Sein als ein Haus mit verschiedenen Stockwerken betrachten. Jeder kennt das Erdgeschoß, nämlich die normale physische Welt, in der die Menschen leben. Die nächste Ebene, ein Stockwerk höher, ist die Astralebene oder Welt der Gefühle. Zwischen diesen beiden befindet sich eine Zwischenebene, fast wie ein Balkon über dem Erdgeschoß, mit Eigenschaften beider Ebenen. Man nennt sie gewöhnlich die ätherische oder Energie-Ebene. Heutige Mystiker sagen, daß der Schleier zwischen den beiden, der physischen und der ätherischen Ebene, immer dünner werde. Das drückt symbolhaft aus, daß heute mehr Psycho-Energie denn je zuvor in die Menschenwelt einströmt, und daß diese Energie zuvor unbekannte und unentwickelte Fähigkeiten in Tausenden wachruft. Ich bin bestrebt, Sie in diesem Buch mit einigen der vielen Funktionsweisen dieser Fähigkeiten bekanntzumachen. Auch zeige ich Ihnen Methoden, mit denen Sie, wenn Sie wollen, mehr über Ihre eigenen Fähigkeiten erfahren und lernen können, sie zu entwikkeln. Es ist wahr, daß bei einem Menschen, der sich der Vollkommenheit nähert, alle Fähigkeiten wach werden. Doch geschieht das nicht in gleichem Maß. Jede entwickelt sich für sich, wenn Aufmerksamkeit darauf gelenkt wird. Im Kapitel über Inspiration wies ich darauf hin, daß ein passionierter Musiker seine Inspiration auf diesem Gebiet und nicht auf dem der Malerei erlangt, während der Architekt, der zusätzliche Psycho-Energie sucht und erwirbt, erlebt, wie Ideen für Monumente und Gebäude ihm zuströmen, nicht für Gedichte. Da große Mengen an Energie aktiviert werden, wird sich unvermeidlich mehr als eine Art von Fähigkeiten entwickeln. Leonardo da Vinci war nicht nur ein genialer Maler, sondern auch ein großer Erfinder, der seiner Zeit um Jahrhunderte vorauseilte. In unseren Tagen war Nikolas Roerich, vielleicht der hervorragendste Künstler des 20. Jahrhunderts, auch ein begabter Schriftsteller, ein hervorragender Redner und ein höchst klarsichtiger und erfolgreicher Archäologe. Aber auch eine Reise von hundert Kilometern muß mit dem ersten Schritt beginnen, und ebenso ist es bei der Entwicklung psychischer Fähigkeiten: Man muß sich erst einmal auf eine einzige konzentrieren, unter Ausschluß der übrigen. Es werden hier die Unterschiede zwischen ihnen aufgezeigt und die wichtigsten kurz beschrieben, damit Sie nicht wie so viele fälschlich annehmen, sie seien alle das Gleiche und wenn Sie eine besäßen, würden Sie alle besitzen.

Die mediale Fähigkeit der Inspiration

Inspiration ist eine der sogenannten höheren medialen Fähigkeiten. Wenn wir nochmals unseren schwerfälligen Vergleich mit dem Haus mit vielen Stockwerken gebrauchen, können wir sagen, daß die Inspiration sich im dritten Stock befindet. Hier wirkt die Psycho-Energie im Mentalen. Emotionen werden, wenn sie überhaupt hereinspielen, als Werkzeuge oder Instrumente des Mentalen benützt. Auf der dritten Ebene ist nicht nur die für den menschlichen Fortschritt so wichtige Inspiration zu finden, sondern auch die Zukunftsschau, die sich als beste Prophetie erweist. Um diese Bewußtseinsebene zu erreichen, sind tiefes Verständnis, eine sorgsam anzuwendende Technik und Vertrauen erforderlich. Näheres finden Sie im Kapitel über Projektion. Doch fahren wir nun mit unserer Untersuchung der niederen medialen Fähigkeiten fort, und betrachten wir als nächste die Fähigkeit, sichtbare Eindrücke aus der Äther- oder Astralebene zu empfangen. Sie wird „Hellsehen" genannt.

Wie Hellsehen auf der Ätherebene funktioniert

Wir betrachten das Funktionieren unseres physischen Sehvermögens als selbstverständlich. Doch es bedarf des kombinierten Wissens eines Augenspezialisten und eines Psychologen, um den komplizierten Vorgang zu beschreiben, durch den Eindrücke von außen unser Gehirn erreichen, damit das Auge sieht. Mediale Eindrücke manifestieren sich visuell auf sehr einfache Weise, doch ist es noch schwieriger, diesen Vorgang jemandem klarzumachen, der ihn nicht tatsächlich selbst erlebt hat. Vielleicht trägt eine Fallgeschichte zum Verständnis des Hellsehens auf der Äther-Ebene bei:

„Mrs. G. M. ist die Witwe eines sehr reichen Mannes. Einst nahm sie in der Gesellschaft eine Schlüsselstellung ein, und man sagte, eine Einladung in ihr Haus garantiere gesellschaftliches Ansehen. Heute verbringt sie die meiste Zeit in Krankenhäusern und Kliniken als medizinische Assistentin von zwei Ärzten. Sie besitzt keine ärztliche Ausbildung und nicht einmal die Grundausbildung einer Krankenschwester, doch sie hat eine ungewöhnliche Begabung, und von dieser machen die beiden Mediziner Gebrauch. Hier ein Beispiel, wie sie arbeitet:

Dr. A. hatte eine Patientin, die über chronische Kopfschmerzen klagte, und er beschloß, Mrs. M. nach ihrem Eindruck zu fragen. Er bat sie, beim nächsten Besuch der Patientin in seine Praxis zu kommen, und als sie da war, sagte er ihr: „Meine Patientin befindet sich im nächsten Zimmer. Ich habe sie gebeten, einige Minuten auf und ab zu gehen, um ihr Herz anzuregen. So habe ich Ihnen Gelegenheit gegeben, sie von allen Seiten zu betrachten, während Sie dasitzen, als ob Sie auf mich warten, bis ich frei bin. Gehen Sie also bitte hinein. In zwei oder drei Minuten rufe ich meine Patientin, und danach können Sie mit mir besprechen, was Sie beobachtet haben."

Eine halbe Stunde später, als Dr. A. und Mrs. M. wieder allein in seinem Praxisraum waren, fragte er ungeduldig: „Was haben Sie gesehen? Irgend etwas Ungewöhnliches?"

„Ich glaube nicht, daß diese Frau etwas Ernstes hat", berichtete Mrs. M. „Der Energie-Wirbel an ihrer Kehle ist etwas aktiver als normal, und es sind rote Blitze darin, die nicht dahin gehören. Doch könnte dies eine Wirkung und nicht eine Ursache sein. Es scheint mir, das Problem in diesem Fall liegt bei den Verdauungsorganen. Sie sind zu dunkel gefärbt, und die Energiezapfen sind träge und leicht unregelmäßig in ihrer Schwingungsbewegung. Ich glaube, es wäre ein Darmanregungsmittel angebracht, etwas, das die Darmtätigkeit beschleunigt."

Dr. A. dankte ihr und sagte, er habe eine röntgenologische Magen-Darm-Untersuchung vor, die am nächsten Tag, zusammen mit anderen Untersuchungen, vorgenommen werden solle. Später sagte er dann Mrs. M., seine eigene Untersuchung der Patientin habe bestätigt, was sie in drei oder vier Minuten herausgefunden hatte. Seine aufwendigen und gründlichen Untersuchungen nahmen zehn Tage in Anspruch und hätten vielleicht noch länger gedauert, hätte er sich nicht durch die Beobachtungen von Mrs. M. den Weg weisen lassen.

Wie Sie sehen, Dr. A. ist aufgeschlossen und bereit, auch unkonventionelle Methoden anzuwenden, um seinen Patienten zu helfen. Seine Behandlung in diesem Fall war interessant. Er setzte Medikamente nur als kurzzeitige Abhilfe ein und hörte dann damit auf. Sein Grundrezept waren tägliche körperliche Übungen für die Hüfte und den Unterleibsbereich. Das brachte nicht nur vermehrte Blutzufuhr in die Gedärme und benachbarten Organe, sondern stärkte die gesamte Unterleibsmuskulatur. Die Patientin wurde ihr Kopfweh los, und es ist seit zwei Jahren nicht mehr zurückgekehrt.

Mrs. G. M. hat ausgezeichnete Sehfähigkeit im ätherischen Bereich. Sie entdeckte dies durch Zufall, und weil sie sich das dabei Erlebte nicht erklären konnte, vertraute sie sich Doktor L. an, einem der beiden Männer, mit denen sie heute zusammenarbeitet. Es war sein und ihr großes Glück, daß er die Natur ihrer Begabung verstand. Wenn sie will, wird die gesamte Energiestruktur des vor ihr stehenden Menschen für sie sichtbar. Sie sieht die sich rasch drehenden Räder und Lichtzapfen, die in verschiedenen Geschwindigkeiten und Farben schwingen. Zuerst war es für sie ein sinnloses Durcheinander, doch mit Hilfe von Dr. L. lernte sie die medizinische, anatomische und physiologische Bedeutung des Menschen kennen. Heute ist sie eine gute Diagnostikerin, und diese beiden Ärzte stützen sich weitgehend auf ihre Beobachtungen. Allerdings verlassen sie sich nie allein auf das, was sie sieht, sondern untersuchen sehr sorgfältig mit allen ihnen zur Verfügung stehenden Methoden. In vielen Fällen konnte sie körperliche Schwächen herausfinden, die noch ein Jahr oder länger unentdeckt geblieben wären, hätten die Ärzte nicht auf ihre Anregung hin entsprechende Untersuchungen vorgenommen.

Die Hellsichtigkeit von Mrs. M. ist auf der physischen und ätherischen Ebene sehr gut. Ich erwähne hier auch die physische, denn sie hat ihre bemerkenswerte Fähigkeit kürzlich auf höchst ungewöhnliche Weise ausgedehnt: Unter Führung ihrer beiden medizinischen Mitarbeiter hat sie sich darin geübt, in den physischen Körper selbst „hineinzuschauen" und zu verstehen, was sie da sieht. Das ist eine weitere erstaunliche Gabe der Psycho-Energie, eine Fähigkeit, die in den medizinischen Ausbildungsstätten von morgen untersucht und bewußt entwickelt werden wird. Mrs. M. kann in die inneren Organe des Körpers blicken und jede vorhandene Fehlfunktion oder Schädigung tatsächlich sehen und erkennen. Das ist eine Vorwegnahme der medizinischen Diagnose kommender Zeiten. Viele haben bereits in einem gewissen Grad diese Fähigkeit, verstehen sie aber nicht. Man sollte diese Menschen ausfindig machen und ihre natürliche Hellsichtigkeit so weit ausbilden, daß sie sich nützlich einsetzen läßt. Es ist schon genug Zeit verschwendet worden. Wir müssen uns bemühen, Psycho-Energie praktisch auf nutzbringende Weise einzusetzen! Normalerweise hat Mrs. M. keine Astralschau, obwohl diese bei Hellsehern viel häufiger anzutreffen ist. Natürlich bemerkt sie auch emotionalen Streß, weil sich die Energiemuster unter emotionalem Streß verändern. Die Veränderung der emotionellen Färbung kann sie jedoch im allgemeinen nicht sehen. Fast jeder der Hellsichtigen funktioniert auf der Astralebene, und das ist für die meisten auch der Bereich, für den sie das größte Interesse haben. Fast alle von uns sind emotional ausgerichtet, und Energie strömt am stärksten dorthin, wohin unsere Aufmerksamkeit sie schickt. Deshalb registrieren die meisten Hellsichtigen die Vorgänge auf der Astralebene. Dafür gibt es Tausende von Beispielen.

Emotionen können Hellseh-Erfahrungen auslösen

Vielleicht haben Sie selbst oder jemand, den Sie kennen, schon eine Hellseh-Erfahrung gehabt. Wenn das bei einem durchschnittlichen Menschen vorkommt, der von diesen Dingen nichts weiß und darin nicht ausgebildet ist, dann ist die Ursache ein starker emotionaler Auslöser oder eine Gefühlsspannung. Ein Angehöriger stirbt und ein paar Nächte später erwacht man aus tiefem Schlaf und sieht diesen Angehörigen in der Nähe des Bettes stehen. Er sieht jung, kräftig und gesund aus. Ein Leuchten ist in seinen Augen, und wenn er spricht, ist seine Stimme fest und stark. Manchmal wird eine Botschaft vermittelt, manchmal kann man durch ihn etwas sehen.

Diese Art Hellsichtigkeit ist sehr verbreitet. Der auslösende Reiz ist emotionaler Art, eine emotionelle Spannung als natürliche Folge des Verlustes eines vertrauten oder gar geliebten Menschen. Dazu kommt der Wunsch des Abgeschiedenen, Freunde und geliebte Menschen davon zu überzeugen, daß er noch lebt und glücklicher und stärker ist als zuvor. Der Lebende liefert die Psycho-Energie und der Abgeschiedene die Gedankenform, welche die Psycho-Energie zu einem sichtbaren Bild formt, wobei der Wunsch und das Verlangen als Werkzeug eingesetzt werden. Hier ein wirkliches Erlebnis zur Illustration:

Arthur S. und seine Schwester Betty lebten zusammen im Elternhaus, bis diese Harold heiratete, der von Kindheit an mit beiden befreundet war. Nach der Heirat lebte Arthur weiter in dem alten Haus, während Betty und Harold in einem anderen Stadtteil ein neues erbauen ließen. Arthur und Betty waren beide aufgeschlossen für die Frage des Weiterlebens nach dem Tod. Doch beide hatten keine festen Überzeugungen und sagten offen, daß sie darüber nicht Bescheid wüßten. Harold hingegen war ein Materialist, der sich über die Vorstellung eines Weiterlebens lustig machte und mehr als einmal sagte: Wenn man tot ist, ist man tot, ein für allemal.

Nach zehn glücklichen Ehejahren erkrankte Harold an einem Herzleiden und starb ganz plötzlich. Arthur schlug Betty vor, ins alte Heim zurückzukehren und dort wie vor ihrer Heirat zu leben. Doch sie hing an dem Haus, das sie und Harold erbaut hatten und in dem sie so viele glückliche Jahre verbracht hatte. Sie sah wohl die entschiedenen Vorteile eines gemeinsamen Haushalts, nicht zuletzt auch in wirtschaftlicher Hinsicht. Doch aus Sentimentalität und vielleicht auch aus Stolz auf das eigene Haus entschied sie sich dagegen.

Ungefähr vier Monate nach Harolds Tod erwachte Arthur plötzlich eines Nachts mit dem Gefühl, jemand habe seinen Namen gerufen. Das Zimmer war still, doch auf der Schwelle zum Flur stand Harold. Arthur konnte ihn genau sehen, „in voller Farbe", wie er hinterher sagte, obwohl kein Licht im Zimmer war. Er sah jung und gesund aus, etwa so wie bei seiner Verheiratung vor zehn Jahren.

Als er sicher war, daß Arthur ihn bemerkte, sagte er: „Ich möchte, daß du Betty etwas sagst." Er fing zu sprechen an, doch dann wurde seine Stimme immer dünner, bis sie nicht mehr zu hören war, und seine Erscheinung wurde nebelhaft verschwommen und verschwand. Überzeugt, daß er geträumt hatte, drehte sich Arthur um und schlief bald ein. Er wußte nicht, wie lange es dauerte, bis er wieder geweckt wurde, diesmal spürte er, daß jemand seinen rechten Arm hielt und ihn schüttelte. Als er sich schließlich aufrichtete, sah er Harold nahe am rechten Bettrand stehen, deutlich sichtbar wie beim ersten Mal. Harold sagte: „Ich möchte, daß du Betty sagst, daß ich finde, sie soll wieder hierher ziehen. Ich weiß, du hast es ihr schon vorgeschlagen, aber sage ihr, daß ich es gern möchte. Sie kann unser Haus verkaufen, und wenn sie es vor dem Sommer tut, wird sie einen guten Preis erzielen." Arthur wollte fragen, wie er Betty überzeugen könne, daß Harold das wolle, doch ehe er etwas sagen konnte, fuhr sein Besucher fort: „Sie wird die Urkunde benötigen. Sie ist nicht bei den anderen Papieren im Safe, sondern in einem Umschlag in der Mitte der linken Schublade meines Schreibtisches. Sage es ihr."

Nachdem er das gesagt hatte, verschwand er ganz plötzlich, ohne wie bei der ersten Erscheinung in einen Nebel zu verschwimmen. Arthur berichtete alles Betty, und als sie die Urkunde tatsächlich an der Stelle fand, die Harold genannt hatte, war sie davon überzeugt, daß es sein Wunsch war, daß sie wieder zu ihrem Bruder zog.

Durch Psycho-Energie hervorgerufene Hellseh-Erfahrung

Aus diesem Bericht geht klar hervor, daß Harold den starken Wunsch hatte, seiner Frau einen Rat zu erteilen. Das schuf Umstände und Bedingungen für die Hellseh-Erfahrung. Arthur hatte keinerlei Erfahrungen auf diesem Gebiet und war auch nicht am Mystischen oder Okkulten interessiert. Doch hatte er das, was man eine magnetische Persönlichkeit nennt, und so war es seine Psycho-Energie, die Harolds Körper sichtbar und seine Stimme hörbar machte. Auch für Harold war dies eine neue Erfahrung, wie der anfängliche Fehlschlag und die Notwendigkeit eines zweiten Versuchs beweisen. Man könnte fast denken, daß er instruiert worden war, was er tun solle und wie er es tun solle, als die Sorge um das Wohlergehen seiner Frau ihn mit dem Wunsch erfüllte, mit ihr in Verbindung zu treten.

Einem ausgebildeten Hellseher ist es möglich, beinahe willentlich auf der Astralebene zu sehen. Ich sage „beinahe", denn es gibt Gelegenheiten, wo sein Können herabgesetzt ist und nicht voll funktioniert. Arthur Ford in Amerika und John Pendragon in England sind, obgleich sehr unterschiedliche Persönlichkeiten, beide wohlbekannte Medien, die willentlich hellsehen können. Mediumistische Kräfte und Hellsichtigkeit sind nicht immer in einer Person vereint, doch bei hochentwickelten Menschen ist das oft der Fall. Der Geistliche Arthur Ford ist häufig von Wissenschaftlern aufgesucht worden, die einen Beweis für das Leben nach dem Tode haben wollten. Bei einer solchen Gelegenheit sagte er zu seinem Besucher: „Ein junger Mann steht bei Ihnen. Seine Hand liegt auf Ihrer Schulter." Dem verwirrten Forscher, der nichts Außergewöhnliches sehen und fühlen konnte, erschien diese Aussage als Scharlatanerie. Er konnte es einfach nicht glauben und war natürlich der Meinung, der Hellseher schwindle. Alle angebotenen weiteren Beweise lehnte er völlig ab oder nahm sie mit Skepsis auf. Doch Ford sah den jungen Mann tatsächlich und fuhr fort, die Erscheinung des toten Sohnes des Forschers zu beschreiben.

Es soll an diesem Wissenschaftler keine Kritik geübt werden. Wir alle sind so sehr darauf eingestellt, uns nur auf das zu verlassen, was unsere fünf Sinne unserem Bewußtsein vermitteln, daß es einer großen Aufgeschlossenheit bedarf, um die Tatsache gelten zu lassen, daß es Menschen mit Sinnesorganen gibt, deren Wahrnehmungsfähigkeit über das Physische hinausreicht. Noch überraschender dürfte für den Durchschnittsmenschen die Mitteilung sein, daß er selbst diese Wahrnehmungsfähigkeit besitzt und durch Übung lernen kann, sie anzuwenden.

Wie man seine Hellseh-Fähigkeit verbessert

Hier ist eine einfache Übung, die Sie unbedingt machen sollten, und zwar so oft wie möglich, am besten mehrmals täglich. Es kann daraus nur Gutes erwachsen.

1. Sitzen Sie entspannt in bequemer Haltung und schließen Sie die Augen.

2. Legen Sie die Zeigefingerspitze jeder Hand auf das geschlossene Lid des entsprechenden Auges, so daß sie direkt auf der Pupille ruht.

3. Machen Sie in dieser Stellung drei tiefe Atemzüge und halten Sie vor dem Ausatmen jedesmal die Luft so lange wie möglich an.

4. Während des Atemanhaltens stellen Sie sich bildlich vor, daß Ihr Kopf und Ihre Schultern von einer strahlend weißen Wolke lichtschimmernder Psycho-Energie umgeben sind.

5. Fühlen Sie beim Ausatmen, wie diese Energie in Ihren Armen abwärts strömt und aus den Spitzen Ihrer Zeigefinger in Ihre Augen eindringt. Achten Sie darauf, daß Sie nicht auf Ihre Augen drücken. Legen Sie die Fingerspitzen nur leicht auf die geschlossenen Lider, so daß die Augäpfel sich jederzeit frei bewegen können.

Noch einmal: Wiederholen Sie diese Übung, so oft es geht, möglichst mehrmals täglich. Die Ihren Augen auf diese Weise direkt zugeführte Psycho-Energie wird körperlich wie seelisch wohltun. Sie wird Ihre Augenmuskeln stärken und die Sensitivität der Sehnerven verstärken, so daß sich Ihre Sehkraft verbessert. Viele, die seit langem daran gewöhnt waren, eine Brille zu tragen, stellten nach einigen Monaten solchen Übens fest, daß sich ihre Sicht so verbessert hatte, daß sie keine Brille mehr brauchten. Doch auf weite Sicht wichtiger wird das allmähliche Wiedererwachen Ihrer latenten Hellsichtigkeit sein. Zuerst werden Sie aus den Augenwinkeln Bewegungen feststellen, die beim direkten Hinsehen verschwinden. Dann werden Sie Schatten wahrnehmen, wo es gar keine geben sollte. Schließlich werden wirkliche Formen sichtbar werden, was Sie ermutigen sollte, auf vollkommene Hellsichtigkeit hinzuarbeiten und sie zu erlangen.

11. Kapitel

Wie Psycho-Energie Ihnen helfen kann, die Fähigkeiten Hellhören und Psychometrie zu entwickeln

So überraschend es klingen mag: Fast jeder Mensch ist der sogenannten übersinnlichen Wahrnehmung in einem gewissen Grad fähig.
Da aber die Eindrücke, denen unsere physischen Sinne ausgesetzt sind,
so stark sind, werden subtilere Mitteilungen nicht registriert. Selbst
wenn ein wenig davon ins Bewußtsein drängt, werden diese leisen
Berührungen oder Laute meistens nicht beachtet. Das menschliche
Ohr registriert Laute zwischen 50 und 12 000 Schwingungen je
Sekunde. Kinder, ausgebildete Musiker und bestimmte Tiere können
noch Laute zwischen 15 000 und 20 000 Schwingungen wahrnehmen –
eine Frequenz, die für die meisten Leute Stille bedeutet.

Die subtilen Eindrücke, die ein Hellhörender aufnimmt, sind
eigentlich nicht Töne im üblichen Sinn. Es sind wohl auch Schwingungen, doch von sehr hoher Frequenz, doch das ist alles, was sie mit den
gewöhnlichen Lauten unseres Alltags gemeinsam haben. Das Bewußtsein dessen, der sie hört, nimmt sie als Laute wahr, doch nur, weil er
seine Wahrnehmungsfähigkeit darauf trainiert hat, diese extrem hoch-
frequenten Schwingungen auf eine Ebene herabzuholen, wo sein
Gehirn sie aufnehmen kann. Das ist eine erlernte Fähigkeit – das
Ergebnis einer bewußten Bemühung um Erkenntnis, die in diesem
oder jenem früheren Leben unternommen wurde und die auf mediale
Wahrnehmung durch das Gehör ausgerichtet war.

Es bedarf einer Erklärung, weshalb Hellhören der am häufigsten vorkommende mediale Sinn ist. Ich will Ihnen den Grund sagen und Ihnen eine Technik vermitteln, die Sie befähigen wird, diese Fähigkeit, falls Sie sie schon in sich tragen, zu erneuern, oder falls Sie sie noch nicht besitzen, zu entwickeln.

Vor vielen Jahrtausenden (ich zögere zu sagen vor wie vielen, um nicht auf Unglauben zu stoßen) gab es zwei Grundarten menschlicher Wesen. Die einen glichen dem heutigen Menschen in der westlichen Welt – sie waren intelligent, wohlgestaltet, gutaussehend und gesund. Diese Oberklasse umfaßte viele verschiedene Rassen, unter denen am stärksten Menschen vertreten waren, die eine bläuliche oder eine rötlich-bronzefarbene Haut hatten. Sie beherrschten den Planeten und sahen sich selbst als die einzigen menschlichen Wesen. Die anderen wurden von ihnen als „Primitive" betrachtet, nicht als menschliche Wesen. Diese „Primitiven" waren dumm und hatten plumpe, unförmige Körper, die oft Tiermerkmale wie Schwänze und Hörner aufwiesen. Kein Wunder, daß die „Menschenähnlichen" sie verächtlich behandelten und als Sklaven benützten. Doch waren diese „Primitiven" tatsächlich menschliche Wesen, die sich noch nicht entwickelt hatten, und schließlich wurden sie auch als solche erkannt und entsprechend behandelt. Doch das war viele Jahrtausende später, fast schon in der Neuzeit. Die „Menschenähnlichen" besaßen außer ihrer überlegenen Intelligenz noch viele andere Eigenschaften und Fähigkeiten, deren sich die „Primitiven" nicht erfreuten. Dazu gehörte auch die Fähigkeit zu telepathischem Kontakt untereinander, falls erforderlich. Die „Primitiven" hatten keine Vorstellung von dieser Gabe, geschweige denn die Fähigkeit, sie einzusetzen, und deshalb waren die „Menschenähnlichen" ihnen gegenüber sehr im Vorteil. Die Zahl der „Primitiven" überstieg die der „Menschenähnlichen" um ein Vielfaches, und so versuchten sie natürlich, wenn sich die Gelegenheit bot, ihre zahlenmäßige Überlegenheit zu nützen, um Macht zu gewinnen. Doch infolge ihrer telepathischen Fähigkeiten konnten sich die „Menschenähnlichen" leicht zur Wehr setzen, gewöhnlich mit geistverwirrenden Waffen, gegen die die „Primitiven" hilflos waren. So wurden diese untermenschlichen Wesen in Unterwerfung gehalten und Jahrtausende lang als Sklaven benützt.

Die Bedeutung telepathischer Verständigung

Daraus läßt sich ersehen, wie wichtig es für jeden „Menschenähnlichen" war, die Fähigkeit zur Aussendung und zum Empfang telepathischer Botschaften zu entwickeln. Die meisten „Menschenähnlichen" wurden bereits als fähige Telepathen geboren, doch nicht alle. Wer diese Gabe nicht bis zum siebten Lebensjahr ausreichend entwickelt hatte, erhielt eine Schulung, welche die Psycho-Energie erweckte und die betreffenden Zentren stimulierte. Da die Schulung für kleine Kinder, Jungen und Mädchen von sieben bis zehn Jahren, gedacht war, ist sie ganz einfach. Ich will sie Ihnen darlegen, damit Sie sich selbst, wenn Sie wollen, ausbilden können. Die Sieben- bis Zehnjährigen brauchten meist drei Jahre, bis sie die telepatische Verständigung ebenso beherrschten wie die verbale. Wenn Sie darin schöne Erfahrungen haben, was durchaus möglich ist, werden Sie nicht so lange brauchen, da Sie ja nicht etwas völlig neu erlernen, sondern nur in sich wachrufen, was Sie in längst vergessener Vergangenheit bereits beherrschten.

Ein Experiment im Hellhören

Sie benötigen dazu einen Helfer, den Sie über den Sinn dieser Übung aufklären können oder auch nicht, ganz wie Sie wollen. Bevor ich Ihnen diese Technik mitteile, möchte ich nochmals betonen, daß sie ganz einfach ist, doch nehmen Sie sie deshalb nicht auf die leichte Schulter. Sie ist sehr wirksam, und das seit Jahrtausenden. Dies ist eine moderne Version, nicht ganz dieselbe wie früher, aber genauso wirksam:

1. Nehmen Sie ein Buch mit Versen oder Gedichten, am besten eines mit rhythmischen und gereimten Vierzeilern.

2. Ziehen Sie sich an einen Ort zurück, wo Sie etwa 15 Minuten lang keine Unterbrechung zu erwarten haben und nicht durch Geräusche von außen gestört werden.

3. Setzen Sie sich bequem in entspannter Haltung hin und bitten Sie Ihren Mitarbeiter, ein Stück weit entfernt von Ihnen abgewandt Platz zu nehmen.

4. Lassen Sie Ihren Mitarbeiter einen Vers auswählen und ihn einmal durchlesen.

5. Dann bitten Sie ihn, jeweils nur eine Zeile zu lesen, und Sie wiederholen die Zeile, nachdem er sie vorgelesen hat, eine nach der anderen. Das wiederholen Sie dreimal.

6. Beim vierten Mal soll er die ersten drei Zeilen mit Ihnen lesen, Sie wiederholen wie zuvor, doch nach der dritten Zeile soll er anhalten und sie still für sich lesen.

7. Bemühen Sie sich, die Zeile laut zu sagen, während er sie still liest oder danach. Freuen Sie sich nicht zu sehr, falls es gelingt, und seien Sie nicht enttäuscht, wenn es nicht gelingt. Das ist nur eine Übung.

8. Dann gehen Sie zu einem anderen Gedicht über. Es braucht nicht nur vier Zeilen zu umfassen. Jedes kurze Gedicht eignet sich dafür, doch mehr als sechs Zeilen sollte es nicht haben, sonst zieht sich das Lesen zu sehr in die Länge, und die Sache wird erschwert.

9. Gehen Sie von Vers zu Vers weiter, und dehnen Sie die Übung nicht mehr als 15 bis 30 Minuten aus.

Das scheint mehr eine Gedächtnisübung zu sein als Telepathie-Training. Anfangs mag es auch völlig auf Gedächtnisleistung beruhen, doch wenn Sie von Vers zu Vers weitergehen und dabei nie wiederholen, werden Sie allmählich merken, daß ein anderer Faktor ins Spiel kommt. Sie werden die Stimme Ihres Mitarbeiters zu hören meinen, auch wenn er still ist. *Das ist der Beginn der Entwicklung Ihrer Hellhör-Fähigkeit.*

Versuchen Sie, einen Mitarbeiter zu finden, der Ihnen sympathisch ist, der auch Sie mag und Ihnen gerne hilft. Ein widerstrebender Mitarbeiter oder einer, der Abneigung gegen Sie hegt oder gegen Sie aufgebracht ist, ist wertlos. Seien Sie sich klar darüber, daß Sie tatsächlich eine von Ihrem Mitarbeiter ausgesendete telepathische

Botschaft empfangen wollen, ob er nun davon in Kenntnis gesetzt ist oder nicht. Also ist es wichtig, daß eine gewisse Harmonie zwischen Ihnen besteht. Wenn Sie Fertigkeit und Kraft darin entwickelt haben, ist eine vorherige Abstimmung nicht mehr wichtig, doch am Anfang ist sie erforderlich.

Erwarten Sie nicht sofortigen Erfolg. Und wenn sich Anzeichen für einen Erfolg zeigen, dann setzen Sie unbedingt Ihr Training fort. Der Durchschnittsmensch braucht zwei oder drei Monate täglicher Übung, um die inneren Fähigkeiten wachzurufen. Sollten Sie schon früher Ergebnisse bekommen, so ist dies ein sicheres Anzeichen dafür, daß Sie schon teilweise erwacht sind. Indem Sie von einem Vers zum nächsten weitergehen, einen neuen und jedesmal anderen wählen, vermindern Sie die Möglichkeit, daß das Gedächtnis der einzige Faktor ist. Sie können das Lesen auch von vier- auf dreimal reduzieren, später von drei- auf zweimal. In diesem Fall haben Sie die Zeile nur einmal laut gehört, ehe Sie sie wiederzugeben versuchen. Ihr Mitarbeiter kann das Vorgehen auch verändern, indem er statt der letzten Zeile die zweite oder dritte still liest. Das sollte er unerwartet tun, ohne Vorankündigung, um die höchstmögliche Wirksamkeit zu erzielen.

Allmählich werden Sie erkennen, daß Sie die Fähigkeit des Hellhörens besitzen. Fördern Sie diese neuentdeckte Fähigkeit. Sie werden beginnen, Laute und Stimmen zu hören, die nicht im normalen physischen Hörbereich liegen. Versuchen Sie, sie aufzufangen. Zeigen Sie Interesse dafür. Ihre Energie strömt dorthin, wo Ihr Interesse liegt, und dies ist eine vorzügliche Weise, Ihre Psycho-Energie zu entwikkeln.

Eine Mahnung zur Vorsicht

Nun ein Wort, das zur Vorsicht mahnt. Wenn Sie Fertigkeit, ja Meisterschaft darin erlangen, werden Sie viele verschiedene Stimmen vernehmen. Es ist nicht nötig, auf alle zu hören. Manche können hilfreich, andere das Gegenteil davon sein. Lernen Sie auszuwählen. Genauso leicht wie auf der physischen Ebene ist es auf der Astralebene, unerwünschte Gesellschaft zu meiden. Ein fester Entschluß Ihrerseits ist alles, was nötig ist.

Es gibt viele Intelligenzen, die auf der physischen Ebene einen Kontakt, ein Sprachrohr suchen. Es sind nicht immer entkörperte Geister, also Astralkörper von Verstorbenen, wie man annehmen könnte, sondern sie kommen aus verschiedenen Ebenen, denn die Astralwelt ist weit größer und vielgestaltiger als die physische Welt. Seien Sie also wählerisch. Manche mögen Ihnen zu schmeicheln versuchen, um Ihre Aufmerksamkeit für sich allein zu gewinnen. Meiden Sie diese wie die Pest. Andere, die es ganz gut meinen, versuchen, Ihnen jede Entscheidung auf der physischen Ebene abzunehmen. Lassen Sie das nicht zu! Es ist Ihr Leben, das Sie führen, nicht deren Leben, und Sie allein sind verantwortlich für jeden Gedanken, jedes Wort und jede Tat. Natürlich wird es gelegentlich Warnungen vor Gefahren geben, und in solchen Fällen ist es gut, alle Möglichkeiten zu untersuchen, was das folgende wahre Vorkommnis illustrieren soll.

Eine Warnung wegen eines Flugzeuges, die beachtet wurde

Ein früherer Angestellter der Eastern Airlines befand sich in einem Flugzeug der National Airlines mit Bestimmungsziel Miami. Während sie über Georgia flogen, hörte er, wie eine Stimme ihm deutlich ins Ohr sagte: „Verlasse das Flugzeug in Tampa. Es gibt später Schwierigkeiten." Das war alles, und es erfolgte keine Wiederholung.

Seine erste Reaktion war, nachzuschauen, ob sich nicht jemand über seine Schulter gebeugt und zu ihm gesprochen hatte, doch ein rascher Blick überzeugte ihn, daß es auf diese Weise nicht geschehen sein konnte. Er dachte noch über dieses seltsame Erlebnis nach, als das riesige Düsenflugzeug zur Landung auf dem Tampa Airport ansetzte. Da er ein fähiger und intelligenter Mensch war, entschied er sich rasch, zu handeln.

Er ging sofort ins Flughafenbüro, wies sich beim Flugleiter aus und sagte: „Ich habe eine Information erhalten, es könnte bei diesem Flug

Schwierigkeiten nach dem Abflug von Tampa geben. Ich habe keine Vorstellung, welcher Art diese Schwierigkeiten sein könnten, doch halte ich es für angebracht, daß Sie und die Leute der National Airlines besondere Vorsichtsmaßnahmen treffen." Der Flugleiter nahm den Rat so ernst, wie er gemeint war. Er kannte den guten Ruf des Mannes und sah ihn nicht als Narren an. Auch hatte er schon eine Vorstellung, welcher Art diese „Schwierigkeiten" sein könnten. Deshalb ordnete er an, den Flug zu verschieben und ließ das Flugzeug einer gründlichen mechanischen Inspektion unterziehen, ehe es zum Start freigegeben wurde. Da im vergangenen Jahr verschiedene Flugzeuge von kubanischen Nationalisten entführt worden waren, beschloß er, auch diese Möglichkeit miteinzubeziehen.

Alle Passagiere, die in dem Flugzeug waren, wurden aufgefordert, es zu verlassen und sich in einen speziellen Warteraum zu begeben, bis das große Düsenflugzeug überprüft worden war. Im gleichen Raum wurden jene Passagiere versammelt, die von Tampa aus nach Miami fliegen wollten. Eine Stewardess wurde beauftragt, jeden Passagier nach Name und Buchungsort zu fragen. Nachdem sie durch den Warteraum gegangen und mit jedem gesprochen hatte, berichtete sie dem Flughafenleiter: „Die meisten scheinen recht harmlos zu sein. Doch es sind fünf Männer mit ungewöhnlichen Namen und seltsamer Aussprache darunter, von denen drei hier an Bord gehen."

Der Leiter hielt es für nötig, diese Männer zu durchsuchen, konnte sich aber nicht vorstellen, wie das zu bewerkstelligen sei, ohne die Passagiere zu verärgern und möglicherweise einen Prozeß gegen die National Airlines zu riskieren.

Da machte ein Flughafenpolizist, der in jüngeren Jahren Detektiv bei der Stadtpolizei von Tampa gewesen war, einen Vorschlag: „Ich habe eine Menge Erfahrung, wie man Leute überprüft", sagte er. „Wenn Sie es so arrangieren, daß diese Männer in einem engen Korridor an mir vorbeigehen müssen, finde ich heraus, ob sie bewaffnet sind." So geschah es. Sämtliche Passagiere wurden durch eine schmale Tür geschleust, und der Flughafenpolizist stellte sich direkt in die Türöffnung, so daß sich jeder, der hinausging, an ihm vorbeidrücken mußte. Schon nach ein paar Minuten hatte er den ersten Verdächtigen entdeckt. Bei der Untersuchung fand man bei diesem Mann zwei vollgeladene Achtunddreißiger-Automatik und eine scharfe Handgranate. Als er verhört wurde, brach er zusammen und gestand, daß er die Stewardess mit einer Schußwaffe bedrohen und wenn sie die Tür zum Flugdeck öffnen würde, die Handgranate hervorziehen und drohen wollte, das Flugzeug in die Luft zu jagen, wenn sie nicht in Havanna landen würden.

Wie Sie sehen, handelte der Angestellte, der die Warnung empfing, höchst intelligent. Es wäre leicht für ihn gewesen, sich in Tampa auf einen späteren Flug verlegen zu lassen. Doch die drohende Gefahr für das Flugzeug vor Augen, dachte er an alle Passagiere, nicht nur an sich selbst. Sein Handeln ersparte allen Insassen viele angstvolle Stunden und Unannehmlichkeiten, ganz zu schweigen von der Möglichkeit völliger Zerstörung.

Menschen auf der ganzen Welt empfangen täglich Warnungen wie diese. Manche achten darauf, manche nicht. Wenn Sie auf diese Weise gewarnt werden, achten Sie darauf und bedenken Sie alle möglichen Folgen. Wer weiß, vielleicht können Sie anderen wie sich selbst helfen. Aber erwarten Sie nicht tagtägliche Führung, verlassen Sie sich nicht auf Ratschläge und Entschlüsse anderer, denn so machen Sie Ihre Entscheidungen von anderen abhängig.

Wenn Sie einen bescheidenen Grad an Hellhörigkeit erworben haben, ist der nächste Schritt Telepathie – zweiseitige Kommunikation, bei der Sie mit gleicher Leichtigkeit empfangen und senden. Eine Ausführungsanleitung und Techniken zur Entwicklung dieser Fähigkeit folgen im Kapitel über Telepathie.

Psychometrie

Seit Menschengedenken haben die Leute von Psychometrie gewußt und sich dafür interessiert. Das Wort sagt nicht viel. Es bedeutet einfach „Seelenmessung", heißt aber eigentlich, über Psycho-Energie Kontakt mit einem Menschen aufzunehmen, um ihn zu erforschen. Dieser Kontakt kann mit dem physischen Körper hergestellt werden, indem man zum Beispiel die Hand hält, den Kopf berührt oder einen Gegenstand, den der Betreffende längere Zeit bei sich getragen hat.

Beim ersten Versuch einer psychometrischen Sitzung ist Körperkontakt gewöhnlich am besten. Die zweitbeste Möglichkeit ist der Kontakt mit einem Gegenstand aus Edelmetall, den der Betreffende an oder bei sich getragen hat. Wenn der Sensitive einen Ring, eine Medaille, Brosche oder Münze in der Hand hält, kann er gewöhnlich den Charakter und die gegenwärtigen Lebensumstände des Eigentümers erkennen und genau interpretieren. Oft werden sich auch dramatische Ereignisse aus der Vergangenheit des Betreffenden kundtun. Der ausschlaggebende Faktor ist fast in jedem Fall die Medialität des Sensitiven im Verein mit der Natur dessen, was gesucht wird sowie die Fähigkeit, zwischen beiden Parteien eine Beziehung herzustellen. Die meisten Handleser und sogenannten Wahrsager benützen, wenn sie überhaupt etwas taugen, Psychometrie, ob sie es wissen oder nicht. Die uralte Bitte: „Machen Sie zuerst ein Kreuz aus Silber auf meine Hand", diente nicht nur dazu, einen Vorschuß zu erlangen und die Gebefreudigkeit des Klienten zu prüfen, sondern der Wahrsager konnte auf diese Weise ein Stück Edelmetall in die Hand bekommen, das der Klient getragen hatte.

Eine erste Erfahrung mit Psychometrie

Ich erinnere mich an meine erste Erfahrung mit Psychometrie, eine Erfahrung, die mich selbst zutiefst erstaunt hat. Ich war damals Anfang Zwanzig, und man hatte mich zu einer Party eingeladen, bei der der einzige Mensch, den ich kannte, die Gastgeberin war. Es war in der Prohibitionszeit, und so wurden keine alkoholischen Getränke gereicht, doch die Musik war gut und das Essen vorzüglich.

Während wir auf die Musiker warteten, die sich verspäteten, kam ein wenig Langeweile auf, und die Gastgeberin wandte sich im Bemühen, einen interessanten Zeitvertreib zu finden, an mich und sagte: „Warum lesen Sie uns nicht aus der Hand?" Ich hatte noch nie im Leben so etwas getan, doch damals kam mir die Bitte gar nicht unvernünftig vor. Ich wurde also in einen Alkoven gesetzt, wo sich niemand hinter oder neben mir befand, und ein Gast nach dem anderen setzte sich mir gegenüber.

Als ich die Hand des ersten ergriff und die Innenhand betrachtete, war mir klar, daß ich von der Kunst des Handlesens absolut nichts verstand. Doch irgendwie fühlte ich mich innerlich erhoben, eine Empfindung, die ich erst später zu verstehen lernte, und die Aufgabe, die ich übernommen hatte, erschien mir ganz einfach. Ich schaute mir die Handfläche des jungen Mannes vor mir an, und dabei durchströmte mich eine Fülle von Gedanken. So schnell, wie sie kamen, sprach ich sie laut aus, und zu meiner Überraschung hatte ich bald eine mäuschenstille Zuhörerschaft.

Ich weiß nicht mehr, wer diese Menschen waren und noch weniger, was ich ihnen sagte, doch offenbar gelang es mir, jedem eine kleine Tatsache zu sagen, und das beeindruckte sie. Der Höhepunkt, an den ich mich erinnere, war, daß ich einem Mädchen sagte, sie sei heimlich verheiratet, was sie bald zugab. Da ihr neuer Ehemann auch anwesend war, verwandelte sich die Party in eine Hochzeitsfeier, und meine Dienste als Handleser waren nicht länger gefragt.

Die mannigfachen Quellen für Psychometrie

Worauf ich hinauswill ist, daß viele von uns psychometrische Fähigkeiten haben. Weshalb nicht diese Möglichkeit erkunden? Gewöhnlich brauchen Sie dazu etwas, worauf Sie Ihre Aufmerksamkeit richten können. Es kann die Handfläche des Betreffenden sein, die man studiert, oder auch ein Kartenspiel, aus dem Sie scheinbar Dinge lesen können, oder auch eine Münze oder sonst ein Metallgegenstand, den der Betreffende an sich getragen hat. Metall eignet sich im allgemeinen besser als jede andere Substanz. Offenbar heften sich die Energien, die wir an uns haben und die manchmal Aura genannt werden, an Kleidungsstücke und Gegenstände, die wir tragen. Ein Baumwollhemd oder eine Seidenbluse bindet diese kleine Menge Energie nur ein paar Minuten, ein Goldstück oder ein anderer

Gegenstand aus Edelmetall wird jedoch für Jahre imprägniert. Ich möchte zur Illustration ein Vorkommnis erzählen:

Frau R. V. C. ist auf verschiedenen Ebenen sensitiv und eine sehr gute Psychometrikerin. Neulich wurde sie bei einer Gesellschaft von der Gastgeberin gebeten, den Gästen eine Probe davon zu geben. Obwohl dies eine ziemliche Zumutung war, sagte sie freundlich zu. Mehrere Personen meldeten sich und übergaben ihr Metallgegenstände verschiedener Art, die sie bevorzugte, und sie legte diese vor sich auf einen Tisch. Sie nahm einen nach dem anderen und hielt ihn einige Augenblicke in der Hand, bevor sie sprach. Selten sah sie sich den Artikel an. Nach verschiedenen Ringen, Nadeln und Armreifen, zu denen sie gewöhnlich etwas sagte, das Staunen auslöste, nahm sie einen Gegenstand, dessen Form ihr seltsam erschien. Sofort erfüllte sie eine Flut von Gedanken. Sie sagte: „Der Mann, der diesen Gegenstand hingelegt hat, besitzt ihn noch nicht lange. Es ist fast nichts von ihm daran. Aber er ist sehr alt und hat eine lange Geschichte. Ursprünglich gehörte er einem Mann in einem östlichen Land und wurde als Kennzeichen für sein Geschäft, als Siegel benützt. Er war ein Regierungsangestellter, eine Art Steuereinnehmer, und er stempelte mit diesem Siegel bestimmte Gegenstände zum Zeichen, daß sie versteuert würden. Ich habe keine Ahnung, wie lange er lebte, doch aus seiner Erscheinung, Kleidung und Verhaltensweise schließe ich, daß es vor ungefähr zweitausend Jahren war.

Der Mann, der den Gegenstand hingelegt hatte, war verblüfft. Es war tatsächlich ein Siegel, das er vor ein paar Wochen in Syrien von einem Arbeiter gekauft hatte, der bei Ausgrabungen alter Gräber half. Dieser hatte ihn in einem Erdklumpen eingeschlossen gefunden und von den Ausgrabungen weggeschmuggelt, um ihn selbst zu verkaufen. Wichtig ist, daß das Siegel stärker von der Aura des Beamten durchdrungen war, der es jahrelang an einer Schnur um den Hals getragen hatte, als mit irgendeiner anderen Aura seither. Der Arbeiter, der den Gegenstand fand, besaß ihn nur ein paar Tage und hatte keine Verwendung dafür. Der gegenwärtige Besitzer betrachtete das Siegel als einen interessanten antiken Gegenstand, den er gut verwahrte und nur bei sich hatte, weil er ihn am Morgen jenes Tages dem Kurator für

Altertümer am Metropolitan Museum gezeigt hatte. Dabei hatte er erfahren, daß es ein altes Siegel aus den ersten Jahrhunderten der christlichen Ära war.

Eigenschaften der Psychometrie

Bei den meisten Sensitiven ist Psychometrie eine Fähigkeit, die sie neben ihren anderen besitzen. Reverend Arthur Ford betrachtet sich als Trance-Medium, und vermutlich ist er das bekannteste und fähigste Trance-Medium in den USA, doch er hat oft Gegenstände, die man ihm vorlegte, psychometrisiert. Ruth Montgomery, die bekannte Washingtoner Schriftstellerin, berichtet in ihrem Buch „Suche nach Wahrheit", wie Reverend Ford einmal eine Uhr psychometrisch untersuchte, die sie ihm gab. Er sagte ihr nicht nur, daß sie ihrem Vater gehört hatte, sondern beschrieb auch die Symptome eines nur wenig bekannten Leidens, das er hatte.

Psychometrie ist Gewahrwerden durch Fühlen; Erkenntnis, die durch den Tastsinn vermittelt wird. Sie ist ganz elementar. Fast alle höheren Tiere besitzen sie in einem gewissen Grad, und gewiß haben alle Menschen diese Fähigkeit. Weil sie so grundlegend ist, bedarf sie keines besonderen Trainings. Sie entwickelt sich zusammen mit der Vermehrung von Psycho-Energie, und es ist lediglich Gewahrwerden nötig. Ich kann nicht stark genug betonen, wie wichtig es ist, stets bewußt zu sein. Nehmen Sie nichts als gegeben hin. Akzeptieren Sie nicht immer das Augenscheinliche – das, was im Moment als das Gegebene gilt. Wir alle sind viel subtilere Wesen als man allgemein annimmt, und wir sprechen oft, ohne es zu wissen, auf vielerlei Reize an, auf die keines der Standardetiketten paßt. So berichtet Harold W. L. zum Beispiel folgende Erfahrung:

„Ich reinigte daheim ein Schreibpult, als ich plötzlich an eine Frau denken mußte, an die Witwe eines Freundes, der schon ungefähr drei Jahre tot war. Es drängte mich, sie anzurufen, und zu meiner Überraschung schien sie sich nicht nur zu freuen, von mir zu hören, sondern sie bat mich, später am Nachmittag bei ihr vorbeizukommen.

Als ich erschien, kam sie ohne Umschweife auf ihr Anliegen zu sprechen.

Sie brachte einen großen Ablageordner, übergab mir einige Papiere daraus und sagte: ‚Mike hat mir einen großen Stoß XYZ-Aktien hinterlassen. Ihr Wert ist gestiegen, doch die Dividenden sind klein. Ich habe mit einem Börsenmakler darüber gesprochen, und er schlug mir vor, sie zu verkaufen und andere Wertpapiere dafür zu kaufen, bei denen das investierte Geld mehr abwerfen würde. Als du anriefst, kam mir die Idee, dich um Rat zu fragen, und ich habe dich gebeten, vorbeizuschauen. Was meinst du, soll ich tun?‘

Ich schaute mir den Ordner an, den sie mir überreichte, und ich muß zugeben, daß ich beeindruckt war. Ich hätte nicht gedacht, daß er eine solche Menge Aktien hinterließ. Ein großer Teil bestand aus den etwa 2200 Aktienanteilen, von denen sie gesprochen hatte. Nachdem ich ihre gegenwärtigen finanziellen Bedürfnisse kurz überprüft hatte, kam ich zum Schluß, daß sie ein ausreichendes Einkommen erzielen konnte, wenn sie 300 Anteile von XYZ verkaufen und die Hälfte des Erlöses, ungefähr 50 000 Dollar, in steuerfreien öffentlichen Anleihen und den Rest in lukrativeren Öl-Aktien anlegen würde, die gut gesichert waren. Ich erläuterte ihr das Ganze und erklärte ihr, daß sie so nach Abzug der Steuern ein höheres Netto-Einkommen haben würde. Sie war erfreut und dankbar und sagte, sie werde meinen Rat befolgen.

Das Interessante daran ist folgendes: Als ich heimkam und an mein Schreibpult trat, fand ich es in der gleichen Unordnung vor, in der ich es verlassen hatte, als ich Mikes Witwe anrief. Zuoberst auf dem Stapel lag ein Kästchen mit Medaillen, die ich im Lauf der Jahre in verschiedenen Sportarten gewonnen hatte. Als ich es öffnete, fand ich drei Medaillen, die Mike vor vielen Jahren gewonnen hatte und die sich irgendwie unter die meinen gemischt hatten. War das nun Zufall oder etwas anderes?"

Dieser Mann wußte nichts von Psychometrie, doch seine Geschichte läßt den ziemlich klaren Schluß zu, daß die Mike gehörenden Medaillen die Handlung auslösten, die er zugunsten von Mikes Witwe unternahm. Mike hatte offenbar sehr viel von XYZ-Aktien gehalten und wäre wahrscheinlich dagegen gewesen, alle zu verkaufen. Der von Harold vorgeschlagene Kompromiß war also eine sehr praktische Lösung. Doch da muß noch etwas anderes als Psychometrie am Werk gewesen sein. Was es war und wie es wirkte, ist ziemlich unklar. Die Möglichkeiten unserer inneren Ausstattung sind erstaunlich, und sie wären es wert, von unseren besten Wissenschaftlern eingehend erforscht zu werden. Müssen wir noch hundert Jahre warten, bis endlich eine Gruppe von Wissenschaftlern den Mut findet, die Medialität des Menschen zu erkunden? Ich hoffe aufrichtig, daß es nicht so sein wird.

12. Kapitel

Wie man Psycho-Energie zum Senden und Empfangen telepathischer Botschaften einsetzt

Telepathische Kommunikation kommt so häufig vor, daß sogar höchst materialistisch eingestellte Wissenschaftler sie als Tatsache akzeptieren. Dieser Durchbruch zur wissenschaftlichen Anerkennung erfolgte erst in jüngster Zeit, genauer gesagt, während der letzten fünfundzwanzig Jahre, und deshalb gibt es auf diesem Gebiet noch keine systematisch registrierten Informationen. Die meisten Menschen betrachten Telepathie, wenn sie sich überhaupt damit beschäftigen, als Gedankenlesen oder als Verständigung ohne Worte, als eine Art Telefonverbindung auf mentaler Ebene. Doch das sind nur zwei von vielen verschiedenen Manifestationen, die sich allesamt als telepathisch klassifizieren lassen. Der Einfachheit halber wollen wir sie in drei Rubriken einteilen, nämlich:

1. instinktive Telepathie
2. mentale Telepathie
3. Seelenrapport.

Wie die instinktive Telepathie funktioniert

Instinktive Telepathie ist die verbreitetste Form telepathischer Verständigung. Sie ist überhaupt nicht mental, sondern beruht auf Schwingungen, die vom Menschen durch den Solarplexus ausgestrahlt und empfangen werden. Sie funktioniert am besten bei direktem körperlichen Kontakt oder wenn die Auren in Kontakt sind, so daß eine wechselseitige Einwirkung von Psycho-Energie stattfindet. Doch diese Art Telepathie ist manchmal auch auf Entfernung möglich, ausgelöst durch machtvolle Gefühle.

Die früheste Form von Kommunikation

Instinktive Telepathie war die erste und früheste Form von Kommunikation, die es von Mensch zu Mensch gab. Sie ging der Sprache viele Jahrtausende voraus. Ursprünglich galt sie nur der Selbsterhaltung und Fortpflanzung und manifestierte sich hauptsächlich als eine innere Empfindung.

Viele tausende, ja möglicherweise hunderttausende von Jahren sind vergangen, seit wir uns auf diese Weise untereinander verständigten, doch immer noch ist es die Tür, die bei unentwickelten, nicht-geistigen Männern und Frauen am weitesten offensteht. Ihre Neigungen und Abneigungen, Bedürfnisse, Wünsche und Aversionen lassen sich durch diesen uralten, feinstofflichen Rapport viel genauer übermitteln als durch die Sprache, die sie zu benützen lernten.

Heute existierende Formen

Diese Art von Kommunikation gibt es auch zwischen Mutter und Kind, und auf diese Weise wird der Gefühlskörper des Kindes durch seine Eltern gebildet, ebenso wie es mit dem physischen Körper geschah. Dieser Einfluß an Eltern und Erwachsenen auf das Kind wird gegenwärtig von Kinderpsychologen erforscht, und sie sind zu der Schlußfolgerung gekommen, daß das emotionale Wesen sehr vieler Kinder während des Heranwachsens durch die Ängste, Neigungen und Abneigungen der Erwachsenen, von denen es umgeben ist, geprägt wird. Diese Empfänglichkeit des Kindes für die wechselnden Gefühlsmuster der Umgebung läßt sich leicht beobachten. Es ist gar nicht ungewöhnlich, daß sehr kleine Kinder zu schreien beginnen, sobald Angst oder irgendein anderer emotionaler Schock die älteren Mitglieder der Gruppe befällt, obwohl sie noch viel zu jung sind, um die drohende Gefahr zu begreifen.

Diese gleiche instinktive Telepathie ist auch zu beobachten, wenn im Theater der „Star" die Menge beherrscht und das Publikum zum Lachen oder Weinen bringt. In diesem Fall tauschen die Zuschauer emotionale Reaktionen aus, die durch den Darsteller ausgelöst werden. Das ist der Grund, weshalb Theaterpublikum und andere ähnliche emotional stimulierte Gruppen so leicht in Panik geraten, wenn Feuergefahr oder eine sonstige Gefahr droht.

Dieselbe Art Telepathie herrscht bei einer spiritualistischen Seance. Die Leute werden veranlaßt, eng beisammen zu sitzen. Manchmal bittet man sie, sich an den Händen zu halten oder sich unterzuhaken und einen Kreis zu bilden. Das erleichtert den freien Fluß der Psycho-Energie vom einen zum anderen durch die ganze Gruppe. Ihre Gefühle, Kümmernisse, Sorgen und Wünsche werden so offenbar und gehen mit in die Verlautbarungen ein.

Es gibt eine Form von Telepathie, die zwischen Tieren, so auch unter gewissen Vögeln vorkommt. Wenn Zugvögel sich für die Nacht niederlassen, folgen sie nicht einem Anführer, sondern kreisen und landen als Einheit, als hätten sie alle gleichzeitig beschlossen, an einem bestimmten Fleck zu landen. Es ist höchst eindrucksvoll, wie eine große Schar von mehreren tausend Vögeln dieses Manöver vollzieht. Offenbar besteht ein telepathischer Rapport zwischen ihnen, also instinktive Telepathie. Hunde und andere Haustiere haben untereinander telepathischen Kontakt und können auch auf einfachere Emotionen von Menschen reagieren.

Als meine Frau und ich in einem Apartment in New York City wohnten, hatten wir einen Dobermann-Pinscher. Obwohl sich unsere Wohnung im 16. Stockwerk befand, stürzte der Dobermann, der Jake hieß, manchmal plötzlich wild bellend zum Fenster, das auf die Straßenseite hinausging, als müsse er die Wohnung gegen eine feindliche Invasion verteidigen. Wir waren höchst erstaunt über sein Verhalten, bis meine Frau eines Tages das Fenster öffnete und sechzehn Stockwerke tief auf die Straße hinunterschaute. Als sie sah, daß dort ein Chow-Hund an der Leine vorbeigeführt wurde, begriff sie die Aufregung. Jake war nämlich von einem Chow gebissen worden, als er noch klein war, und seither betrachtete er alle Chows als Feinde. Wir kamen also zum Schluß, daß er den Chow anbellte, den er nicht sehen konnte. Da es kaum möglich war, daß er den Chow durch ein geschlossenes Fenster und auf solche Entfernung roch, muß er durch einen anderen Sinn von seiner Gegenwart erfahren haben.

Es gibt so viele Geschichten darüber, daß Hunde, Pferde und andere Tiere auf unausgesprochene Wünsche und Befehle ihrer Besitzer reagieren, daß sie mehrere Bände füllen würden. Diese Art Kommunikation zwischen Mensch und Tier ist so verbreitet, daß die meisten sie für selbstverständlich halten. Dies ist vielleicht sogar die deutlichste Form instinktiver Telepathie. Ebenso verbreitet, doch nicht so oft beobachtet, ist die sehr deutliche Kommunikation zwischen Tieren untereinander. Freunde von mir hatten zwei Hunde, einen Pudel und einen Dackel. Der Dackel ist jünger und viel kleiner als der Pudel, doch ist er offensichtlich der Boß. Hundekenner haben mir gesagt, das sei klar, weil Dackel sehr dominierend sind. Wenn zum Beispiel der Dackel abends beschließt, zu Bett zu gehen, besteht er darauf, daß der Pudel sich zu ihm legt und ihn wärmt. Ganz gleich, was der Pudel im Moment tut, er läßt alles im Stich und folgt dem Dachshund fügsam ins gemeinsame Bettchen, ohne einen Laut oder irgendeine andere bemerkbare Form von Kommunikation. Es könnten Tausende von Beispielen instinktmäßiger Telepathie zwischen Tieren angeführt werden, doch achten Sie selbst darauf. Auf diese Weise können wir das seltsame und rätselhafte Phänomen tierischer Kommunikation beobachten.

Wie geistige Telepathie funktioniert

Mentale Telepathie ist, wie schon der Name sagt, Kommunikation von Geist zu Geist. Das ist die Art von Telepathie, mit der wir heutzutage zu tun haben und wir sollten uns mit größter Aufmerksamkeit mit ihr beschäftigen und dafür keinen Zeit- und Energieaufwand scheuen. Ich möchte sie deshalb so genau wie möglich erklären und einige Techniken beschreiben, die Sie, wenn sie angewandt werden, zur Entwicklung Ihrer eigenen telepathischen Anlagen befähigen. Gleich zu Beginn möchte ich klarmachen, daß es unser Ziel ist, auf der geistigen Ebene eine deutliche und genaue Kommunikation zu erreichen. Wir alle sind jedoch so stark von Emotionen geprägt, daß es äußerst schwierig ist, uns von diesen zu befreien. Je mehr Emotionen, Gefühle und starke Wünsche ausgeschaltet werden, um so genauer und erfolgreicher werden unsere Resultate auf diesem Gebiet sein. Bereits der starke Wunsch, Erfolg zu haben oder auch die Angst vor Mißerfolg neutralisieren Ihre besten Bemühungen.

Die Wichtigkeit einer gelassenen Einstellung

Aus diesem Grund sollten Sie sich eine gleichgültige oder desinteressierte Einstellung zulegen. Mit anderen Worten: Die Aufmerksamkeit oder das Bewußtsein sollte auf das Denken bzw. das Gehirn konzentriert sein. Es ist anzunehmen, daß die bisher in diesem Buch empfohlenen Übungen Ihnen in dieser Hinsicht geholfen haben. Wollte man ganz von unten damit beginnen, diese Art von Konzentration zu entwickeln, so wäre sehr viel Meditation erforderlich. Doch sind heute viele Menschen schon teilweise auf die geistige Telepathie vorbereitet, und bei diesen bedarf es nur etwas zusätzlicher Anstrengung, um eine vorweisbare Fertigkeit darin zu entwickeln. Für den größten Teil der Menschheit ist die instinktive Telepathie immer noch der leichteste Weg, und man muß auf der Hut sein vor dem plötzlichen Auftauchen dieser Möglichkeit – nicht weil dies falsch oder schlecht wäre, sondern weil es leicht Verwirrung auslösen könnte. Bei den meisten von uns ist der Solarplexus immer noch äußerst aktiv, und so sind die ersten Manifestationen von Telepathie fast immer eine Mischung von instinktiver und geistiger Telepathie. So kann zum Beispiel jemand eine Botschaft ganz richtig durch das Kehlkopfzentrum aussenden (wie bei der verbalen Sprache), doch der Empfänger nimmt sie gewohnheitsgemäß nur teilweise geistig, zum Teil aber mit dem Solarplexus auf. Das kann zu einer emotionalen Auslegung der Botschaft führen, die vom Sender nicht beabsichtigt war. Würde der Sender das eine Wort „Disziplin" aussenden und dabei nur die zum Erlernen mentaler Telepathie nötige Selbstzügelung und Übung im Sinn haben, könnte die umwölkte Aura des Empfängers einen emotionalen Beigeschmack hineinbringen, der völlig subjektiv wäre und nicht in der Botschaft enthalten ist. Selbst wenn er die Idee „Disziplin" richtig empfängt, kann er sie wegen eines eingebildeten Mangels an Disziplin, einer Angst vor Versagen umgeben oder auch die Notwendigkeit größerer Anstrengung mit einer fast masochistischen Färbung belasten (denn wir sind oft sehr grausam zu uns selbst) oder mit einer Abneigung gegen Umstände oder Menschen, die ihn nach seinem Empfinden an der richtigen Disziplin hindern. So kann sich der Empfänger schnell im größten Gefühlswirrwarr befinden, obwohl nur eine ganz einfache Botschaft gesendet wurde.

Sie sehen also, daß die Voraussetzung einer erfolgreichen Ausübung von geistiger Telepathie die Entwicklung Ihres Kopfzentrums durch Konzentration und Meditation ist. Nur so wird es Ihnen möglich sein, die Aufmerksamkeit im Kopf zu bewahren und alle emotionalen Einmischungen fernzuhalten oder aufzulösen. Dies ist durch richtige Anwendung von Psycho-Energie möglich.

Das Training der geistigen Telepathie erfordert zwei Teilnehmer, die miteinander harmonieren und bereit sind, abwechselnd die Rolle des Senders und des Empfängers zu übernehmen. Es ist auch in einer Gruppe möglich, die aber von jemandem geleitet werden muß, der sich auf diese Kunst bereits versteht. Die Gruppenmethode ist wahrscheinlich etwas leichter, weil eine unbewußte Einstimmung unter den Gruppenmitgliedern den Empfang fördert und weil der sie leitende erfahrene Telepath auf den Verlauf des Trainings besser Einfluß nehmen kann.

Die zu sendenden Botschaften, Worte, Ideen oder Bilder müssen sowohl bildlich wie in Worten auf subjektive Weise übermittelt werden. Das ist deshalb notwendig, weil manche Menschen imstande sind, Bilder zu empfangen, jedoch keine Laute, und bei anderen ist es umgekehrt. Dies kann meist im voraus bestimmt werden, indem man feststellt, über welche Art von Erinnerungsvermögen der Betreffende verfügt. Es gibt Menschen mit einem visuellen Gedächtnis, denen es schwerfällt, sich an etwas zu erinnern, was sie nicht gesehen oder sich zumindest bildlich vorgestellt haben. Sie bitten einen Eigennamen zu buchstabieren, damit sie ihn vor ihrem geistigen Auge geschrieben sehen können wie auf einer Schiefertafel. Sie können sich erinnern, wie jemand, dessen Namen sie längst vergessen haben, ausgesehen hat. Wenn man sie nach einer Adresse fragt, sagen sie: „Gehen Sie die dritte Straße rechts hinunter, dann ist es das vierte Haus auf der linken Seite." Und so weiter. Andere haben kein bildliches, sondern ein akustisches Erinnerungsvermögen. Sie geben Auskünfte wie „Gehen Sie zur Clark Street 34" oder „Fahren Sie die Main Street hinunter".

Sie merken sich Namen am besten, wenn sie sie gehört haben, und sie behalten Gedichte oder Lieder jahrelang im Gedächtnis. Fortgeschrittene Telepathen sind ebensogut in der Lage, visuelle wie akustische Übermittlungen vorzunehmen, doch für die meisten Anfänger ist es am besten, mit der Technik zu beginnen, zu der sie bereits disponiert sind. Ich werde Ihnen beide Methoden schildern.

Es gibt heutzutage viele Fälle mentaler Telepathie, doch fast alle sind spontan und nicht beabsichtigt. Unser Ziel ist die Entwicklung der Fähigkeit, willentlich Botschaften zu senden und zu empfangen, und dies setzt ein Verständnis des Prozesses sowie praktische Erfahrungen in der Anwendung voraus. Um gute Ergebnisse zu erzielen, müssen bestimmte psychische Zentren, vor allem das Kopf- und Herzzentrum, bewußt eingesetzt werden. Außerdem müssen Sender und Empfänger entspannt und bereit sein. Wenn der Empfänger auf irgendeine Weise emotional belastet ist, wird er selbst bei bestem Vorsatz kaum reagieren. Wenn ihn ein geistiges Problem beschäftigt, ist er von einer Mauer selbstgeschaffener Gedankenformen umgeben, die keine übermittelten Botschaften durchläßt. Das gleiche gilt für den Sender.

Es gibt, wie Sie sich denken können, vielerlei Probleme und Gefahren, und deshalb muß man, wenn man auf diesem Gebiet Erfolg haben will, eine gelassene Haltung entwickeln. Da es nicht leicht ist, einen erfahrenen Telepathen als Lehrer zu finden und mit ihm eine Gruppe aufzubauen, wollen wir uns zuerst mit der Telepathie zwischen zwei Personen beschäftigen, bei der nur zwei engagierte Partner erforderlich sind. Selbstverständlich kann eine gute telepathische Wechselbeziehung auch unbeabsichtigt zwischen zwei Menschen entstehen, die durch Liebe, gegenseitige Achtung oder Bewunderung miteinander verbunden sind. Mit Liebe ist hier nicht die physikalisch-chemische Anziehungskraft zwischen den Geschlechtern gemeint, sondern eine spirituelle Liebe, bei der alle persönlichen Schwächen und Fehler erkannt, doch gegenüber der strahlenden Wärme des inneren Selbst als unwichtig betrachtet werden. Eine solche Beziehung ist selten, und die meisten von uns erreichen dieses Ideal nie. Doch um zu lernen, müssen wir einen Anfang machen und dafür brauchen wir eine Technik.

Die Schritte zur erfolgreichen Telepathie

Der erste Schritt ist, zu erkennen, daß wir es hier, ebenso wie in der physikalischen Welt, mit Materie und Energie zu tun haben. Sie sind bei der Telepathie genauso wichtig wie beim Funktionieren eines Telefonsystems oder einer Radiostation. Es handelt sich nur um eine andere Art von Energie, um Psycho-Energie, und um eine viel feinere Art von Materie, aber dennoch um Materie und Energie, die den Gesetzen von Materie und Energie gehorchen. Darüber sollten Sie sich stets im klaren sein. In der Telepathie haben wir es zu tun mit 1. der Kraft der Liebe, 2. der Gedankenkraft und 3. Psycho-Energie.

1. Die *Kraft der Liebe* zieht das erforderliche Material an, mit dem wir die Idee, den Gedanken, das Bild oder die Worte, die übermittelt

werden sollen, einhüllen, damit ein Zusammenhang entsteht. Sie müssen begreifen, daß Sie, wenn Sie eine Idee entwickeln oder ein geistiges Konzept aufbauen, tatsächlich eine bestimmte Menge Psycho-Energie, der Sie Ihre Idee oder Botschaft eingeprägt haben, an einer Stelle vereinen und zusammenballen. Um diese Psycho-Energie zusammenzuhalten, müssen Sie diese in ein Gefäß fassen oder sonstwie komprimieren, und dazu ist die Kraft der Liebe nötig. Sie sorgt dafür, daß die Elemente der Botschaft eine gewisse Zeitlang zusammenhalten, und die Länge dieser Zeitspanne hängt davon ab, wieviel Liebeskraft aufgewendet wird. Die Kraft der Liebe wird auch vom Empfänger benutzt, um die Gedankenform an sich heranzuziehen, nachdem sie geschaffen worden und vom Sender ausgestrahlt worden ist. Dies geschieht, indem der Empfänger seine Liebe auf den Sender richtet. Allein schon daran sieht man, wie schwierig eine geistige Übertragung wäre, wenn auch nur die geringste Abneigung oder Mißbilligung zwischen Sender und Empfänger bestünde. Aus diesem Grund habe ich so stark die Notwendigkeit geistiger Liebe und der Vermeidung aller Kritik betont.

2. Die *Gedankenkraft* wird ähnlich wie ein Laserstrahl angesetzt. Licht ist eine feinstoffliche Substanz, und man kann durch Denken Psycho-Energie veranlassen, sich auf einem Lichtstrahl zu materialisieren. Das ist die wichtigste Voraussetzung für erfolgreiche telepathische Übertragung. Eine sogenannte „Sichtlinien"-Ausrichtung des Geistes von Sender und Empfänger ist erforderlich. Ist dies gelungen, dann reist die Botschaft sicher zum festgelegten Ziel. Der Empfänger seinerseits muß die magnetische Kraft der Liebe einsetzen, um Aufmerksamkeit zu erzeugen, die Ausrichtung zu erleichtern und Übereinstimmung herzustellen.

3. *Psycho-Energie* ist das dritte erforderliche Element. Sie reagiert und antwortet auf den Einfluß von Liebe und Gedankenkraft und erzeugt eine Einwirkung auf den Lebens- oder Ätherkörper des Empfängers, von wo er dann dem Gehirn und dem aktiven Bewußtsein übermittelt wird. Aus vorstehenden Grundfakten läßt sich folgende Technik für den Sender ableiten:

1. Der Sender muß den Empfänger kennen und sich sein Gesicht und

seine allgemeine Erscheinung bildlich vorstellen. Wenn man ein gewisses Maß an Fertigkeit und Vertrauen entwickelt hat, ist es manchmal auch möglich, eine Verbindung mit einem Menschen herzustellen, den man nie gesehen hat und von dem man nur den Namen weiß. Doch anfangs ist eine gute bildliche Vorstellung sehr wichtig.

2. Versuchen Sie, Ihr Bewußtsein auf die mentale Ebene zu erheben und sich völlig von jeder emotionalen Unruhe zu befreien.

3. Visualisieren Sie dann die auszusendende Botschaft. Obwohl hier von „visualisieren" gesprochen wird, sollte man sich klar sein, daß alle Übertragungsversuche visuell und auditiv wahrgenommen werden müssen. Wenn Sie zum Beispiel das Wort „gelb" senden wollen, müssen Sie die gelbe Farbe sehen, das Wort in großen Druckbuchstaben sehen und es zugleich deutlich sagen. Sprechen Sie es laut aus, wenn Sie allein sind; wenn nicht, sagen Sie es innerlich.

4. Sobald Sie das Bild klar vor Ihrem geistigen Auge haben, sagen Sie das Wort, senden Sie es auf einer Welle der Liebe zum Empfänger, das Sie sich schon vorher bildlich vorgestellt haben.

5. Dann verbannen Sie es sofort aus Ihrem Denken und Bewußtsein. Das ist nötig, um es schnellstens zu seinem Ziel zu schicken. Wenn Sie es weiter im Kopf haben, halten Sie es in Ihrer Aura fest, in Ihrem eigenen Mentalkörper und es kann nicht fort, bis Sie es loslassen, indem Sie Ihren Geist davon abwenden.

Das also ist die Technik, die ganze Technik. Sie scheint einfach, nicht wahr? Sie ist auch einfach. Das Schwierige daran ist nur, den Geist und die Emotionen so zu trainieren, daß sie zur rechten Zeit die richtige Rolle spielen. Es ist nicht anders, als wenn man irgend etwas anderes lernt, wie Klavierspielen, Billard oder Baseball. Die wichtigsten Zutaten sind Zeit, Übung und Bemühung.

Hilfreiche Hinweise zur Entwicklung

Hier noch ein paar hilfreiche Hinweise. Der Sender sollte sich hauptsächlich mit der Deutlichkeit dessen, was er aussenden will, befassen, mit dem Symbol, dem Wort oder Bild, nicht mit dem Empfänger. Ein schneller Blick zum Empfänger, sozusagen ein kurzes Aussenden von Liebe und Sympathie genügt gewöhnlich, um die Verbindung herzustellen, und von da an sollte er seine Aufmerksamkeit nur auf sicht- und hörbare Deutlichkeit der gesendeten Botschaft richten.

Der Empfänger sollte zu Beginn kurz mit Liebe oder Zuneigung, mit einer gewissen herzlichen Wärme an den Sender denken, dann aber seine Person vergessen. Der Energiefaden, der Sender und Empfänger verbindet, sollte als erstellt und gegeben betrachtet und auch vergessen werden. Er ähnelt einer Telefonleitung. Wenn man die Nummer gewählt und nur der andere sich gemeldet hat, dann beschäftigt man sich auch nicht mehr mit der Frage, auf welche Weise die Verbindung technisch zustande kommt, sondern betrachtet sie als hergestellt, denkt nicht mehr daran und konzentriert sich auf das Gespräch.

Wichtig ist auch, daß der Empfänger richtig entspannt ist. Manche Empfänger sind so ängstlich darauf bedacht, die Botschaft richtig zu empfangen, daß sie sie eben durch die Intensität ihrer Bemühung abblocken. Versuchen Sie, eine gleichgültige Haltung anzunehmen und entspannt und doch aufmerksam zu bleiben. Es ist nicht das angespannte Lauschen, mit dem man horcht, wenn man nachts ein Geräusch gehört hat, sondern die gelassene Aufmerksamkeit, mit der man wahrnimmt, was ein Freund im Zimmer nebenan sagt. Der einzige Unterschied ist, daß man sich nicht auf das leibliche Ohr konzentriert, sondern seine Aufmerksamkeit auf die Mitte des Kopfes richtet, wo die bildliche Vorstellungskraft ihren Sitz hat. Das erleichtert die Übermittlung des Bildes oder Tons vom Geist zum physischen Gehirn und bewußten Gewahrsein. Es kommt gelegentlich vor, daß eine erfolgreiche Übermittlung stattfindet, das Gehirn sie aber nicht sogleich aufnimmt, sondern erst später. Gewöhnlich ist das der Fall, wenn die Aufmerksamkeit des Empfängers abgelenkt ist. Dann behält der Geist den Eindruck zurück und läßt ihn erst dann ins bewußte Gewahrsein treten, wenn die Aufmerksamkeit nicht mehr mit den stärkeren Eindrücken der physischen Sinne belastet ist.

Der Empfänger sollte sich schulen, nicht viel zu denken, wenn er eine telepathische Botschaft erwartet. Es ist nicht leicht, die Gedanken zu zügeln, und dieses wird dem Anfänger die größten Schwierigkeiten bereiten. Seine geistige Aktivität schafft nämlich ihre eigenen Gedankenformen, die entweder die Impulse, die vom Sender zu ihm kommen, ganz abblocken oder so verstümmeln, daß sie nicht mehr verstanden werden. Er muß eine ruhige, gelassene Einstellung annehmen und frei von allen egoistischen Wünschen sein. Sein Denkprozeß muß verlangsamt werden, und man darf sich absolut in nichts Heftiges und Unruhiges einlassen.

Zwei miteinander harmonierende Menschen, die regelmäßig etwa eine oder zwei Stunden in der Woche zusammenarbeiten, können in ein paar Monaten eine sehr gute telepathische Verbindung aufbauen. Darüber hinaus wird die so entwickelte Sensitivität sie zum Gewahrwerden deutlicher Gedanken anderer Menschen, mit denen sie in Berührung kommen, befähigen. Verstehen Sie das nicht falsch. Es wird ihnen nicht gestattet, in Geheimnisse einzudringen. Wer ein Geheimnis in seinem Inneren trägt, von dem er nicht will, daß es bekannt wird, bewacht sein Denken genausogut wie seine Lippen. Doch gelegentliche Gedanken und Eindrücke, die auch ausgesprochen werden könnten, können gut empfangen werden. Natürlich wird ein guter Telepath die Intimsphäre anderer achten und nicht versuchen, in ihre Gedanken gewaltsam einzudringen. Doch was der andere mitteilen will, kann blitzschnell aufgefangen werden, anders als eine Mitteilung in Worten, die Minuten in Anspruch nehmen kann. Auch ohne Telepathie-Training können viele Leute genau im voraus wahrnehmen, was andere sagen möchten. Wahrscheinlich haben Sie selbst schon öfter erlebt, daß Sie eine Frage beantworteten, die noch nicht in Worte gefaßt war – zum Erstaunen dessen, der sie stellen wollte. Oder man beginnt einen Satz und der andere beendet ihn. Das ist eindeutig geistige Telepathie. Ist unsere Psycho-Energie unter Kontrolle gebracht, und wird sie bewußt eingesetzt, dann öffnet sie die Türen zu vielen anderen Gaben des Geistes, wie der Apostel Paulus es nennt.

Wenn mehreren Interessenten ein geübter Telepath als Lehrer zur Verfügung steht, kann man eine Gruppe bilden. Das Lernen und die folgende Entwicklung gehen im Gruppenstudium schneller voran. Wenn sich mehrere einem Gedanken zuwenden, wird ein Rapport hergestellt, und jeder einzelne wird dadurch stimuliert. Ist der Gruppenleiter ein guter Telepath, wird er auch wissen, wie er jede Gruppenstunde halten muß, damit sie jedem Teilnehmer optimalen Gewinn bringt. Hier läßt sich sagen, wie eine solche Spontanlenkung zu verbessern ist. Doch wenn er eine Gruppe bilden will und niemand genügend Erfahrung hat, um die Verantwortung des Leiters auf sich zu nehmen, läßt sich das Treffen dennoch zu allseitigem Nutzen durchführen und zwar auf folgende Weise:

1. Es kann ein Mitglied der Gruppe zum Leiter für eine Sitzung gewählt werden oder sich freiwillig zur Verfügung stellen. Beim nächsten Mal übernimmt ein anderer die Aufgabe, bis jedes Gruppenmitglied einmal an der Reihe war. Dann beginnt man wieder von neuem.

2. Der Leiter sollte vorbereitet zu visueller und auditiver Übertragung zu dem Treffen kommen. Das heißt, er sollte zwei oder drei Farbbilder mitbringen und drei oder vier Einzeiler oder berühmte Sprüche aufgeschrieben haben, wie etwa Patrick Henrys „Gib mir die Freiheit oder gib mir den Tod".

3. Wenn die Gruppe versammelt ist, stellt oder setzt sich der Leiter vor sie, das Gesicht ihr zugewandt, und alle blicken in seine Richtung.

4. Die Versammlung sollte in einem eigenen Raum stattfinden, in den niemand hereinkommt. Um gleich anfangs einen Rapport herzustellen, ist es gut, gemeinsam ein Lied zu singen, das alle kennen, oder dreimal einstimmig den Laut AUM zu intonieren, am besten auf der Tonhöhe des natürlichen D über dem mittleren C, mit freier, natürlicher Stimme gesungen. Seien Sie entspannt und gelassen. Das ist nicht eine Gesangsprobe, sondern nur eine Technik, um bestimmte harmonische Schwingungen zu erzeugen, die allen zugutekommen werden.

5. Der Gruppenleiter beginnt mit einem Bild, das er visuell übermit-

teln möchte. Indem er auf eines der mitgebrachten Bilder schaut (es kann eine farbige Reklame aus einer Illustrierten sein), sagt er zur Gruppe: „Ich werde das Bild genau ansehen und mir jede Einzelheit einprägen. Wenn ich damit fertig bin, lasse ich es los und gebe ein Zeichen. Dann versuchen Sie es zu empfangen!"

6. Nachdem er das Bild eingehend betrachtet hat, macht er drei tiefe Atemzüge und beim dritten Atemzug sagt er: „Jetzt!", dann sendet er das Bild auf einer Welle der Liebe und Psycho-Energie aus. Die Bildvorstellung wird von ihm losgelassen, so daß sein Geist leer wird wie eine leere Filmleinwand.

7. Nach etwa einer halben Minute sollte er fragen: „Wer hat irgend etwas empfangen? und dann jeden bitten, zu sagen, was er wahrgenommen hat. Er sollte jede richtige Beobachtung ermutigen, indem er sagt: „Das ist richtig", oder bei einer nur teilweise richtigen Antwort auf den richtig gesehenen Teil hinweisen. Fehler sollte er stillschweigend übergehen. Bei den ersten zwei oder drei Experimenten ist es hilfreich, einen allgemeinen Hinweis auf das Bild zu geben, daß es sich z. B. um eine Freiluftszene, ein Paket, einen Menschen handelt. Wenn sich später die Fertigkeiten entwickelt haben, können solche Hinweise unterlassen werden.

8. Nachdem man es mit zwei oder drei Bildern versucht hat, kann eine Hörübertragung versucht werden. Der Leiter sagt zur Gruppe: „Es handelt sich um die sehr bekannten Worte eines Helden" oder „Es ist die erste Zeile eines bekannten Gedichts" und liest dann die Zeile selbst. Beim Lesen sollte er sich jedes Wort auf die Innenseite seiner Stirn geschrieben vorstellen. Wenn er fertig ist, sendet er es auf einer Welle der Liebe und Energie mit dem ausströmenden Atem hinaus und entläßt es völlig aus seinem Geist.

9. Die Befragung sollte eine Minute später erfolgen, auf ähnliche Weise wie beim visuellen Senden. Es wird sich herausstellen, daß einige Schüler die verbale Übermittlung besser als die visuelle aufnehmen; bei anderen wird das Gegenteil der Fall sein.

Jedes Senden und Empfangen sollte ungefähr fünfzehn Minuten dauern. So werden zwei visuelle und zwei auditive Sendungen etwa eine Stunde in Anspruch nehmen und mehr Zeit sollte man anfangs nicht damit verbringen. Lassen Sie sich nicht entmutigen, wenn die Anfangserfolge nicht überwältigend sind. Sie werden sich nach zwei oder drei Sitzungen verbessern. Das Gruppentraining ist äußerst wirksam, und wenn man dabeibleibt, kann allen Teilnehmern mit ziemlicher Sicherheit ein guter Erfolg garantiert werden. Es lohnt sich sehr, in Telepathie bewandert zu sein. Ich möchte Ihnen dringend raten, diese Gabe der Psycho-Energie zu erkunden und zu erlernen.

Wie Seelen-Rapport funktioniert

Seelenrapport ist die dritte Hauptkategorie telepathischer Fähigkeiten. Er besteht in höherem und geringerem Grad zwischen allen Menschen. Wenn jemand eine höhere Läuterungsstufe erreicht hat und ein spirituelles Leben führt, entwickelt er mehr Wahrnehmungssinn für seine Mitmenschen. Wenn Sie sich im Gebrauch psychischer Energie üben und diese bemerkenswerte Gabe immer stärker einsetzen, werden Sie feststellen, daß sich Ihr spirituelles Bewußtsein entsprechend verbessert. Mehr und mehr nehmen Sie wahr, was um Sie vorgeht, nicht nur die Gedanken und Emotionen der Menschen in Ihrer Nähe, sondern auch die Lebensregungen in Bäumen, Sträuchern und Blumen, die Gefühle und Absichten der Tiere, den Ruf des Unendlichen durch Wind, Regen und Sturm. Das ist die höchste Form menschlicher Telepathie, die der erwachten Seele.

13. Kapitel

Wie Sie mittels Psycho-Energie Seelen-Projektion erreichen können

Ein Fall unwillkürlicher Projektion

Vor etlichen Jahren hatte Louise R. ein bemerkenswertes Erlebnis. Eines Tages im Januar erwachte sie plötzlich um zwei Uhr morgens und sah zu ihrer Überraschung ihre Mutter am Fußende des Bettes stehen. Ihres Wissens waren ihre Eltern in New York, und sie lebte damals in West Palm Beach, Florida. Louise bemerkte, daß ihre Mutter völlig angekleidet war und sogar Hut und Mantel trug, doch ihre Körperhaltung war irgendwie unbeholfen; sie schien beide Hände auf ihre linke Seite zu halten.

Als Louise sie bemerkt hatte, sagte ihre Mutter: „Louise, Liebling, Papa und ich sind so glücklich. Wir haben dich und Charlie so vermißt und werden nun zusammen sein. Ich kann es kaum erwarten."

Nach diesen ziemlich rätselhaften Worten verflüchtigte sich die Gestalt von Louises Mutter und verschwand. Louise weckte ihren Mann, der im Bett neben ihr schlief, und erzählte ihm von dem seltsamen Ereignis. Er nahm es nicht so leicht, wie sie gedacht hatte. Sie hatte eher erwartet, er würde sie wegen ihres verrückten „Traums" auslachen und sagen, sie solle vor dem Schlafengehen nicht so viel essen. Doch das tat er nicht, sondern erkundigte sich eingehend, wie ihre Mutter ausgesehen habe und was sie trug. Dann sagte er ihr, daß er ihre Mutter und ihren Vater eingeladen habe, den Winter bei ihnen in Florida zu verbringen, und daß sie an diesem Morgen mit dem Schiff eintreffen würden. Es hätte eine große Überraschung für Louise sein sollen, und seine Verwunderung über ihr Erlebnis war ein wenig mit

Enttäuschung gemischt darüber, daß die Überraschung nun verpatzt war.

Nachdem die Sonne aufgegangen war, fuhren Louise und ihr Mann nach Miami zu der Anlegestelle, wo das Schiff aus New York erwartet wurde. Es war noch vor der Zeit rascher Luftverbindungen, und viele Leute zogen die geruhsame und bequeme Schiffsreise der Fahrt mit dem Zug vor. Sie stellten fest, daß das Schiff angekommen war, und Louise freute sich riesig, daß ihre Eltern nun bei ihr waren. Sobald das Reisegepäck verstaut war und alle in Louises Auto saßen, erzählte sie von ihrem nächtlichen Erlebnis.

„Hast du mich gesehen, Mutter? Hast du das absichtlich gemacht? Und wie?" bestürmte sie ihre Mutter. Diese sagte, sie hätte keine Ahnung davon, daß sie ihre Tochter nachts „besucht" habe, doch sie und ihr Mann hätten sich so auf das Wiedersehen gefreut, daß sie nicht schlafen konnten. Sie seien auf dem Deck des Schiffes auf und ab gegangen und als sie an Palm Beach vorbeifuhren, dachten sie an Louise und hielten einander an den Händen. Es ist interessant, daß nur die Mutter erschien und daß ihre Tochter beschreiben konnte, wie sie angezogen war und in welcher unbeholfenen Haltung sie dastand. Obwohl ihr Mann neben ihr stand und ihre Hände hielt, erschien er Louise nicht und wurde gar nicht von ihrem Bewußtsein registriert. Die Mutter verfügte über mehr Psycho-Energie, sie konzentrierte sich stärker auf ihre Tochter und die natürliche Bindung zwischen Mutter und Tochter befähigten sie, Louises Psycho-Energie anzuzapfen und eine sichtbare Manifestation, eine echte ätherische Projektion hervorzubringen.

Arten der psychischen Projektion

Es gibt viele verschiedene Arten psychischer Projektion. Die soeben beschriebene Form ist sehr schwer willentlich zu erzeugen. Man spricht von ätherischer Projektion, weil ein Mensch Psycho-Energie einsetzt, um sich für den, mit dem er den Kontakt wünscht, sichtbar zu machen. Die Psycho-Energie kleidet sich (sozusagen) an dem entfernten Ort in sichtbare Materie, während der physische Körper inzwischen unverändert bleibt. Es gibt sehr viele gut bezeugte Fälle dieser Art, doch fast alle waren nicht vorhergeplant und kamen zustande, während sich die projizierende Person im Schlaf oder in einem träumerischen oder tranceähnlichen Zustand befand.

Selten nur stößt man auf eine erfolgreiche ätherische Projektion, die beabsichtigt war. Sie ist jedoch jedem möglich, der genug Psycho-Energie besitzt und weiß, was er möchte und wie er es anstellen muß. Später in diesem Kapitel werde ich einige Anregungen geben, die Sie befähigen sollten, es zu vollbringen, wenn Sie es wünschen. Doch zunächst möchte ich etwas über mentale Projektion sagen und Ihnen erklären, was Sie tun müssen, um sie zu erreichen.

Mentale Projektion

Mentale Projektion ist die leichteste und üblichste Art von Projektion. Die meisten intelligenten Menschen mit reichem Gedankenleben senden ihren Geist häufig an ferne Orte aus. Sie denken sich nichts dabei und übersenden die Eindrücke, die sie vielleicht empfangen haben, oder spielen sie herunter. Es ist ihnen nicht bewußt, was sie getan haben, und sie wissen nicht, wie sie es machten. Doch dies ist eine Thematik, die jeder, der über genügend Intelligenz verfügt, um ein mathematisches Problem zu lösen oder ein gutes Essen zu planen, meistern kann. Jedem ist die Fähigkeit dazu angeboren. Es ist nur ein wenig Lernen und Üben erforderlich, um das Bewußtsein auf eine höhere Ebene zu heben und dort willentlich Gebrauch davon zu machen.

Wenn Sie beginnen, mit Mentalprojektion zu experimentieren, denken Sie vielleicht: „Das ist doch bloß Einbildung." Es stimmt, daß zunächst vieles Einbildung ist – doch nicht alles. Sie müssen durch ständiges Probieren zwischen Phantasie und Wirklichkeit unterscheiden lernen. Nach und nach werden Sie sich mehr und mehr auf das Tatsächliche und weniger auf die Phantasie konzentrieren, bis Sie zuletzt sicher sein können, daß das, was Sie beobachten, eine wahre Wiedergabe dessen ist, was tatsächlich stattgefunden hat.

Nun will ich dies ein wenig ausführlich erklären, damit Sie es richtig verstehen. Ihr Geist ist auf zwei Ebenen tätig. Mangels besserer Bezeichnungen werden diese gewöhnlich höheres und niederes Denken genannt. Das niedere Denken funktioniert über das Gehirn, während das höhere Denken völlig unabhängig ist vom Gehirn und anderen Materie-Bindungen. Normalerweise sind wir uns nur des niederen Denkens bewußt. Von ihm werden alle Eindrücke auf unsere physischen Sinne aufgezeichnet, identifiziert, mit ähnlichen früheren Eindrücken in Zusammenhang gebracht und dann im Gedächtnis aufgezeichnet. Alles logische Denken findet im niederen Denkbewußtsein statt, und man kann sagen, daß seine höchste Funktion darin besteht, alles logisch, genau und klar zu beurteilen. Das höchste Denkbewußtsein urteilt nicht. Es hat Zugang zu jeglicher Information und braucht nur eine Tatsache beobachten, um sie zu wissen.

Diese Überfülle von Material, diese gewaltige Menge an Tatsachen, Ideen, Emotionen und Gedanken ist höchst verwirrend, bis wir gelernt haben, uns diejenige Information herauszuholen, die wir wollen. Deshalb schalten wir völlig ab, ziehen uns auf das niedere Denkbewußtsein zurück und beschränken uns auf ein mühsames Voranpirschen von A zu B, von B zu C und so weiter.

Dieses mentale Türzuschlagen ist der Grund, weshalb wir selten irgendeine Erinnerung an das während einer Projektion von uns Beobachtete haben. Wenn wir uns dann bewußt bemühen, uns zu erinnern, kommt uns unser logisches Denken in die Quere. Nehmen wir zum Beispiel an, Sie sind in New York und wollen sich mental Ihren Eltern nach Florida projizieren, um zu sehen, ob es ihnen gutgeht oder sie etwas brauchen, was Sie ihnen geben könnten. Sie bereiten sich vor, wie Sie es gelernt haben (was später geschehen wird) und suchen mental mit einem Elternteil Kontakt aufzunehmen. Sofort setzt Ihr logisches Denken ein: „Es ist jetzt halb zwölf Uhr vormittags. Es ist vielleicht ein warmer, sonniger Tag, und sie sind sicher am Strand. Ich werde sie dort suchen." Das ist völlig falsch. Sie überlegen, wo sie sein könnten, dadurch konzentrieren Sie Ihre Aufmerksamkeit in Ihrem niederen Denkbewußtsein. Dieses niedere Denkbewußtsein ist unlösbar mit Ihrem physischen Gehirn verbunden und kann sich nirgendwohin begeben, wo nicht auch Ihr Gehirn und Ihr Kopf sind. Um eine Mentalprojektion auszuführen, muß das höhere Denkbewußtsein eingesetzt werden. Sie müssen das logische Denken aufgeben. Das aber ist für Sie etwas völlig Ungewohntes, und es muß eine Methode gefunden werden, das Gehirn und das niedere Denkbewußtsein zu umgehen.

Eine erfolgreiche Technik

Dazu müssen Sie Ihr Imaginationsvermögen, das eine Fähigkeit Ihres höheren Denkbewußtseins ist, einsetzen, doch nur bis zu einem bestimmten Punkt, wenn er erreicht ist, muß auch dieses wegfallen. Hier eine Methode, die ich mit Erfolg erprobt habe. Natürlich gibt es noch andere.

1. Sitzen Sie aufrecht in einem Sessel – in einem Raum, wo Sie wahrscheinlich nicht gestört werden, weder durch das Eintreten einer anderen Person, noch durch Geräusche von außen.

2. Sammeln Sie Psycho-Energie an, indem Sie sieben tiefe Atemzüge machen, wobei Sie stets im gleichen Rhythmus zählen, und zwar beim Einatmen bis vier, beim Atemanhalten bis zwölf, und beim Ausatmen bis acht; das Ganze siebenmal.

3. Während Sie den Atem anhalten, nehmen Sie all Ihre Kraft zusammen, als wollten Sie ein sehr schweres Gewicht heben. Spannen Sie sich an, bis Sie auszuatmen beginnen, und dann entspannen Sie sich langsam. Wiederholen Sie das bei jedem Atemzug. Das ist eine der besten Methoden für Anfänger, Psycho-Energie zu akkumulieren.

4. Wählen Sie für die ersten Versuche einen Ort, den Sie gut kennen, an dem Sie schon gewesen sind. Beschließen Sie, Ihr Denkbewußtsein dorthin zu senden. Tun Sie das, indem Sie sich den Ort mit Ihrem geistigen Auge bildlich vorstellen. Dazu müssen Sie Ihr Imaginationsvermögen anwenden, damit Ihre bildliche Vorstellung so vollständig und genau wie möglich ist.

5. Halten Sie dieses innere Bild drei oder vier Minuten lang fest oder wenigstens solange Sie können. Versuchen Sie, alle Einzelheiten des Bildes zu registrieren und zu erinnern. Begeben Sie sich in das Bild hinein. Spüren Sie die Wärme oder Kälte, die Düfte, die Farben. Kurz, fühlen Sie sich so hinein, als seien Sie tatsächlich dort.

6. Wenn Sie Ihre Aufmerksamkeit wieder in den Raum zurückgeholt haben, in dem Sie sitzen, schreiben Sie alle erinnerten Einzelheiten auf. Die meisten entstammen Ihrem Gedächtnis und Ihrer Phantasie. Doch vielleicht finden Sie zu Ihrer Überraschung schon beim ersten Versuch Einzelheiten, die Sie nicht selbst geschaffen haben.

Üben Sie das drei oder vier Mal bei einer Sitzung, doch am Anfang nicht länger als eine halbe Stunde. Bei Ihren ersten Versuchen werden Sie merken, daß Sie sich stets teilweise Ihrer körperlichen Umwelt bewußt sind, daß Sie den Stuhl empfinden, auf dem Sie sitzen, leise Geräusche von außen, die Temperatur und Helligkeit im Raum wahrnehmen usw., weil Ihre Aufmerksamkeit immer wieder ins niedere Denkbewußtsein zurückfällt – trotz Ihrer besten Bemühungen, es auf einer höheren Ebene zu halten. Ein rasches Hin- und Herschwanken, ein Flattern Ihrer Konzentration macht es unmöglich, daß Sie sich irgendeiner Ebene klar bewußt werden. Wenn Sie aber ausdauernd sind, werden Sie schließlich fähig sein, Ihre Aufmerksamkeit immer längere Zeit im höheren Denkbewußtsein zu halten. Es wird Ihnen gelingen, dies von Sekundenbruchteilen auf zwei oder drei Sekunden und dann auf mehrere Minuten auszudehnen. Große Mathematiker, Schachmeister, Komponisten, Dichter und auch manche Schriftsteller und Musikinterpreten verbringen oft fünfzehn oder zwanzig Minuten auf dieser höheren Ebene. Sie versuchen nicht absichtlich Ihr Bewußtsein dort zu halten, sondern sind so in ihre Tätigkeit vertieft, daß sie fast von der physischen in die höhere Mentalebene geführt werden. Sie können lernen, das gleiche zu tun, doch dies erfordert Interesse, den starken Wunsch und Übung.

Hier ist eine etwas andere Übung. Es handelt sich im Grund um die gleiche Technik, sie wird nur etwas anders angewendet. Nehmen wir an, Sie wollen jemanden besuchen, wissen aber nicht genau, wo er sich aufhält. In diesem Fall gehen Sie wie folgt vor.

1. Bereiten Sie sich gemäß Schritt 1, 2 und 3 der vorigen Übung vor.

2. Visualisieren Sie das Gesicht der Person, die Sie besuchen möchten. Sehen Sie nur ihr Gesicht. Stellen Sie es sich deutlich in allen Einzelheiten und in Farbe vor.

3. Während Sie dieses Bild vor dem inneren Auge haben, erinnern Sie sich daran, welche Kleider die Person trug, wie sie sich bewegte, was sie sagte und tat, ohne daß Sie sich jedoch auf diese Erinnerungen konzentrieren. Lassen Sie sie einfach vorbeiziehen, ohne sie gedanklich festzuhalten und dabei zu verweilen. Es sind eindeutig Erinnerungen des niederen Denk- oder Gehirnbewußtseins.

4. Bemühen Sie sich, jetzt nur das Gesicht zu sehen, nicht den Körper oder die Bewegung. Allmählich werden sich alle diese Eindrücke verflüchtigen, und während das geschieht, werden Sie vielleicht einen winzigen Lichtpunkt oder auch einen größeren bemerken; irgendwo außerhalb des Gesichts, doch deutlich in Ihrem Sehbereich. Versuchen Sie, Ihren Blick darauf zu richten. Gewöhnlich wird es Ihnen ziemlich nah erscheinen, fast als ob es etwa 25 bis 30 Zentimeter vor Ihren Augen in der Luft hängt.

5. Wenn Sie diesen „Eindringling" auf dem sonst deutlichen Bild vom Gesicht der Person, die Sie erreichen möchten, wahrnehmen, konzentrieren Sie sich darauf. Sie werden feststellen, daß der Punkt sich auszudehnen scheint und mehr Einzelheiten umfaßt.

6. Wenn er wächst – und Sie sollten den kleinen Punkt ermutigen, zu wachsen –, werden Sie sehen, daß er zu einer bestimmten Örtlichkeit wird – zu einem Zimmer, einem Auto, einem offenen Platz, und an diesem Ort werden Sie die Person, die Sie erreichen möchten, sehen.

7. Sie werden die Person so sehen, wie sie in genau diesem Augenblick tatsächlich aussieht – in der Umgebung, in der sie sich wirklich befindet.

8. Seien Sie sich darüber klar, daß sich dies nicht durch Willenskraft erreichen läßt. Wenn Sie das Gesicht der Person klar sehen, entspannen Sie sich ein wenig. Versuchen Sie, eher passiv als aktiv zu sein. Sie möchten ja einen Eindruck empfangen, nicht einen erschaffen. Lassen Sie ihn also einfach erstehen.

9. Noch ein letztes Wort zu dieser Technik. Sie wird nicht funktionieren, wenn Ihr Motiv selbstsüchtig oder unwürdig ist. Wenn Sie jemandem nachspionieren wollen, wird das Ganze nicht gelingen. Haben Sie jedoch die Absicht, zu lernen oder zu helfen, werden Sie Erfolg haben.

Berichte über erste Erfahrungen

Ich möchte hier zwei Berichte einfügen, damit Sie eine bessere Vorstellung bekommen, wie es geht und was Sie erwarten können. Zunächst ein Bericht von Miss T. P. über ihre erste Erfahrung:

Ich bereitete mich nach den Anweisungen vor und versuchte dann, mir mein Elternhaus in Vermont bildlich vorzustellen. Zuerst veränderte sich das Bild dauernd, weil ich mich nicht entschließen konnte, von welcher Seite her ich mir das Haus vorstellen sollte. Schließlich entschied ich mich für die Straßenseite und machte weiter.

Es ist nicht leicht, sich einen vertrauten Ort in Erinnerung zu rufen. Man ist so sehr daran gewöhnt, ihn zu sehen, daß die markanten Teile einem oft entgehen. Doch nach einigem Kampf mit meinen Erinnerungen schuf ich schließlich ein Bild, das wohl ziemlich genau war. Doch ein Detail verwirrte mich. Das Wetter in Boston war schön, und so nahm ich natürlich an, es sei auch im mittleren Teil von Vermont sonnig. Ich stellte mir also mein Elternhaus vor. Doch die Szene veränderte sich. Alles wurde düster und grau, als ob es stark regnete. Mit Willensanstrengung stellte ich das sonnige Bild wieder her, doch es änderte sich erneut, nun ich sah Wolken und Regen. Verwirrung befiel mich und ich gab auf. Doch als ich am nächsten Tag mit meiner Mutter telefonierte, klagte sie über das Wetter und sagte: „Es ist scheußlich. Wir haben drei Tage die Sonne nicht gesehen und die meiste Zeit hat es gegossen.“

Dies ist für einen ersten Versuch sehr gut, und Miss T. P. hat offensichtlich ein schon früher entwickeltes Talent, das sie weiterentwickeln sollte. Es folgt ein Bericht eines jungen Mannes, der seine Schwester zu finden versuchte, die fast schon einen Monat aus ihrem Heim in Iowa verschwunden war:

Meine Schwester Marie-Clair verließ Anfang Dezember das Elternhaus, um unsere Vettern in Des Moines zu besuchen und einige Weihnachtseinkäufe zu machen. Sie kam aber dort nie an, und wir hatten nicht die geringste Nachricht von ihr. Wir gingen zur Polizei und übergaben ihr ein Bild und eine Beschreibung, und es hieß, man werde eine Vermißtenanzeige machen. Zuerst dachten wir, sie sei umgebracht worden, doch als die Zeit verging, und wir nichts von einem Unfall oder Unglück hörten, mit dem sie in Zusammenhang gebracht werden konnte, meinte die Polizei, sie sei wohl noch am Leben und einfach fortgegangen, was ihr freier Wille sei. Sie war neunzehn Jahre alt und konnte, wie die Polizei meinte, für sich selbst sorgen, doch Mama und ich waren uns nicht sicher und dachten, sie sei tot.

Ich hatte schon einmal halbherzig mit Mentalprojektion experimentiert, doch eines Abends wollte ich mich nun wirklich versichern, sie zu finden und festzustellen, ob sie lebte oder tot war. Ich machte die Atemübungen und stellte mir dann innerlich deutlich ihr Bild vor, wobei ich ein Foto zuhilfe nahm. Es zeigte sie von links im Profil, von der Seite also, die sie immer als ihre beste bezeichnet hatte.

Nach zehnminütigen Versuchen geschah nichts und ich wollte schon aufgeben. Als ich mich entspannte, bemerkte ich einen winzigen Lichtschimmer auf ihrer linken Schulter. Als ich meine Aufmerksamkeit darauf richtete, sah ich, daß er mitten in der Luft vor dem vorgestellten Bild zu hängen schien, also nicht dazugehörte. Ich sah ihn mir genau an und merkte, daß es eine Straßenlaterne war oder zu sein schien. Ich ging laut Anweisung in die Szene hinein und sah mich am Rand eines Wassers stehen. Vor mir war eine Straßenlaterne – jene, die ich zuerst gesehen hatte –, und weiter weg zu meiner Rechten ein Hafengelände mit vielen Booten aller Art. Unter der Straßenlaterne stand Marie-Clair und sprach mit einem Mann. Sie hatte Shorts und

T-Shirt an und trug Segeltuchschuhe. Doch sah sie gut und gesund aus. Voll Freude sprang ich auf und rief meiner Mutter zu: „Marie ist am Leben. Ich habe sie eben gesehen!"Sie war ganz aufgeregt und fragte: „Wo? Wie? Im Fernsehen?" Ich erklärte, was ich getan hatte, und mir tat es gleich leid, daß ich es gesagt hatte, weil Mama so enttäuscht war. Sie sagte: „So ein Unsinn! Das war ein Tagtraum. Mich wegen nichts und wieder nichts so aufzuregen!" Ich kam mir richtig dumm vor, bis drei Monate später eines Abends Marie-Clair auftauchte. Sie war mit einem Mann, der sie dazu aufgefordert hatte, nach Florida gegangen. „Ich habe doch gewußt, daß ihr mich nie hättet gehen lassen, wenn ich gefragt hätte!" sagte sie zu Mama. „Und ich wußte verdammt gut, wenn ich gesagt hätte, wo ich bin, hättet Ihr gewollt, daß ich sofort heimkomme. Und das wollte ich nicht. Wer will schon im Winter in Iowa leben? Ich nicht."

Später bestätigte sie, daß sie auf einem Boot gewohnt hatte und wahrscheinlich in der fraglichen Nacht genau an der Stelle stand, wo ich sie gesehen hatte. Der Mann, mit dem sie ausriß, war Kapitän eines kleinen Bootes, und sie hatte ihn beim Erntedankfest kennengelernt. Er bekam vom Besitzer den Auftrag, das Boot von St. Louis den Mississippi hinunter und über den Golf nach St. Petersburg zu bringen. Marie-Clair ging mit ihm an Bord und wohnte in St. Petersburg auf dem Boot, bis der Eigentümer eintraf. Dann nahmen sie und Frank, ihr Freund, eine gemeinsame Wohnung, bis es Zeit war, in den Norden zurückzukehren. – Also hatte ich sie damals bei meinem Versuch wohl wirklich gesehen. Das Boot lag angetäut in einem Bootshafen, und wo die Pier ans Ufer stieß, stand eine große Straßenlaterne. Alles schien ganz genau zu stimmen.

Es ist klar, daß dieser Mann schon ziemlich erfolgreich war. Das Zusammentreffen verschiedener Umstände half ihm. Die Zeit war richtig, weder er noch seine Schwester hatten irgendwelche mentalen Blockierungen, und offenbar war er imstande, seine Aufmerksamkeit scharf genug zu konzentrieren, daß es klappte. Das ist für einen Anfänger gar nicht so leicht.

Zur mentalen Blockierung wäre noch zu sagen: Wenn jemand seine Handlungen geheimhalten möchte oder sich mit etwas befaßt, was man normalerweise geheimhält, versperrt er unbewußt den mentalen Zugang. Ohne es zu wissen oder zu wollen, schließt er die Tür zu seinem Denkbewußtsein, ebenso, wie man die Tür eines Zimmers zumacht. Als dieser Mann aber seine Schwester sah, stand sie im Freien und hatte ebensowenig mentale wie physische Barrieren um sich.

Astralprojektion

Die erste in diesem Kapitel beschriebene Projektion, die von Louise, war eine ätherische Projektion. Diese erfordert in dem Moment, da die Projektion dem physischen Auge sichtbar wird, einen Zuschuß von Psycho-Energie, und nur ein sehr hoch entwickelter und kraftvoller Mensch ist fähig, so viel von seiner Psycho-Energie zu einem fernen Ort zu senden. Darum kommen die meisten dieser ätherischen Projektionen zustande, wenn ein Mensch am Ort der Erscheinung die Psycho-Energie liefert, die vom Denkbewußtsein des Projizierenden in physische Form aufgebracht wird. Dazu ist, ob freiwillig oder unfreiwillig, ein gewisser Grad an Verbundenheit, ein Rapport, erforderlich. Gewöhnlich genügt eine Gefühlsbindung, wie sie zwischen Louise und ihrer Mutter bestand.

Seelenreisen

In letzter Zeit ist eine Menge über Seelenreisen geschrieben und gesagt worden. Obwohl tatsächlich Seelenreisen möglich sind, so sind sie doch nicht notwendig. Wenn man auf der Seelenebene bewußt wird, ist kein Reisen mehr erforderlich. Was gewöhnlich mit „Seelenreisen" bezeichnet wird, ist in Wirklichkeit Astralprojektion oder Reisen im Astralkörper. Wir alle reisen in unserem Astralkörper, wenn wir schlafen, doch erinnern wir uns sehr selten daran. Es ist möglich, Erinnerungen von diesen Reisen mitzubringen, ja dies sogar bewußt zu tun, wenn wir willens sind, uns darin zu üben. Hier also einige Anregungen, die Sie befähigen werden, Astralprojektion auszuüben.

223

Man sollte sich immer vor Augen halten, daß jeder Mensch sich von allen anderen unterscheidet. Der eine findet leicht, was ein anderer absolut nicht zustande bringt. Eine Technik, die dem einen hilft, mag einem anderen nicht helfen, und umgekehrt. Deshalb teile ich hier verschiedene Übungsmethoden mit. Versuchen Sie sie alle und bleiben Sie bei der, die Sie am besten finden.

Die physische Methode. Hier gelangt man durch Gewöhnung an einen physischen Handlungsablauf zum Erfolg. Folgendes ist dabei zu tun:

1. Suchen Sie einen einsamen und relativ ruhigen Ort.
2. Sitzen Sie aufrecht auf einem Sessel mit Armstützen und hoher Rückenlehne oder liegen Sie im Bett, was vorzuziehen ist.
3. Wählen Sie einen Ort außerhalb des Zimmers, in dem Sie sitzen oder liegen. Dann stehen Sie auf und gehen zu diesem Ort hin. Er sollte nicht weit weg sein. Am besten ist das nächste Zimmer. Nötig ist nur, daß Sie sich aus dem Sichtbereich Ihres Sessels oder Bettes entfernen.
4. Wenn Sie dann an dem gewählten Ort ankommen, schauen Sie ihn sich genau an und prägen Sie sich ein, was Sie sehen. Vielleicht waren Sie schon tausendmal in diesem Raum, doch bilden Sie sich nicht ein, ihn wirklich zu kennen. Sehen Sie sich um und merken Sie sich alles, was in Sichtweite ist, auch die Stellung der Gegenstände zueinander.
5. Wenn Sie das getan haben, gehen Sie langsam zu Ihrem Sessel oder Bett zurück und registrieren alles, was Sie sehen, berühren oder riechen und achten Sie auch darauf, in welcher Anordnung und Reihenfolge sie es bemerken.
6. Nehmen Sie wieder Ihre ursprüngliche Haltung in Ihrem Sessel oder Bett ein, und bleiben Sie diesmal dort, während Sie in Ihrer Vorstellung zu dem gleichen Ort gehen und zurückkehren.
7. Wenn Sie diesen nur vorgestellten Ausflug beendet haben, stehen Sie auf und wiederholen Sie ihn körperlich genau so, wie unter Nummer 3, 4 und 5.
8. Wiederholen Sie ihn wieder in Ihrer Vorstellung und versuchen Sie,

mit dem inneren Auge alles zu sehen, was Sie mit leiblichen Augen gesehen haben.

9. Wiederholen Sie ein drittes Mal den Ausflug körperlich und dann in Ihrer Vorstellung. Dann hören Sie damit auf, und nachdem Sie sich eine Stunde lang ausgeruht haben, wiederholen Sie den ganzen Vorgang. Wenn Sie keine Zeit mehr haben, dann tun Sie es, wenn sich wieder eine Gelegenheit bietet. Wenn Sie mit dieser Methode fortfahren, werden Sie sich gewöhnlich in der dritten oder vierten Sitzung zu Ihrer Überraschung scheinbar schlafend in dem Zimmer sitzen oder liegen sehen, wenn Sie von einem vorgestellten Ausflug zurückkehren. Dann werden Sie wissen, daß die Astralprojektion gelungen ist. Erschrecken Sie nicht. Gehen Sie einfach auf Ihren Körper zu, wie schon so oft vorher, und setzen oder legen Sie sich in die Position, in der sich Ihr physischer Körper befindet. Auf diese Weise werden Sie sich automatisch wieder mit ihm vereinen.

Diese physische Methode ist sehr einfach und leicht, und sie ist bei einer sehr großen Zahl von Menschen wirksam. Doch ist Geduld vonnöten, eine Eigenschaft, die viele nicht besitzen, und wenn Sie Ihnen nicht liegt, dann versuchen Sie es mit einer anderen.

Die *Methode der Traumunterbrechung* wirkt bei manchen recht gut, während andere mit ihr nichts anfangen können. Die einzige Möglichkeit herauszufinden, zu welcher Kategorie Sie gehören, ist ein Versuch.

1. Die Grundvoraussetzung ist, daß Sie träumen und sich an Ihre Träume erinnern. Wenn dies der Fall ist, sagen Sie sich, ehe Sie schlafen gehen, und zwar mit voller Überzeugung: „Wenn ich heute nacht träume, werde ich wissen, daß ich träume."

2. Sie träumen immer. Jeder Mensch träumt. Doch manchmal ist Ihr Schlaf so tief, daß Sie keine Erinnerung an Ihre Träume haben. Es gibt Leute, die steif und fest behaupten, sie träumten nie; aber sie träumen dennoch. Sie können sich lediglich beim Aufwachen nicht daran erinnern. Geben Sie sich also, bevor Sie einschlafen, die Anweisung, daß Ihnen bewußt sein wird, daß Sie träumen. Gewöhnlich wird Sie irgend etwas Fehlerhaftes merken lassen, daß es ein Traum ist. Oliver Fox sagt in seinem Buch *Astral Projection*,

daß er gemerkt habe, daß er träumte, weil die Platten auf dem Weg vor seinem Haus parallel zur Straße lagen, während sie tatsächlich einen rechten Winkel dazu bildeten. Als er den Unterschied bemerkte, wurde ihm klar, daß er sich in einem Traumzustand befand. Beatrice Langley, eine Frau, die erfolgreich mit Astralprojektion experimentiert hat, sagt, sie habe daran erkannt, daß sie träumte, daß sie im Traum das Aussehen von Menschen verändern konnte. War das nicht mehr möglich und blieb das Haar einer Rothaarigen rot, obwohl sie sich bemühte, die Farbe in Schwarz zu verwandeln, dann wußte sie, daß sie im Traum zu einer Astralprojektion übergegangen war.

3. Es kann sein, daß Sie in einem Traum seltsame Abnormalitäten bemerken, an denen Sie nichts Ungewöhnliches finden und daß Ihnen erst nach dem Erwachen die Unsinnigkeit klar wird. Wenn Sie sich aber vor dem Einschlafen feste Anweisungen erteilen, werden Sie bald eine kritische Einstellung entwickeln, die Sie befähigt, schon während des Schlafens eine Unmöglichkeit festzustellen. Daran werden Sie dann erkennen, daß Sie träumen.

4. Wenn Ihnen an einem bestimmten Punkt in Ihrem Traum klar wird, daß es ein Traum ist, sind Sie in der Lage, die Kontrolle zu übernehmen. Wenn Sie dann beschließen, an einen bestimmten Ort außerhalb Ihres Zimmers oder Ihrer Wohnung zu gehen, werden Sie sofort dort sein. In der Darstellung einer ihrer frühen Erfahrungen sagt Beatrice Langley: „Ich lebte zu dieser Zeit in Chicago, und vor dem Schlafengehen hatte ich mir energisch die Instruktion erteilt, mir in dieser Nacht völlig bewußt zu werden, daß ich träume. Es muß gegen Morgen gewesen sein, daß ich träumte, auf der Michigan Avenue nordwärts zu gehen. Es war spät am Nachmittag, und eine goldene Sonne schien auf das Wrigley Building. Als ich an die Brücke über den Chicago River kam, sah ich, daß beiderseits schöne grasige Böschungen das Ufer säumten und Schwäne würdevoll über kristallklares Wasser glitten. Zuerst erschien mir das ganz normal, doch plötzlich wurde mir klar, wie sehr sich dieses Idyll von der Wirklichkeit unterschied, und ich kam zu dem Schluß, daß ich träumte. Sobald ich erkannte, daß ich mich

im Traumzustand befand, setzte sich mein früher gefaßter Entschluß durch, die Hauptrolle zu übernehmen. Ich wies mich an, nach Paris zu gehen und stand sofort auf dem Place de la Concorde vor dem Arc de Triomph. Es war am frühen Morgen eines klaren Tages, und die Sonne befand sich dicht über dem Horizont. Alles war erstaunlich klar und hell, und ich fühlte mich intensiv lebendig und kraftvoll. Ich muß jedoch gestehen, daß mein Erfolg mich so überraschte und schockierte, daß ich sogleich zu meinem Körper zurückkehrte und in meinem Bett erwachte. Es war noch dunkel, und ein Blick auf die Uhr zeigte mir, daß es zwei Uhr fünfzehn war."

5. Ihre erste Erfahrung wird vielleicht aufregend und seltsam wie die von Beatrice Langley sein. Fahren Sie in Ihren Bemühungen fort, und bald werden Sie das „Gefühl" dafür bekommen, wie man sich im Astralkörper bewegt. Dann sollten Sie in der Lage sein, den Körper zu verlassen, ohne erst schlafen und träumen zu müssen.

Die nächste von mir beschriebene Methode erfordert Willenseinsatz und sogenannte zielgerichtete Kontrolle. Wenn Sie durch Übung einer der beiden bisher gezeigten Techniken (oder irgendeiner anderen) Ihre Fähigkeiten gut entwickelt haben, können Sie unter geeigneten Bedingungen Ihren Astralkörper willentlich aussenden.

Es gibt heute viele Menschen, die in früheren Leben gelernt haben, in der Astralwelt zu reisen. Vielleicht sind Sie einer davon, und diese Gabe schlummert bereits in Ihnen und muß nur neu erweckt werden. Die einzige Möglichkeit, dies festzustellen, ist ein Versuch. Hier die Methode dazu.

1. Suchen Sie sich einen ungestörten Platz. Es ist sehr wichtig, denn Sie werden versuchen, Ihren Körper in einen tranceähnlichen Zustand zu versetzen, und ein plötzlicher Schock könnte Ihrem Herz und Ihrem Nervensystem schaden. Eine laute Stimme, eine zuknallende Tür, eine Berührung Ihres Körpers würde eine zu rasche Rückkehr Ihres Astralkörpers zur Folge haben, als falle er aus mehreren Metern Höhe in den leiblichen Körper hinein. Deshalb Vorsicht!

2. Legen Sie sich auf ein Bett oder eine Couch. Lassen Sie Ihre Kleider

an, doch machen Sie alles locker, so daß nichts spannt oder drückt. Gehen Sie nicht zu Bett, weil das die Assoziationen mit Schlafen auslöst, und Sie wollen ja nicht schlafen. Sie werden in einen tranceähnlichen Zustand fallen, der mit dem Schlaf verwandt ist, in dem Sie aber ein ständiges bewußtes Gewahrsein beibehalten.

3. Schließen Sie die Augen und entspannen Sie sich, bleiben Sie aber wach. Wenn Sie entspannt sind, machen Sie fünf tiefe Atemzüge, um Ihre Psycho-Energie zu vermehren. Atmen Sie wie folgt, und zählen Sie dabei gleichmäßig: Atmen Sie bis vier tief ein. Halten Sie den Atem an, während Sie bis zwölf zählen, dann atmen Sie bis acht zählend aus, immer im gleichen Rhythmus. Machen Sie das fünfmal.

4. Nach dieser Atemübung werden Sie sich angeregt und munter fühlen. Richten Sie dann Ihr Bewußtsein auf die Zirbeldrüse, die sich im Zentrum Ihres Kopfes hinter der Nasenwurzel befindet, ungefähr auf einer Linie mit dem oberen Ende Ihrer Ohren. Spüren Sie, wie sie von der Psycho-Energie, die Sie mit Ihrer Aufmerksamkeit darauf lenken, warm wird.

5. Schließen Sie alle Sicht-, Laut- und sonstigen Sinneswahrnehmungen aus, während Sie Ihre Aufmerksamkeit noch auf diese winzige Drüse konzentrieren. Spüren Sie, wie Sie von feuriger Energie erglüht, und heben Sie sie mit Ihrem Bewußtsein hinauf zur Zimmerdecke.

6. Wenn Sie das Gefühl haben, daß es Ihnen gelungen ist, die Zirbeldrüse aus dem Körper zur Decke emporzuheben, machen Sie sich wieder Ihre Umgebung bewußt. In den meisten Fällen werden Sie feststellen, daß Sie einen bis eineinhalb Meter über Ihrem Körper schweben, der zu schlafen scheint. Manchmal sind Sie auch schon aus dem Hause hinaus und hoch in der Luft. Erschrecken Sie nicht. Erregen Sie sich auch nicht übermäßig, sondern lenken Sie sich ruhig durch Willenseinsatz dahin, wohin Sie wollen. Das geschieht, indem Sie einfach sagen: „Ich möchte in mein Büro" oder „Ich möchte in die Innenstadt" oder „Ich möchte zu meiner Mutter." Sofort werden Sie dort sein.

7. Manchen Experimentatoren macht es Spaß, sich in ihrem Astral-

körper langsam umherzubewegen, sobald sie sich vom physischen Körper gelöst haben. Es ist eine sehr angenehme Sache, sich in der Astralwelt zu bewegen. Man fühlt sich sehr frei und leicht und kann ganz langsam umherschweben oder auch, wie es scheint, nahezu mit Lichtgeschwindigkeit über Land und Meer eilen, ganz wie man sich entscheidet.

8. Manchmal ist es für den Schüler schwer, zu akzeptieren, daß der Wille die Bewegung des Astralkörpers lenkt. In diesem Fall ist es ratsam, mit einer bekannten körperlichen Bewegungsart wie Schwimmen, Gehen oder Laufen zu beginnen. Doch bald werden Sie feststellen, daß es gar nicht notwendig ist, sich so etwas einzubilden und es aufgeben.

Bei einer meiner frühesten Erfahrungen hatte ich das Glück, einer Gruppe anzugehören, die auf der Astralebene von einem Lehrer unterrichtet wurde. Als Teil unseres Trainings nahm er uns zu einem Flug über Wasser mit. Als ich auf das sturmbewegte Meer ganz dicht unter mir hinabschaute, erschrak ich. Der Leiter bemerkte sofort meine Gefühlsreaktion, zauberte mit einer schnellen Handbewegung, wie bei einem Taschenspielerkunststück, ein langes Surfbrett herbei, schob es unter mich und sagte lächelnd: „Leg dich da drauf, wenn's sein muß." Das wirkte ziemlich erheiternd auf die anderen, die bereits wußten, wie nutzlos so ein Hilfsmittel ist, außer zur emotionalen Berührung.

Diese drei Techniken werden die meisten von Ihnen befähigen, Astralreisen zu unternehmen, wenn Sie sich ernstlich und mit Ausdauer darum bemühen. Es gibt noch viele andere Methoden, von denen Sie einige während des Experimentierens selbst herausfinden werden. Andere können Sie aus Büchern nur durch Studium erlernen. Doch ehe wir uns von diesem Thema abwenden, noch ein Wort über die Astralebene, die Welt, in der Astralreisen stattfinden.

Die Astralebene ist sehr ausgedehnt und erstreckt sich über viele Schwingungsebenen. An ihrer untersten Grenze berührt sie fast das Grobstoffliche, und in diesem Bereich finden die meisten unserer Astralreisen statt. Auf ihrer höchsten Ebene ist die Astralebene sehr subtil, und wenige gelangen dorthin, während sie noch inkarniert sind. Natürlich gibt es dazwischen eine unendliche Anzahl anderer Ebenen.

Der menschliche Astralkörper ist nicht der einzige, der auf der Astralebene reist. Sie werden dort viele andere Wesen treffen; manche sind anziehend, andere bedrohlich. Erlauben Sie keinen, Sie zu erschrecken oder Ihre Gemütsruhe zu stören. Seien Sie sich klar darüber, daß Sie ebenso die Macht haben, Astralreisen zu beherrschen, wie Sie Macht haben, Ihre Emotionen zu beherrschen. Wenn Sie imstande sind, Ihre Emotionen zu beherrschen, ist es unklug von Ihnen, Astralreisen zu versuchen, solange Sie diese Fähigkeit nicht besitzen. Doch wenn Sie sie erlangt haben, sollten Sie sich nicht mit irdischen Reisen begnügen, so unterhaltsam sie sein mögen, sondern sich zu höheren Ebenen emporschwingen. Dort werden Sie mental und physisch Anregung empfangen und auf jede Weise erfrischt zurückkehren. Das allein lohnt schon jegliche Mühe.

14. Kapitel

Wie Sie Psycho-Energie einsetzen können, um das Bewußtsein auf höhere Ebenen zu erheben

In früheren Kapiteln gebrauchte ich das Gleichnis eines Hauses mit drei oder mehr Stockwerken, um die verschiedenen Bewußtseinsebenen, auf denen wir tätig werden können, zu veranschaulichen. Die meisten geben sich damit zufrieden, auf der untersten Ebene zu leben, zu denken und zu handeln und haben nie auch nur den Wunsch, sich davon zu erheben. Doch ein Mensch wie Sie, der sich um Erkenntnis und die daraus erwachsende Macht bemüht, wird sein Bewußtsein so hoch wie möglich erheben wollen. Deshalb möchte ich Ihnen in diesem Schlußkapitel zeigen, wie das möglich ist.

Jede Religion fordert Sie auf, „die Gedanken zu Gott emporzuheben". Jede esoterische Schule sagt: „Erhöhen Sie Ihr Bewußtsein!" Diese Anstöße sind berechtigt. Sie fordern den Menschen auf, sich von der physischen Ebene zu erheben, was, wenn es mit Energie und begleitet von guten bildhaften Vorstellungen durchgeführt wird, eine Anhebung der Schwingungsebene Ihres Wesens bewirkt. Ein nach oben gerichteter Gedanke ist im Astrallicht als ein hochaufragender Kirchturm sichtbar, von dessen Spitze Wölkchen ätherischer und emotionaler Energie herabschweben. Mit bunten Girlanden geschmückte Maibäume sind nicht, wie viele denken, phallische Symbole, sondern sollen die emporgerichteten Gedanken des Menschen darstellen, wie sie in medialer Sicht aussehen, denn jeder aus dem Weltlichen emporstrebende Gedanke trägt, scheinbar davon herabtropfend, etwas von der Gefühlssubstanz seines Erzeugers an sich.

Die großen Kathedralen der Welt mit ihren hohen, in Kaskaden gen Himmel ragenden Türmen sind Beweis dafür, daß ihre Schöpfer in Stein darstellen wollten, was sie in der astral-ätherischen Substanz beobachtet haben. Fünf- oder sechshundert Menschen, die zu einem gemeinsamen Gottesdienst versammelt sind, senden eine mächtige Säule von fünfhundert Metern Höhe zum Himmel empor. Von ihrer Spitze reicht sie in immer volleren Kaskaden sich weitend bis zur Aura der Gruppe hinab, die sie erzeugte. Über jeder auf Gott hingegebenen Gruppe, ob sie aus drei oder dreitausend Menschen besteht, kann man diese gleiche astrale Manifestation sehen, mehr oder weniger groß, gemäß der Anzahl der Versammelten und der Intensität ihres Strebens.

Die Erkenntnis dieser medial gesehenen Manifestation war es, die zum Aufruf „Erhebt eure Gedanken!" führte. Schon die Bemühung, das Gewahrsein aus dem Körper heraus zu einem höheren Punkt zu erheben, bewirkt eine Erhöhung und Beschleunigungsrate. Doch wie das Wasser einer Fontäne fällt es sofort wieder zurück, wenn nicht eine Technik angewandt wird, es auf einer höheren Ebene zu halten. Es ist wichtig, daß Sie lernen, das zu tun, und daß so viele Menschen wie möglich es erlernen. Deshalb will ich mein Bestes versuchen, es Sie zu lehren.

Der Segen der Erhebung des Bewußtseins

Echte Bewußtseinserhebung schenkt uns Weitsicht, einen Blick auf den kosmischen Plan, Erkenntnis dessen, was vor uns und über uns liegt; kehren wir aber auf die physische Ebene zurück, sind wir wieder Männer und Frauen mit menschlichen Gelüsten und Neigungen und allen Problemen, die sie schaffen. Wir müssen essen, schlafen und sterben. Schon aus diesem Grund sollten wir danach streben, die Schwingungsrate unserer physisch-atomaren Substanz zu erhöhen. Dann wird unserem Bewußtsein jedes Mal, wenn es von einem Flug ins Unendliche in den Körper zurückkehrt, in ihm ein besseres Werkzeug zur Verfügung stehen. Das ist der wahre Weg zur Entwicklung.

Es ist ein staunenerregender Plan für die Menschheit, geschaffen von

Gott – oder der kosmischen Kraft, der Erstursache oder wie Sie es auch nennen wollen –, der in dieser unserer Zeit ins Stadium der Verwirklichung tritt. Um ihn voll zu erkennen, müssen Sie willens sein, viele lang gehegte Vorstellungen von der Art und Weise, wie ein menschliches Wesen beschaffen ist und wie seine Apparatur funktioniert, abzulegen. Zumindest aber sollten Sie mit Ihrem Urteil zurückhaltend sein, bis Sie einen ernstlichen und ehrlichen Versuch mit einer der Übungsmethoden unternommen haben, die ich in den früheren Kapiteln dargestellt habe.

Deshalb bitte ich Sie eindringlich, Telepathie oder Astralprojektion oder auch das Rutengehen zu üben. Erlernen Sie unbedingt eine dieser Techniken. Wenn Sie auch nur mit einer davon Erfolg haben, wird Ihnen das die Augen öffnen und Sie befähigen, diesen wunderbaren Plan wenigstens in gewissem Maß zu begreifen.

Verstärkende Faktoren

Nichts derart Gewaltiges läßt sich über Nacht vollbringen, und so haben schon vor vielen hundert Jahren besondere Vorbereitungen begonnen. Alle die rasch sich verändernden und beunruhigenden Vorgänge in der Welt von heute sind die Folge dieser Vorbereitungen. Die verstärkenden Faktoren lassen sich wie folgt beschreiben:

1. Die Turbulenz, die verursacht ist durch die schwindenden Tendenzen des Fische-Zeitalters mit seiner Betonung der Autorität und des blinden Glaubens und durch die zunehmende Manifestation von Energien des Wassermann-Zeitalters, die eigene Erkenntnis fordern und die Neigung stärken, die Dinge selbst in die Hand zu nehmen.

2. Der weltweite Konflikt im Jahr 1963, der bereits 1912 begann und erst 1975 endete. Es handelt sich um einen Höhepunkt in der Geschichte der Menschheit, und man hat die subjektive Wirkung auf Nervensystem und Astralkörper des heutigen Menschen noch nicht voll begriffen. Die Erhöhung des Lärmpegels (wozu vieles beiträgt) und der emotionale Druck durch den sich lang dahinziehenden

Konflikt haben das feine ätherische Gewebe zerrissen, das die physische und die astrale Welt trennt. Danach hat der überraschende Prozeß einer Vereinigung dieser beiden Welten begonnen. Es finden ungeheure Veränderungen des menschlichen Bewußtseins statt, die schließlich zu größerem menschlichen Verständnis und zur Verwirklichung der Bruderschaft unter den Menschen führen werden. Doch das ist kein leichter Weg. Die stattfindende Kraftzufuhr ist unpersönlich, und sehr viele werden diese Energien nicht für gute, sondern für böse Zwecke gebrauchen. Ordnung und Disziplin sind nötig. Ich warne Sie – entfesseln Sie keinen Sturm, dem Sie nicht wieder Einhalt gebieten können.

3. Bestimmte astrologische Konstellationen setzen neuartige, bisher auf dieser Erde unbekannte Kräfte frei. Diese Kräfte ermöglichen der menschlichen Psyche und Persönlichkeit viele Entwicklungen, die bisher behindert und unterbunden werden. Sie haben die Fähigkeit, diese Kräfte zu Ihrem eigenen Besten und, wenn Sie es wollen, zum Wohl der Welt zu nützen.

Die Wichtigkeit, sich mit Hilfe von Psycho-Energie weiterzuentwickeln

In kommenden Tagen werden bestimmte hochausgebildete und eingeweihte Männer und Frauen in verschiedenen Weltteilen in Erscheinung treten. Ihre Aufgabe ist es, der Menschheit zu helfen. Sie werden lehren, sie werden Beweise geben, Ratschläge erteilen und mit gutem Beispiel vorangehen. Allein ihre Gegenwart wird eine segensreiche Wirkung haben. Doch warten Sie nicht, bis einer dieser Meister der Weisheit Sie ruft. Beginnen Sie jetzt mit Ihrer Selbstentwicklung.

Die Ziele des Meisterplans

Sie werden vielleicht mit Recht fragen: „Was ist das Ziel dieses Plans? Sie haben die wirksame Eigenhilfe beschrieben. Doch was wird das Ergebnis sein?"

Das Ziel ist, erstens einen solchen Einklang zwischen den Menschen herzustellen, daß vollkommene telepathische Kommunikation herrschen wird, was schließlich die Zeit aufheben oder zumindest unser Verständnis davon völlig verändern wird, und zweitens, das menschliche Schwingungsniveau so zu erhöhen, daß die meisten Menschen fähig sein werden, zur dritten Ebene der Erkenntnis voranzuschreiten, wo ihnen alle Errungenschaften und alles Wissen der Vergangenheit zur Erforschung und zum Studium offenstehen. Der Mensch wird dann die wahre Bedeutung und die wahren Möglichkeiten seines Geistes und seines Gehirns erkennen und damit die Tür zu einer gottgleichen Allwissenheit öffnen.

Die Verwirklichung dieser Ziele liegt nicht in einer ungewissen fernen Zukunft. Es gibt Männer und Frauen, die diese lange verschlossenen Türen schon zu öffnen beginnen. Sie können sich ihnen anschließen – WENN SIE WOLLEN! Der Mitgliedsbeitrag ist nicht hoch. Geld ist nicht erforderlich. Der Preis ist allein der Wille, mit Ausdauer zu lernen und zu arbeiten, die Entschlossenheit, stets das Wohl des Nächsten vor das eigene zu stellen, und die Fähigkeit, immer wieder aufzustehen und von neuem zu beginnen, immer und immer wieder.

Wie Sie Erfüllung Ihrer Wünsche erlangen

Wenden wir uns nun einer letzten Übung zu, einer Übung, die Sie, wie ich hoffe, Ihr ganzes restliches Leben lang täglich machen werden. Sie wird Ihnen alles verschaffen, was Sie sich wünschen und brauchen. Mehr brauche ich wohl nicht zu sagen. Lehnen Sie sich also zurück und entspannen Sie sich.

1. Versetzen Sie Ihr Bewußtsein ins Herz und stellen Sie sich bildlich vor, daß Ihr Brustbereich in eine rosarote Aura getaucht ist.

2. Atmen Sie tief ein und zählen Sie dabei bis sechs. Halten Sie dabei diese Bildvorstellung fest.

3. Halten Sie den Atem an, während Sie bis zwölf zählen, und heben Sie dabei die rosa Wolke zu einem Punkt ungefähr acht Zentimeter über Ihrem Kopf.

4. Atmen Sie langsam aus, während Sie bis acht zählen, und lassen Sie dabei die rosa Wolke sich so ausweiten, daß Sie Ihren Kopf und Oberkörper einhüllt.

5. Wenn Sie ausgeatmet haben und Ihre Lungen leer sind, halten Sie den Atem an, zählen Sie bis zwölf und halten währenddessen vor Ihrem inneren Auge die Visualisation der leuchtenden rosa Wolke, die Ihren Kopf und Oberkörper umgibt, aufrecht.

6. Nun zentrieren Sie Ihr Bewußtsein in der Kehle und stellen Sie sich vor, daß eine hellblaue Aura Ihre Kehle und Ihre Schultern einhüllt.

7. Atmen Sie, bis sechs zählend, ein und halten dabei das Vorstellungsbild der blauen Aura fest.

8. Halten Sie bis zwölf zählend den Atem an und heben Sie dabei die blaue Aura zu einem Punkt ungefähr acht Zentimeter über Ihrem Kopf.

9. Lassen Sie Ihren Atem langsam ausströmen, während Sie bis acht zählen, und weiten Sie dabei die blaue Wolke aus, so daß sie Ihren Kopf und Oberkörper einhüllt.

10. Wenn Ihr Atem ausgeströmt ist und Ihre Lungen leer sind, halten Sie den Atem an, während Sie bis zwölf zählen, und stellen Sie sich dabei weiter die strahlend blaue Aura um Ihren Kopf und Oberkörper vor.

11. Verlagern Sie jetzt Ihr Bewußtsein in die Hypophyse. Diese befindet sich im Inneren des Kopfes zwischen den Augenbrauen, etwa drei bis vier Zentimeter hinter der Stirn. Dabei stellen Sie sich ein strahlend weißes Licht um Ihren Kopf vor und atmen Sie bis sechs zählend ein.

12. Halten Sie den Atem an, während Sie bis zwölf zählen und Sie die weiße Aura an einem Punkt ungefähr acht Zentimeter über dem Kopf sehen.

13. Lassen Sie den Atem bis acht zählend ausströmen und empfinden Sie dabei, daß sich das Hypophysen-Zentrum mit dem Zentrum über Ihrem Kopf vereinigt und daß das durch diese Verschmelzung erzeugte Licht den ganzen Raum erhellt.

14. Wenn Sie ausgeatmet haben, zählen Sie mit leeren Lungen bis

zwölf und sehen Sie diese strahlende, sonnengleiche Aura sich weiten, so daß sie Ihren Kopf und den ganzen oberen Teil Ihres Körpers bis über die Hüfte einhüllt.

15. Entspannen Sie sich und sitzen Sie drei Minuten lang in stiller Meditation. Während dieser Zeit bitten Sie um das, was Sie brauchen. Wenn es eine würdige Bitte ist, wird sie erfüllt werden. Bevor Sie sich erheben, sagen Sie innerlich: „Gutes komme über die Welt!"

Schlußbemerkung

In diesem Buch habe ich Ihnen einige Übungen und Techniken vermittelt, mit denen Sie arbeiten sollten, und hoffentlich konnte ich Sie ermutigen, Ihre Möglichkeiten zu erkunden. Auch hoffe ich, daß Sie zu der Einsicht gelangen, daß Ihre eigene Entwicklung, so wünschenswert sie sein mag, nicht ausreicht. Man sollte Psycho-Energie an Schulen unterrichten und den Schülern zeigen, wie sie anzuwenden ist. Wissenschaftler sollten ebensoviel Zeit, Energie und Geld für die Erforschung der Psycho-Energie aufwenden wie gegenwärtig für die Raumforschung. Wenn diese Energie besser begriffen wird, wird die Erforschung des Weltraumes zu einer einfachen Sache. Die Zukunft ist über unsere lebhaftesten Vorstellungen hinaus groß und wunderbar. Jenen, die die Saatkörner für sie legen, wird große Belohnung zuteil werden.

GOLDMANN VERLAG

Esoterik

G GOLDMANN — ESOTERIK

Dr. Joseph MURPHY
LEBEN IN HARMONIE

Der Kosmos: Die unversiegbare Quelle Ihrer Kraft

11751

ESOTERIK

JOHN BLOFELD
Selbstheilung durch die Kraft der Stille

Leicht erlernbare Übungen zur Erlangung von körperlicher Gesundheit, psychischer Stabilität und Kreativität mit Hilfe altbewährter östlicher Meditationsmethoden.

11752

ESOTERIK

Jiddu Krishnamurti

Fragen und Antworten und sein Gespräch mit Prof. David Bohm über das Erwachen der Intelligenz

11753

ESOTERIK

SATPREM
DER MENSCH HINTER DEM MENSCHEN

Ein Mann auf der Suche nach dem letzten Geheimnis der menschlichen Existenz – die Erfahrung einer inneren Entwicklung. Mit einem Vorwort von Georg Stefan Troller

11754

ESOTERIK

Dr. Joseph MURPHY
Die kosmische Dimension Ihrer Kraft

Positives Denken im Einklang mit dem Universum des Geistes

11755

ESOTERIK

JOAN HALIFAX
Die andere Wirklichkeit der Schamanen

Erfahrungsberichte von Magiern, Medizinmannen und Visionären. Die Wiederentdeckung uralten Wissens von den Kräften der Natur.

11756

ESOTERIK

Kurt ALLGEIER
Du hast schon einmal gelebt

Wiedergeburt? Erinnerungen in der Hypnose

11717

ESOTERIK

Thorwald DETHLEFSEN
Das Leben nach dem Leben

Gespräche mit Wiedergeborenen

11748

GRENZWISSENSCHAFTEN
ESOTERIK

ERHARD F. FREITAG
Kraftzentrale Unterbewußtsein

Der Weg zum positiven Denken. Mit einem Vorwort von Dr. Joseph Murphy

Bereits in der 15. Auflage

11740

Buscaglia

Leo Buscaglia
Das Elixier des Lebens
14021

Leo Buscaglia
Ganz Mensch sein
14010

Leo Buscaglia
Leben, Lieben, Lernen
14002

Leo Buscaglia
Einander lieben
14039